Theory and Practice of Revitalization of
the Former Soviet Area

# 全国原苏区振兴
# 理论与实践
## （第五辑）

魏后凯　黄恩华　罗勇兵◎主编

刘善庆　黎志辉　严文波◎执行主编

经济管理出版社
ECONOMY & MANAGEMENT PUBLISHING HOUSE

图书在版编目（CIP）数据

全国原苏区振兴理论与实践. 第五辑/魏后凯等主编 . —北京：经济管理出版社，2022.7
ISBN 978-7-5096-8573-0

Ⅰ.①全… Ⅱ.①魏… Ⅲ.①区域经济发展—赣南地区—文集 Ⅳ.①F127.56-53

中国版本图书馆 CIP 数据核字（2022）第 118164 号

组稿编辑：丁慧敏
责任编辑：丁慧敏　张广花　吴　倩
责任印制：黄章平
责任校对：董杉珊

出版发行：经济管理出版社
　　　　　（北京市海淀区北蜂窝 8 号中雅大厦 A 座 11 层　100038）
网　　址：www. E-mp. com. cn
电　　话：（010）51915602
印　　刷：北京虎彩文化传播有限公司
经　　销：新华书店
开　　本：787mm×1092mm/16
印　　张：16
字　　数：275 千字
版　　次：2022 年 8 月第 1 版　2022 年 8 月第 1 次印刷
书　　号：ISBN 978-7-5096-8573-0
定　　价：98.00 元

# 目　录

## 嘉宾致辞

## 主旨报告

## 专题研讨一：苏区历史

# 专题研讨二：苏区精神

# 专题研讨三：苏区振兴

# "第五届全国原苏区振兴高峰论坛"
# 总结讲话

黄恩华①

各位领导、专家、同学们：

下午好！

相聚的情景还历历在目，分别的时刻亦如期而至。"第五届全国原苏区振兴高峰论坛"经过一天节奏紧密的学术交流与争鸣，即将落下帷幕。

在中国共产党成立 100 周年、中华苏维埃共和国成立 90 周年之际，召开"第五届全国原苏区振兴高峰论坛"，不仅对于学习党的历史，从党的百年历史中汲取精神力量有特别重要的意义，而且对于进一步推进苏区史研究、深入开展苏区学建设有重要意义。

本次论坛共包括三个分论坛，经过论坛专家组的评审，共录用来自北京、广东、陕西、福建、湖南、广西等 14 个省份的专家、学者论文 71 篇，邀请了三位专家作主旨报告，开展了形式多样的学术交流活动。论坛达到了预期目的，是一次启迪智慧、增进友谊的学术思想盛会。

本次论坛的顺利召开，得到了主办单位：中国社会科学院农村发展研究所、江西省社会科学界联合会的大力支持，在此，我代表论坛组委会，代表江西师范大学表示衷心的感谢！

本次论坛在举办过程中，得到了全国众多高校院所和专家，以及中共瑞金市委、市政府的鼎力支持。在此，我代表论坛组委会，代表江西师范大学，表示诚挚的谢意！

---

① 作者简介：黄恩华，教授，博士生导师，江西师范大学党委书记、苏区振兴研究院名誉院长。

在论坛举办的各项工作中，广大工作人员、服务人员、学生志愿者也付出了辛勤的劳动，在此，向他们表示亲切的慰问！

本次论坛尽管时间有限，但是参会代表充满智慧、精彩的演讲给我们留下了深刻的印象。"苏区历史"是这次研讨会的重要议题。苏区时期是中国共产党百年史中的一个重要历史阶段，是道路开辟阶段、制度创制阶段、理论形成阶段、锤炼精神阶段、全国执政预演阶段、共和国奠基阶段和马克思主义中国化时期。大家围绕苏区历史、苏区振兴、苏区精神等主题，解放思想、畅所欲言，深入集中探讨了苏区历史与马克思主义中国化、全国原苏区振兴与高质量发展、苏区精神与红色文化传承发展等问题，亮点纷呈、卓见迭出，贡献了一场高质量的学术盛宴。

我校将以这次论坛活动为契机，在新文科建设背景下，大力整合资源，进一步加强学科建设，加强人才队伍建设，研究和构建"苏区学"学科体系，积极推动"苏区学"特色课程、精品课程的开发与应用，着力打造具有苏区特色的鲜明学科高地。真诚期待各位专家积极参与这项意义重大的新学科建设工程！

别情依依！各位远道而来的专家朋友们，短短一天的交流与共度，使我们思维激荡、思想火花撞击，我们的学术水平在提高，友谊更在升华。希望各位专家继续关心、关注、关爱江西师范大学，继续保持与江西师范大学的联系，常到江西师范大学来做客。我们也真诚希望加强与各个兄弟院校的合作，真诚携手，共创学术辉煌的明天！

谢谢！祝各位专家学者生活愉快，工作顺利！

# 嘉宾致辞

# 在"第五届全国原苏区振兴高峰论坛"上的致辞

胡剑飞[①]

尊敬的杜志雄书记、罗勇兵主席、黄恩华书记，各位领导、各位专家，同志们、朋友们：

上午好！

金秋十月，丹桂飘香。很高兴与大家相聚在共和国的摇篮、红色故都——瑞金，一起出席"第五届全国原苏区振兴高峰论坛"。受省委常委、赣州市委书记吴忠琼同志，赣州市委副书记、市长许南吉同志委托，我谨代表中共赣州市委、赣州市人民政府，对论坛的顺利举行，表示热烈的祝贺！向出席论坛的各位领导、专家和朋友们，表示热烈的欢迎！向关心支持赣州发展的各界人士，表示衷心的感谢！

赣州是全国著名的革命老区，是原中央苏区的主体和核心区域、毛泽东思想的发祥地和苏区精神的主要发源地，也是红军长征的出发地、南方三年游击战争的主阵地。当年，在赣南牺牲的有名有姓的烈士达 10.82 万人，占全国烈士总数的 7.5%，长征路上平均每公里就有 3 名赣南籍烈士倒下。这片红土圣地孕育了伟大的苏区精神和长征精神。

党中央、国务院一直十分关心赣南苏区发展，习近平总书记先后两次亲临赣州视察，9 次对赣州工作作出重要指示批示。《国务院关于支持赣南等原中央苏区振兴发展的若干意见》的出台，开启了赣南苏区振兴发展的新篇章。近年来，在党中央、国务院的深切关怀和省委、省政府的坚强领导下，赣南老区人民牢记嘱托、感恩奋进，解

---

① 作者简介：胡剑飞，现任赣州市委常委，常务副市长、党组副书记。

放思想、奋力拼搏，推动赣南苏区振兴发展取得重大进展。"十三五"时期，全市地区生产总值年均增长 8.2%，增幅连续五年居全省第一，经济总量跃居全国百强城市第 66 位，五年间移 35 位，连续五年获全省高质量发展考评先进表彰。赣州进入了经济社会发展最快、城乡面貌变化最大、老百姓受益最多的时期。

2021 年 1 月 24 日，国务院又出台了《关于新时代支持革命老区振兴发展的意见》，明确支持赣州建设革命老区高质量发展示范区，并明确了一系列特殊支持政策，为赣州高质量、跨越式发展带来了新的重大历史机遇。当前，赣州坚持以习近平新时代中国特色社会主义思想为指导，坚决贯彻落实习近平总书记视察江西和赣州重要讲话精神，解放思想、改革攻坚、开放创新、担当实干，深入实施"三大战略""八大行动"，努力把赣州建设成为全省工业强市、开放高地、创业之州、区域中心、文化名城，奋力建设新时代革命老区高质量发展示范区！

这次中国社会科学院农村发展研究所、江西师范大学、江西省社会科学界联合会举办的"第五届全国原苏区振兴高峰论坛"，汇聚了全国各地哲学社会科学和苏区振兴研究领域的 200 多名专家学者，共同为新时代革命老区振兴发展出谋划策、贡献智慧，这对于推进落实《国务院关于新时代支持革命老区振兴发展的意见》，推动全国革命老区高质量跨越式发展，具有重大而深远的意义。论坛选择在赣州瑞金举行，充分体现了中国社会科学院农村发展研究所、江西师范大学、江西省社会科学界联合会，以及各位专家学者对赣南革命老区的特殊关爱。真诚希望各位专家学者围绕论坛主题，聚焦新时代革命老区振兴发展，广泛交流、深入研讨，多提良策、共襄盛举，为推动原苏区高质量跨越发展贡献更多智慧和力量。我们将认真运用好本次论坛取得的宝贵成果，努力推动赣南苏区振兴发展的生动实践，全力谱写新时代革命老区高质量发展示范区建设的崭新篇章。

最后，预祝本次论坛取得圆满成功！祝愿大家身体健康、工作顺利、阖家幸福、万事如意！

谢谢！

# 在"第五届全国原苏区振兴 高峰论坛"上的致辞

杜志雄①

尊敬的黄书记、罗书记，各位领导、各位专家、各位来宾：

大家上午好！

今天，我们分别从全国各地来到秋高气爽、处处都渗透着红色文化基因的美丽的瑞金市，隆重召开"第五届全国原苏区振兴高峰论坛"。首先，我谨代表中国社会科学院农村发展研究所、代表中国县镇经济交流促进会及革命老区发展专业委员会，向参加会议的各位领导和专家表示热烈的欢迎和衷心的感谢！同时，也向承办这次会议的江西师范大学历史文化与旅游学院、《苏区研究》编辑部、江西师范大学苏区振兴研究院、江西省苏区精神振兴研究会，向为筹备这次会议付出辛勤劳动的同志们表示真诚的感谢！

中国社会科学院农村发展研究所（以下简称"农发所"）是 1978 年由邓小平、李先念等党和国家领导人亲自批准成立的，也是中国社会科学院成立后新建的第一批研究所之一，1985 年之前为农业经济研究所。农发所下设 11 个研究室、1 个期刊编辑部（杂志社）、2 个职能部门，依托成立中国社会科学院城乡发展一体化智库、4 个非实体研究中心，挂靠管理 4 个国家级学会，设有"农村发展经济学"优势学科和"农业现代化""贫困与福祉研究" 2 个重点学科，另设中国社会科学院大学农村发展系、中国社会科学院农村发展研究所农林经济管理博士后流动站。"全国原苏区振兴高峰论坛"一直是农发所参与主办的重要学术活动之一，我很高兴能够亲身参与此次高峰论坛。

---

① 作者简介：杜志雄，研究员，博士研究生导师，中国社会科学院农村发展研究所党委书记。

90年前成立于瑞金的中华苏维埃共和国，是中国共产党人开展人民政权和国家机器建设试验的起点，也是中国特色社会主义理论与实践的最早尝试。习近平总书记在要求开展好"不忘初心、牢记使命"主题教育时，曾饱含深情地说：要"从瑞金开始追根溯源，深刻认识红色政权来之不易、新中国来之不易、中国特色社会主义来之不易……"这是对红都瑞金在党史、国史中的历史地位的高度认可与肯定。

回顾2012年6月国发21号文，即《国务院关于支持赣南等原中央苏区振兴发展的若干意见》以来赣闽粤原中央苏区发展的实际进展，可以发现，近10年苏区干部群众发扬艰苦奋斗作风，振奋精神、不等不靠、齐心协力、真抓实干，经过巨大努力，原中央苏区的政治、经济、社会文化和生态环境建设焕然一新，还和全国各地一样，全面打赢了面广人多的脱贫攻坚战，真正实现了国发21号文要求的"跨越式发展"。

尽管如此，党和政府从来没有遗忘老区及中央苏区人民为这个党和国家所做出的牺牲与贡献。习近平总书记在党的十九大报告中明确将"加大力度支持革命老区"发展作为"实施区域协调发展战略"的重点任务之一。《中华人民共和国国民经济和社会发展第十四个五年规划和2035年远景目标纲要》指出，要"统筹推进革命老区振兴，因地制宜发展特色产业，传承弘扬红色文化，支持赣闽粤原中央苏区高质量发展示范"。国务院于2021年初又出台了新发展阶段，特别是"十四五"时期支持全国革命老区振兴发展的纲领性文件——《关于新时代支持革命老区振兴发展的意见》；作为贯彻落实"十四五规划纲要"要求，国务院在《"十四五"特殊类型地区振兴发展规划》中，明确"将革命老区作为重点区域予以支持"，并制定了相应的政策体系。

此外，在2021年6月1日正式实施的《乡村振兴促进法》第五十九条，也指出"国家加大对革命老区、民族地区、边疆地区实施乡村振兴战略的支持力度"。通过学习这些政策和法律，我们完全可以这样说，"十四五"时期，革命老区将迎来新的、更大的发展机遇。

在中国共产党成立100周年，中华苏维埃共和国成立90周年之际，我们齐聚瑞金，秉承井冈山精神、苏区精神、长征精神，围绕贯彻落实《国务院关于新时代支持革命老区振兴发展的意见》，交流全国原苏区和其他革命老区振兴发展的创新经验、典型做法，探索思考新时代革命老区高质量发展的新举措、新办法，具有重大现实意义。我从刘善庆院长的介绍以及昨晚翻阅本届论坛投稿作者的地域分布发现，全国哲学社会科学研究工作者对苏区和革命老区研究的兴趣正在不断增强，研究者队伍在不断壮大，更加可喜的是，研究者队伍的分布也更加广泛。这表明，如何在促进区域协调发展过程中更加凸显苏区发展的重要性、如何实现革命老区高质量发展等重大理论和实践问题，受到了全社会和学界越来越普遍的关注。这对于苏区和老区发展是一件大好事！对尽快创建"苏区学"学科也是一件大好事！

万水千山不忘来时路。我们要时刻铭记习近平总书记的指示："老区和老区人民，为我们党领导的中国革命作出了重大牺牲和贡献。"我们要永远珍惜、铭记老区和老区人民的牺牲和贡献，继承和发扬老区和老区人民的光荣传统，就像小康路上"一个都不能少"一样，要确保革命老区在社会主义现代化建设的道路上不落伍、不掉队。

最后，预祝本次会议圆满成功。谢谢大家！

# 在"第五届全国原苏区振兴 高峰论坛"上的致辞

## 罗勇兵①

各位嘉宾、各位领导，同志们：

大家上午好！

1931 年 11 月 7~20 日，中华苏维埃第一次全国代表大会在江西瑞金召开，宣布成立中华苏维埃共和国临时中央政府，谱写了中国共产党领导的革命根据地建设和红色政权建设的新篇章。90 年后的今天，我们齐聚红色故都、共和国摇篮——瑞金，站在"两个一百年"奋斗目标的历史交汇点上，举办"第五届全国原苏区振兴高峰论坛"，围绕"纪念中华苏维埃共和国临时中央政府成立 90 周年"这一主题，共同追寻中央苏区这段光辉的红色历史，传承弘扬苏区精神，探寻苏区振兴，具有重大而深远的意义！

习近平总书记指出，中国革命历史是最好的营养剂，必须铭记光辉历史、传承红色基因。苏区时期，中国共产党开创了马克思主义中国化的历史新篇章，开辟了中国革命农村包围城市、武装夺取政权的正确道路，实行了土地革命和建立人民政权的伟大探索，培育了大批治党治国治军的领袖和精英。这一时期培育和形成的苏区精神，是中国共产党的宝贵精神财富，是中国共产党人精神谱系的重要组成部分。习近平总书记强调，苏区精神同井冈山精神一样，承载着中国共产党人的初心和使命，铸就了中国共产党的伟大革命精神。这些伟大革命精神跨越时空，永不过时，是砥砺我们不忘初心、牢记使命的不竭精神动力。在新时代，我们要传承和弘扬好苏区精神。

党的十八大以来，国家出台了一系列支持苏区发展的规划和政策，将赣南等原中

---

① 作者简介：罗勇兵，江西省社会科学界联合会党组书记、主席。

央苏区的振兴发展上升为国家重大战略。习近平总书记多次前往革命老区考察调研，反复强调"让老区人民过上好日子，是我们党的庄严承诺"。在以习近平同志为核心的党中央的坚强领导下，赣南等原中央苏区经济社会发展取得历史性成就、发生历史性变革。踏上实现第二个百年奋斗目标的新的赶考路，对照习近平总书记关于"作示范、勇争先"的目标定位和"五个推进"更高要求，响应习近平总书记"把红色资源利用好，把红色传统发扬好，把红色基因传承好"的号召，加快推进新一轮苏区振兴发展和红色基因传承弘扬，可以预见，今后我们的责任更加重大，使命更加光荣。

2021年是"十四五"规划实施的开局之年，也是迈上建设现代化国家新征程的起步之年。"第五届全国原苏区振兴高峰论坛"的举办，为全国各领域专家、学者搭建了高水平学习交流研究平台。在此，希望各位专家学者充分利用这一平台，广泛交流、深入研讨、互学互鉴，深入挖掘苏区史料价值，拓展研究视野；活化利用红色资源，传承弘扬苏区精神；总结苏区振兴发展实践经验，提出加快苏区高质量跨越式发展之策，争取产生更多有价值、高质量的学术研究成果！

最后，预祝"第五届全国原苏区振兴高峰论坛"圆满成功！

谢谢大家！

# 在"第五届全国原苏区振兴
# 高峰论坛"上的致辞

刘靖北①

尊敬的各位领导，同志们：

大家上午好！

非常感谢黄书记和会议主办方的邀请，并安排我在这个开幕式上发言。

在庆祝中国共产党成立 100 年、纪念中华苏维埃共和国成立 90 周年之际，中国社会科学院农村发展研究所、江西师范大学、江西省社会科学界联合会今天在红都瑞金举办"第五届全国原苏区振兴高峰论坛"，可谓恰当其时，意义重大，对于弘扬苏区精神、推动原苏区振兴具有重要意义。在这里，我受我院分管日常工作的副院长曹文泽同志委托，代表中国浦东干部学院向论坛的召开表示热烈的祝贺！

90 年前，中国共产党的先驱们创建了中华苏维埃共和国，用鲜血和生命铸就了以坚定信念、求真务实、一心为民、清正廉洁、艰苦奋斗、争创一流、无私奉献等为主要内涵的苏区精神，成为中国共产党精神谱系的重要内容，为党的伟大事业发展提供了强大精神动力。进入新时代，广大原中央苏区人民在党的领导下，大力弘扬苏区精神，谱写了苏区振兴发展新篇章。特别是，在原苏区上下的共同努力下，2020 年已历史性消除绝对贫困和区域性整体贫困，与全国同步进入全面小康，开启全面建设社会主义现代化强国的新征程，为形成"上下同心、尽锐出战、精准务实、开拓创新、攻坚克难、不负人民"的脱贫攻坚精神作出了重要贡献。精神的力量是无穷的，实现原苏区全面振兴发展仍然需要大力弘扬苏区精神和脱贫攻坚精神。弘扬这"两大精神"，

---

① 作者简介：刘靖北，中国浦东干部学院副院长。

促进包括苏区乡村振兴在内的乡村振兴，也是我们苏区振兴研究的一个重要方向。

受这个论坛的启发，我对乡村振兴谈三点不成熟的看法：

第一，加强党对乡村振兴工作的领导。土地革命时期，我们依靠党的领导实行土地改革；改革开放时期，依托于我们党的领导，家庭联产承包责任制着手实践；如今，我们要全面实现乡村振兴，更加需要我们党的领导。党的领导是我们取得成功的根本密钥。在新时代的新征程上，要切实落实党委政府一把手抓乡村振兴第一责任人的责任，推动五级书记抓乡村振兴。这里很重要的就是要加强党建引领，用党建这条红线，把各方力量集聚起来，形成全党全社会共抓乡村振兴的强大合力，推动各种资源"上山下乡"。在村一级，要特别注意建立并完善以党的基层组织为核心、村民自治和村务监督组织为基础、集体经济组织和农民合作组织为纽带、各种经济社会服务组织为补充的农村组织体系，为实现乡村全面振兴和扎实推进共同富裕提供坚强保证。

第二，把农民重新组织起来推动乡村振兴。在革命战争年代，我们党把农民组织起来，进行土地革命，调动了农民的积极性，取得了革命的胜利。1949年后，我们通过农业合作化，把农民进一步组织起来，消灭了农村存在几千年的封建剥削制度，使农民当家做了主人。实践证明，只有把农民组织起来，才能真正发挥农民的主体作用，才能真正实现乡村全面振兴。改革开放以来，我们实行家庭联产承包责任制，极大地调动了农民的积极性，但也面临重新组织农民的重大时代命题。进入新时代，我们面临的一项重大历史任务，就是在更高的水平、更新的模式上把新型的农民组织起来。苏区具有组织农民的光荣传统，理应在这方面作出表率。

第三，要用好国家支持乡村振兴的各种政策。像脱贫攻坚那样，党和国家也出台了支持乡村振兴的各种政策，如"红色村"振兴集体经济试点，如正在研究出台的选派科技特派员的政策，我觉得苏区更加需要，要积极争取，为苏区乡村振兴提供保证。这不光是我们地方党委政府的责任，更是我们研究者的责任。

这是我由这个论坛生发的三点粗浅看法，请各位专家批评。

中国浦东干部学院作为一所国家级干部教育培训机构，乡村振兴和城乡一体发展一直是我们培训和研究的一个重点。2004～2007年，与中共中央党校等五家国家级党校干部学院一起，举办了全国县委书记、县长"建设社会主义新农村"专题培训班，对全国5400多名县委书记、县长进行了培训。2008年11月，党的十七届三中全会闭幕不久，中国浦东干部学院等五所干部培训学校，围绕党的十七届三中全会精神、推进农村改革发展的主题，举办了"学习贯彻党的十七届三中全会精神"县委书记培训班，对全国 2000 余名县委书记进行了轮训。党的十八大以来，围绕脱贫攻坚主题，中国浦东干部学院举办了十二期全国贫困县党政正职脱贫攻坚专题研讨班，对全国 832 个贫困县的县委书记和县长进行了培训。从 2021 年开始，我们又承担了国家乡村振兴重点帮扶县党政正职巩固拓展脱贫攻坚成果、全面推进乡村振兴专题培训班，目前已经举办了第一期，计划分期完成对全国 160 个重点帮扶县的培训，等等。2014 年以来，我们还举办了多期"原中央苏区振兴发展专题培训班""赣南苏区领导干部高质量发展专题培训班"等。教育培训也促进了我们对乡村振兴的研究。近年来，已有多篇有关乡村振兴的决策咨询报告获得批示。作为国家干部学院和上海市重点智库，2021 年 8 月我们被确定为中央办公厅信息直报点。在这里，我也希望加强与江西师范大学苏区振兴研究院等智库的交流与合作，共同推进乡村振兴智库建设。

中国浦东干部学院在办学过程中，也得到了包括赣南中央苏区在内的各位领导、专家的支持和帮助。黄恩华书记上个月还参加了我们举办的特色学科建设推进会，并做了精彩发言，给我留下了深刻印象。在此，我也代表中国浦东干部学院对各位领导和专家的支持表示衷心感谢！期待各位有机会来学院或考察指导，或讲学研讨，传经送宝，我们将竭诚做好服务。

最后，衷心祝愿苏区振兴研究取得更为丰硕的成果，衷心祝愿"苏区学"产生更大的影响力，衷心祝愿本届论坛取得圆满成功！

谢谢大家！

# 主旨报告

# 苏区发展：做好衔接　促进高质量发展

杜志雄[①]

打赢脱贫攻坚战，实现"三农"工作重心由脱贫攻坚向全面实施乡村振兴战略的历史性转移。乡村振兴战略是农业农村现代化的措施和手段，它要解决的核心问题是：城乡居民整体共同富裕问题。

第一，要重点处理好巩固拓展脱贫攻坚成果与乡村振兴的有机衔接问题。绝大多数"苏区"县刚刚打赢脱贫攻坚战。巩固和拓展成果任务艰巨。产业扶贫对于打赢脱贫攻坚战发挥了最重要的作用。但实事求是地说，也遗留下来不少问题。解决好这些问题，是巩固拓展脱贫攻坚成果的重要内容，也是巩固和拓展其他脱贫攻坚成果的重要支撑。从产业高质量发展的视角看，解决衔接最核心的问题在于，要高度重视解决脱贫攻坚阶段产业扶贫过程中遗留的"四无一险"问题。虽然产业扶贫作用巨大，但也存在不少问题，核心问题突出表现在"四无一险"，即：有扶持，但无主体、无产业（品）；有主体、有产业（品），但无市场；有主体、有产业（品）、有市场，但无效益（重在群众受益，难在持续稳定）；产业扶持资金不仅不能保值增值，甚至还存在本金返还的风险。

第二，要把乡村产业振兴放到城乡融合发展的核心地位。张天佐曾提出应重点研究和关注"现代特色农业、农业生产性服务业、农村生活性服务业、乡村传统特色产业、农产品加工业、休闲农业和乡村旅游、乡村建筑业、乡村环保业、乡村文化产业"九类乡村产业。现在乡村产业是"六头"产业，即地头、树头、猪头、水头、石头和人头。当前乡村产业发展正在经历"四大转变"：一是乡村产业在资源开发利用上已整

---

[①] 作者简介：杜志雄，研究员，博士研究生导师，中国社会科学院农村发展研究所党委书记。

体进入由基础农产品生产和供给主导，向既重视基础农产品生产和供给又重视农业农村多功能性产业化和乡村价值深度开发转变。二是乡村产业生产者与市场对接方式已经由单纯卖产品向既卖产品也展示产品生产过程转变。三是乡村产业提供的产品性质特征由主要提供传统的能量和蛋白质产品向既提供能量蛋白质又强调营养和健康导向的功能食品转变。四是乡村产业发展的农政核心目标已经由传统的保持农产品稳定供给和增加生产者收入的"两目标"向新时代包括保持农产品稳定供给、增加生产者收入以及增强农业可持续性的"三目标"的转变。正视"四大转变"，在城乡融合、共同富裕的目标要求下，要重视发展县域经济、重视以县域特色资源为依托，打造全产业链、提升产业整体效益的思维，要把产业链的核心放在县城。

第三，要重视发展和壮大新型村级集体经济。重视发展和壮大新型村级集体经济是有实现条件的。如何运用好产权制度改革、土地制度改革成果以及扶贫过程中形成的产业发展等多元资产？我认为有"五要"：一是要理直气壮，宪法确立的集体所有、产权制度改革形成了集体经济发展条件、集体资产。二是要坚定信心，发展好集体经济是可能的。三是要创新形式，重视发展和壮大新型村级集体经济不是旧集体经济的复归，在实践中需要发展壮大多种多样的新型村级集体经济，也发展得起来。四是要用好成果，集体经济收益应成为提升农村居民公共服务水平，实现共同富裕的重要补充。一方面，要发挥脱贫区域"兜底的兜底"作用；另一方面，要为成员提供范围更广、水平更高的公共服务。五是要杜绝顽疾。首先，即使是集体资产，资源使用和配置也要按市场原则进行，不能少数人说了算。其次，集体经济发展和壮大形成的收益，不能成为村干部、少数人的"小金库"。最后，无论使用方向多么正确、具体用途多么正当，都必须坚持"公平、公正、公开"的使用方式、原则和程序，要通过法制化、公开化、追责化等，来保证收益利用的正当化。

重视发展和壮大新型村级集体经济特别要注意的是要加快集体经济组织的立法进程，要赶上时代之需。因为产权交易（中心、市场、平台），要素的市场价格发现非常重要！产权交易平台往往被忽视的一个重要功能是，发现农村各种资源在不同区域、不同时点上的价值。而这种价值发现，对于实现乡村资源的优化配置和高效利用都极具意义。

第四，要选好城镇化战略，促进城乡融合发展。自21世纪以来，"小城镇大战略"显著式微，城市化日益走上中心城市、都市圈、城市群等极化发展。那么极化发展是规律，还是偏好？我认为，这既是规律，也是偏好！

从规律方面来看，魏后凯所长曾经提出："以城市群和都市圈为主体形态，加快推进以县城为重要载体的城镇化建设，促进大中小城市和小城镇协调发展，优化新型城镇化的空间布局，推动形成科学合理的城镇化格局，到2035年，城镇化规模格局超大城市将继续增加，中等规模城市成为突出短板；小城市和小城镇成为吸纳城镇人口的核心载体（55%）。"从偏好方面来看，追大求洋，在一切层面上都追求"大"。如果消除偏好的一面，后发达、城市化不足地区应该怎么选择城市化道路和战略？是先巨型城市化，再分散化城市化战略？还是直接选择均衡化、分散化城市化战略？我认为没有标准答案，主要是考虑城乡融合发展、运用城乡融合发展的机制振兴中央苏区。必须先考虑好的、非常重大的战略问题。

2021年，注定将会在县域经济、县城及建制镇发展史册上留下浓墨重彩的一笔！中央一号文件对县域经济发展的重视和要求前所未有，对县城和建制镇的发展和定位前所未有，中央一号文件的第四节"大力实施乡村建设行动中"的第十九条提出：加快县域内城乡融合发展。推进以人为核心的新型城镇化，促进大中小城市和小城镇协调发展。把县域作为城乡融合发展的重要切入点，强化统筹谋划和顶层设计，破除城乡分割的体制弊端，加快打通城乡要素平等交换、双向流动的制度性通道。统筹县域产业、基础设施、公共服务、基本农田、生态保护、城镇开发、村落分布等空间布局，强化县城综合服务能力，把乡镇建设成为服务农民的区域中心，实现县乡村功能衔接互补。壮大县域经济，承接适宜产业转移，培育支柱产业。加快小城镇发展，完善基础设施和公共服务，发挥小城镇连接城市、服务乡村的作用。推进以县城为重要载体的城镇化建设，有条件的地区按照小城市标准建设县城。推动在县域就业的农民工就地市民化，增加适应进城农民刚性需求的住房供给。此外，城乡融合维度存在三个重要维度：要素双向流动、产业布局协调、公共服务一体。

第五，要重视通过完善基层治理促进城乡融合发展。2021年7月11日，中共中央和国务院发布了《关于加强基层治理体系和治理能力现代化建设的意见》（以下简称《意见》）。这个《意见》实际上是对我国全面开启初步实现现代化新征程如何进一步推进城乡基层治理做出的全面部署。《意见》明确提出了"十四五"时期以及2020～2035年基层治理的主要目标是"力争用5年左右时间，建立起党组织统一领导、政府依法履责、各类组织积极协同、群众广泛参与，自治、法治、德治相结合的基层治理体系，健全常态化管理和应急管理动态衔接的基层治理机制，构建网格化管理、精细化服务、信息化支撑、开放共享的基层管理服务平台；党建引领基层治理机制全面完善，基层政权坚强有力，基层群众自治充满活力，基层公共服务精准高效，党的执政基础更加坚实，基层治理体系和治理能力现代化水平明显提高。在此基础上，力争再用10年时间，基本实现基层治理体系和治理能力现代化，中国特色基层治理制度优势充分展现"。

相比以往的文件，特别是相比2019年的《关于加强和改进乡村治理的指导意见》（以下简称《意见》），这个《意见》有一系列新的表述和新的思想。其中最突出、需要我们在基层实践中高度关注的点是新表述和新提法，用"基层治理"统一替代以往的"乡村治理"。这并非乡村治理没被包括和没被重视，恰恰相反，《意见》对乡镇村的基层治理提出的要求同样非常明确和具体。统一用"基层治理"替代，反映了在新的时代，城乡治理并轨，或者说城乡基层按照统一的标准和要求来推进基层治理的思想。

加快苏区城乡融合发展和乡村振兴，需要完善集"自治、德治、法治和智治"为一体的乡村基层治理体系。通过良治和善治，实现城乡融合发展，及苏区跨越式、高质量发展和振兴的目标。并且还应重视"智慧治理"的作用。乡村场域的基层治理与城市基层治理的显著差别在于治理对象分散、信息收集整理和传输时间长。运用数字化技术，快速集聚治理信息，在乡村场域的基层治理中具有极其重要的意义。正是在这个意义上，"智治"先是实现"自治、德治、法治"的手段；也与"自治、德治、法治"一样具有治理类型的意义。

# 打造法治化营商环境　推进赣南革命老区高质量发展[①]

## ——关于赣州国际陆港建设及涉港经济发展法治保障状况调研报告

匡　胜[①]

　　赣州国际陆港建设和发展是原中央苏区振兴发展的一个典型。作为我国中部陆海港大通道，赣州国际陆港已经成为"一带一路"倡议重要物流节点和国家铁路物流重要节点枢纽。临港产业蓬勃发展，带动赣南整个产业转型升级，逐步形成以智能制造、泛家居产业为主，文化旅游、现代服务业、现代都市农业为辅的"两主三辅"产业体系，在融入粤港澳大湾区进程中，形成了独具特色的"特区+老区"合作共建经济发展新模式，并致力于打造"社会主义先行示范区+革命老区高质量发展示范区"。

　　"法治是最好的营商环境。"[②] 在建立"普惠+专项+个性"的招商政策体系、实施开放式产业空间合作机制等经济新业态培育进程中，如何加强法治保障功能，营造良好的营商环境，对赣州国际陆港下一步的建设发展和行稳致远意义重大。中国井冈山干部学院课题组从 2019 年起跟踪研究开发赣州港社会实践教学点及相关课程。2021 年又围绕当前法治建设现状，在 2021 年 3~6 月多次赴赣州进行专题调研，总结法治建设的经验优势和短板不足，系统分析问题产生的根源，就如何推进赣州国际陆港健康发展和优化临港经济营商环境的法治化路径，提出具体对策和建议。

---

　　① 作者简介：中国井冈山干部学院课题组。组长：中国井冈山干部学院院长 匡胜；成员：王旭宽、颜清阳、施新州、蔡春红、文尚卿、匡小明、于真。

　　② 这是习近平总书记 2019 年 2 月 25 日下午在中央全面依法治国委员会第二次会议上发表重要讲话时提出的。见《人民日报》2019 年 2 月 26 日，第 1 版。

# 一、经验与优势：体制优势和制度优势是陆港建设及临港经济发展的根本保障

赣州国际陆港的建设与发展是一个系统工程，从启动到建成，从初具规模到系统推进，不过7年多，充分体现了党的全面领导的体制优势和中国特色社会主义制度的制度优势。

## （一）国家政策指引是基本前提

在《国务院关于支持赣南等原中央苏区振兴发展的若干意见》（国发〔2012〕21号）的政策指引下，南康区委区政府于2014年3月启动了赣州国际港项目。① 推动中部地区崛起是党中央作出的重要决策。2016年2月初和2019年5月下旬，习近平总书记先后两次到江西视察调研，尤其是在"推动中部地区崛起工作座谈会上的重要讲话"强调指出，"贯彻新发展理念，在供给侧结构性改革上下更大功夫，在实施创新驱动发展战略、发展战略性新兴产业上下更大功夫，积极主动融入国家战略，推动高质量发展"②。这为赣南苏区经济振兴、陆港建设和产业发展指明了方向，为省市区党委政府形成"夯基础、补短板、强功能、育产业"的工作思路和做好临港经济发展各项工作提供了精神动力和政策指引。2021年2月，国务院发布《关于新时代支持革命老区振兴发展的意见》（国发〔2021〕3号），提出"坚持统筹谋划、因地制宜、各扬所长，聚焦重点区域、重点领域、重点人群巩固拓展脱贫攻坚成果，促进革命老区振兴发展"的具体要求，把支持革命老区振兴发展纳入国家重大区域战略和经济区、城市群、都市圈相关规划并放在突出且重要位置，以加强革命老区与中心城市、城市群合作，共

---

① 初衷是为了解决南康家具每年1000多万立方米木材进口存在的"多道贩运"环节多、成本高、以次充好等老问题，目前已经发展成为集外贸、物流、仓储、金融等多元口岸经济为一体的综合性开放口岸，家具产业快速发展，2015年1月赣州国际陆港投入运营，建港前，南康家具集群产值不到400亿元，2015年家具产业集群产值达到880亿元，2016年1020亿元，2017年1300亿元，2018年1600亿元，2019年1800亿元，2020年突破2000亿元，并带动、形成相当规模的产业集群。

② 习近平. 贯彻新发展理念推动高质量发展 奋力开创中部地区崛起新局面 [N]. 人民日报，2019-05-23（第1版）。

同探索生态、交通、产业、园区等多领域合作机制。这将进一步助推赣州陆港建设和临港经济发展，促进产业升级，提升对内对外开放合作水平。

## （二）政府主导是体制优势

内陆港建设需要各级党委和政府，包括海关、铁路、交通等部门和港口、船公司、货主之间通力合作与积极参与。在赣州市委、市政府支持下，南康区把国际港的申请、筹备到投入建设和运营等工作都纳入政府重要工作。在不沿边、不靠海的内陆区域，解决了"无中生有"的资源问题，此项成功得益于党委、政府和企业家敢于担当、勇于创新的精神和态度。赣州市人民政府办公室下发《关于支持赣州港建设运营的实施意见》（赣市府办发〔2018〕15号），设置派出机构赣州国际陆港管委会，南康区设置了区直单位口岸办，成立南康区属国有企业赣州国际陆港发展集团，具体负责陆港的建设运营事宜。同时，在科研、人才、政策、金融等方面给予支持，在招商、安商、富商方面提供快捷公共服务①，并推动中欧班列、铁海联运"三同"班列高质量运营②，等等。

更为重要的是，形成了以相关政府部门负责人为主体的决策运营团队，探索赣州国际陆港的合理运营模式，积极制定南康区大物流运行机制，规划引领、顶层设计，内引外联，科学领导陆港的建设、发展与运营，领导制订并完善陆港核心功能区规划和赣粤、赣闽临港产业园规划。在各级党委政府高位推动下，引导与国内外对口单位签订了合作协议（备忘录）③，同时，也更重视临港经济的宏观规划与长远发展④，为革命老区实现高质量发展奠定了坚实基础。

## （三）多部门合作是重要保障

党委政府多部门发力是赣州陆港建设和发展的基本经验。营商环境建设方面，赣

---

① 例如，政府重视招商引资，如南康区商务局在广东、浙江、江苏、上海、北京、厦门等地组织了20多场大型招商推介会，引进企业落户南康。

② 南康区财政多方筹措资金支持赣州国际陆港前期运营培育，包括争取省市两级口岸物流补助资金3.19亿元（2019年度和2020年度）和区财政预算安排1亿元以上的口岸物流补助资金。

③ 赣州国际陆港与匈牙利中欧商贸物流合作园区、阳光捷通（北京）贸易服务有限公司签订《匈牙利中欧商贸物流合作园区于中国（赣州）跨境电子商务综合试验区"双区联动"合作协议》（该项目已列入"中国—中东欧国家领导人分会成果清单"成为国家战略），与深圳签署了《南昌海关、深圳海关合作备忘录》《深赣港产城一体化合作区项目协议书》，与盐田港签署了《赣深组合港战略协议》等。

④ 例如，江西省政府下发了《关于支持赣州打造对接融入粤港澳大湾区桥头堡若干政策措施》等。

州市委、市政府 2019 年下发《关于深化改革开放进一步优化发展环境的实施意见》，为优化营商环境提供了基本保障。中共赣州市委全面依法治市委员会 2020 年制订了《关于开展优化法治化营商环境专项行动工作方案》。市政法委员会注重临港经济的市场执法，特别注重营商环境的保障建设①，提升保障意识，采取有力举措，保护企业合法经营。市司法局积极通过各种方式开展贯彻落实优化法治化营商环境专项行动②，"下沉一线当所长"取得了良好效果。赣州市中级人民法院从立案、审判、执行全过程营造法治化营商环境③，在国际陆港开设有办案点——"一带一路"巡回法庭，在个别案件中特别邀请粤港澳地区涉外专业律师担任特邀监督员。南昌市中级人民法院南昌知识产权法庭在赣州市章贡区设置第二巡回审判庭。赣州两级法院在行政案件上建立了"府院联动"机制，有效提升了办案效率和依法行政水平④。南昌知识产权法庭⑤通过司法审判对南康家具等一批重点产业给予了司法保障和支持⑥。各层面充分运用司法手段，依法保护各类企业合法权益，激发创新创业活力，为赣州陆港和涉港经济的营商环境提供了重要保障。

同时，为打通基层治理和服务企业的"最后一公里"，赣州市建立了 20 个县级、291 个乡镇级和 10 个工业园区公共法律服务站点，面向社会提供法律服务。南康区司法局整合人力资源和社会保障局、法院等部门组建"三调两庭一站式"工作机制，多元纠纷化解机制较为成熟并成效显著；同时，设立"家具企业法治体检中心"和"江

---

① 赣州市政法委员会曾制定下发了《关于进一步优化发展环境，服务企业的若干意见》《赣州市政法委支持工业发展的若干政策措施》等文件，对全市政法委执法机关保护企业合法权益提出了具体要求。

② 市司法局分担了市监督管理局关于法治化营商环境优化的一部分工作，2020 年出台《关于为全市夺取疫情防控和实现经济社会发展泪标"双胜利"提供有力法治保障的若干措施》，并开展了优化法治化营商环境的专项行动，出台《赣州市司法局机关开展"下沉一线当所长 用心用情办好事"主题实践活动方案》，局领导通过定点挂职下沉司法所承担司法所所长职责，提升人民群众法治获得感满意度。

③ 赣州市中级人民法院层出台了《关于服务和保障民营企业发展的若干意见》《关于充分发挥涉外商事审判职能作用为我市参与"一带一路"建设提供司法保障和服务的意见》；在增强执行质效方面，还与司法局、律协共同出台了《关于律师参与赣州法院执行工作的若干意见》。

④ 南康区人民法院按照《赣州市土地房屋征收"诉源治理"府院联系机制工作方案》要求，于 2020 年 6 月 19 日成立专班，加强府院联系，通过综合治理，预防和化解行政争议。

⑤ 南昌市知识产权庭是全国第 16 家专门知识产权法庭，2018 年 7 月 5 日挂牌成立，增挂在南昌市中级人民法院民三庭，仅作为内设的专门审判机构，2019 年 1 月 1 日开始受理案件。

⑥ 调研显示：自南昌知识产权法庭成立以来，至 2021 年 6 月底，共受理 227 件涉南康地区的知识产权案件，其中绝大多数为侵害外观设计专利权纠纷案件，约占南昌知识产权法庭所受理案件的 20%。因涉及南康地区的知识产权案件大多系批案，案件标的额不高，且涉案专利独创性不高，因此南昌知识产权法庭建立健全了批案及时识别、集中办理、规范处置机制，在全面掌握批案信息、类案动态、诉辩心理等情况的基础上，坚持从调解入手，把准首案，规范余案，实现"突破一案、解决一片"的良好效果，涉南康地区知识产权案件大多以和解撤诉方式结案，调撤率达到 85% 左右。

西知识产权维权援助中心南康工作站",律师协会在优化营商环境中也积极发挥作用①。不仅政府及其工作人员、公众的法治观念明显提升,企业的法治意识也明显增强②。

## 二、问题与根源:法治保障建设要跟上赣州国际陆港建设与区域经济发展步伐

党的十八大以来,党中央高度重视法治在治国理政中的重要作用,全面依法治国进入快车道,江西省法治建设也取得了许多成就。但是,相对于区域经济社会快速发展的客观需要,法治建设要跟上赣州国际陆港发展和临港经济乃至省域经济发展以及融入国内国际"双循环"的步伐和要求还相差甚远。突出表现在以下三个方面:

### (一) 赣州国际陆港管理体制机制与市场要求要尽快适应,消除法律风险与市场风险

赣州国际陆港是一个新生事物,也是党委政府主导推动而建设发展起来的。因而,在具体运营及其决策管理过程中因沿袭惯性而存在一定的风险和隐患,在根本上制约其进一步发展。调研发现,赣州国际陆港管理委员会(以下简称"管委会")和赣州国际陆港发展集团公司(以下简称"发展集团")在管理规范、制度体系和运营机制等方面还不够完善,在决策和执行方面政企不分,发展集团空有其名,尚未建立现代企业制度,存在僵化滞后的情形,不能完全适应市场。

管委会是赣州市政府的派出机构,在属性上是一级政府;发展集团是南康区属国

---

① 赣州市律师协会推动建立了涉外律师事务所,并提出了一个多元争议解决机制的方案,采用仲裁调解的方式来解决涉外纠纷案件;中共赣州市律师行业党委、赣州市律师协会、中共定南县委组织部、中共定南县委政法委员会、定南县司法局印发《关于选派优秀律师到定南县部分镇、县直单位任职的实施方案》的通知(定组字〔2020〕50号),选派律所优秀律师下乡进行律师援助(担任部分乡镇的法治委员);在行业自律方面,赣州市律师协会根据《赣州市律师诚信体系建设管理实施办法》,建立了赣州市律师诚信电子档案。

② 例如,家具企业逐步走向规范化、法治化,532家达到规上条件的企业主动申请入规。

有企业，具体负责赣州国际陆港的建设运营事宜。实际上，二者是"两块牌子、一套人马"①。因此，管理人员在观念上、行为习惯上所遵循的是行政管理体制机制的运行逻辑，由于他们在现代企业管理和科学决策的意识、知识和能力方面相对欠缺，因此需要加强市场观念、法治意识，从而可以避免两个隐患：一是市场风险，二是法律风险。

市场风险表现在，受行政管理体制和运行习惯影响，公司事务尤其是涉及市场事务的最终决策权又归到管委会，往往不能根据市场变化及其要求进行及时决策，迟滞或滞后的决策显然不能适应市场规律和特点要求。

法律风险表现在，发展集团未建立适应社会主义市场经济要求的现代企业制度，内部管理缺乏规则规定，运行机制缺乏规范流程。例如，决策程序和机制不健全，到目前为止还没有建立法务部等。从决策层到普通员工大多依靠经验来管理，即使有现代管理理念的部分管理者，也囿于体制机制束缚难以发挥应有作用。由于管理决策层和各部门负责人实际上是政府各部门的行政领导，行政思维往往代替理性思维。

## （二）涉外的法律服务与司法救济乏力，法治保障能力与现实发展要求不适应

赣州国际陆港于 2016 年就已成为中国第八个内陆开放口岸，全国内陆第一个也是唯一的进口木材直通口岸，增进了国际业务的交流与合作，越来越多的国外木材厂家和供应商通过赣州港与南康国际贸易机构建立合作②。临港经济与相关产业发展迅速，例如，2020 年 5 月 16 日上线运营了全市首个跨境电商综合服务平台，服务跨境电商卖家 331 家；2020 年仅南康区就有 2096 家电商企业，活跃店铺 10580 家，电商从业人员超 2.8 万人，涉外与跨境业务稳步增加。

然而，能够满足这一发展趋势和现实需求的司法能力显得力不从心。近年来赣州市中级人民法院在此设的"一带一路"巡回法庭③受理涉外案件不多，共受理涉外

---

① 发展集团下设职能管理部门并下辖 5 个独资公司、2 个控股公司和 8 个参股公司。在管理人员配置上，管委会下辖各职能部门的负责人与发展集团的副总（也是独资公司、控股公司经理）是对应关系，均来自政府各部门的负责人，而且是定期或不定期轮岗。

② 南康家具企业已从世界 50 多个国家和地区进口木材，并将南康家具销往全球 100 多个国家和地区，有 6 家本土企业在海外设立了营销部。在南康仅外贸登记企业就由 2014 的 3 家猛增至 2020 年的 300 家。

③ 这仅是法院内部的决定，不需要上级机关进行审批，未挂牌。

（主要是涉中国香港地区、中国澳门地区、中国台湾地区）商事案件173件，涉及国际陆港的案件数量是零，受理南康区人民法院一审上诉案件较多，但涉外案件少①。但是，这种涉外案件少只能说明进入司法程序的涉外案件少。究其原因，一方面，当事人之间可以通过彼此的商业信誉作担保而自行解决；另一方面，对于无法协商解决的纠纷，因为涉外的服务费相对较高，司法救济等途径相对有限，当事人往往放弃诉讼和维护自身利益。这也是无奈之举②。就法院而言，没有义务翻译诉状和文书，文书送达也只能按照外交程序和惯例进行③。由此，造成的诉讼成本（包括时间成本和经济成本）高是客观事实。同时，法院"案多人少"的状况是司法改革以来长期存在的问题，尤其是近年来对于那些案件数量增长较快的法院而言更是如此④。尽管目前尚能满足实际需要（涉外案件不多的情况下），但与陆港和涉港经济规模和发展趋势及其要求是不适应的。

## （三）公共法律服务与相关配套不足，与区域经济和产业的快速发展及其法治保障需求不适应

市场经济是法治经济，当然需要法治化营商环境，赣州国际陆港和临港产业的快速发展，客观上需要高质量的公共法律服务，以保障其健康有序发展。调研发现，公共法律服务体系建设有待加强，现有公共法律服务的内容、形式和供给模式适应区域社会生活的一般需要，但是对于临港经济产业园区高质量发展及其国际化趋势的现实需求而言是不相称的。这在客观上造成了公共法律服务体系的一般性供给与陆港建设和临港经济国际化高质量发展要求之间的不对接，形成了供给的一般性与需求的特殊性之间的"错层"或"断档"，构成了公共法律服务体系的能力不足与高质量法律服务需求之间的矛盾。

这一矛盾的产生，具体表现为三个"不足"：一是为实现司法公正和社会公平正义

---

① 例如，南康区人民法院2020年受理各类民商事案件8684件，同比上升2.35%，案件类型比较集中，主要发生在与人民群众日常生活比较密切的领域。

② 涉外法律服务方面，几乎是空白（后文会论及）。

③ 中国香港地区、中国澳门地区、中国台湾地区的可以委托协助送达，有些国家可以直接邮寄，有些国家则要通过使领馆进行外交送达，送不到再公告。

④ 员额法官疲于应付案件，一般来说，人均一年办案150~250件属于正常状况。2020年度南康区人民法院员额法官人均办案370件，个别法官甚至达到近500件。用法官的话说，"做梦都在办案子"，长期没有休息日，长期高负荷运转，导致法官健康状况堪忧，办案质量难以保障。

所要求的法律服务不足；二是为党政机关依法全面履行职能所提供的法律服务不足；三是为区域经济实现高质量发展所提供的法律服务不足。围绕此类法律服务的机构和人员，尤其是专业律师等还处于缺位状态，区域经济内的企业无法在本区域内获得所要求的法律服务。例如，目前还没有专门从事涉外业务的律师事务所落户赣州。这必将制约涉港经济产业园区尤其是涉外企业的发展及其利益保护①。高质量公共法律服务的缺位，势必影响陆港和区域经济的高质量发展。

涉外方面的法律援助和外国法律查明服务的机构和人员缺位，目前尚无一家涉外法律援助中心。涉外法律专业人才短缺。赣州市仅有3~4名涉外专业律师（包括高校法律专业教师），尽管在涉外业务和涉外案件不多的情况下，尚能勉强应付，从长远来看，与赣州国际陆港建设的全球业务与涉港经济发展融入国内国际"双循环"的现实要求是不相适应的。涉外法治人才的短缺，一方面是本地高校（江西理工大学和赣南师范学院）培养涉外法学人才的能力和水平需要提升，另一方面是涉外法学人才的引进条件尚缺乏吸引力。另外，区域范围内还没有能提供企业文化培训和现代管理咨询的服务机构和人员。②

根源在于，无论是管理者还是经营者，在思想观念上还是紧盯赣州国际陆港和涉港经济这一实体经济的发展本身，并未充分认识并高度重视法治和相关服务能够保障实体经济健康长远发展的重要性③。

---

① 例如，已经出现本地企业因无力审读外文合同而利益受损的事件，由于缺乏必要的涉外司法救济途径而在发生纠纷后因涉外官司成本过高而放弃利益追偿。在调研过程中，被调研对象表示，尽管是个案，但也需要引起高度重视。

② 调研还发现，南康区家具产业已经形成了系统性规模的产业集群，但是"家具品牌相较于赣南脐橙弱"。这与家具生产商的品牌意识较弱和不注重知识产权保护有直接关系。在南昌市知识产权受理的案件中，区分了家具商标侵权方面的恶意与善意，以及恶意"擦边球"现象。这种状况与南康家具产业集群规模的高质量发展，及其"买全球、卖全球"的发展模式不相适应。经营者的法治意识、品牌意识和现代管理意识未跟上；同时，区域范围内还没有能够提供品牌文化培训和现代管理咨询服务机构和人员。

③ 例如，在赣市府办发〔2018〕15号文中，关于编制赣州港发展规划、完善赣州港口岸功能等八方面工作18项具体措施中，没有加强和完善法治保障具体措施的内容，在参与的32家责任单位中并没有各级人大、政法委员会和司法局等部门的参与，当然也就没有法治保障的顶层设计和具体举措了。

# 三、对策与建议：系统构建赣州国际陆港和涉港经济高质量发展的法治屏障

作为对接融入粤港澳大湾区的桥头堡，赣州国际陆港和涉港经济发展，需要一个市场化、法治化、国际化的营商环境。基于调研结果分析研判，调研组认为，可以从以下四个方面进行顶层设计、系统构建赣州国际陆港和涉港经济高质量发展的法治保障体系。

## （一）建立现代企业制度，实现赣州国际陆港在管理上的体制转型和制度创新

习近平总书记曾经指出，"要坚定不移深化国有企业改革，着力创新体制机制，加快建立现代企业制度，发挥国有企业各类人才积极性、主动性、创造性，激发各类要素活力"。[①] 就赣州陆港管理体制而言，关键还是要从根本上改变政企不分的状况，实行政企分开，把政府职责和企业责任划分清楚，形成合力而非掣肘。让管委会和发展集团分别发挥政府主导优势和市场主体优势，实现二者的优势互补而非互斥。

（1）明确管委会职责范围。与一般政府机构不同，管委会履行其作为政府派出机构的职责，设置目的更明确、更具针对性，但并非是具体操刀公司集团市场行为的市场参与者。"政府是市场规则的制定者，也是市场公平的维护者，要更多提供优质公共服务"。[②] 尽管要"扶上马"还要"送一程"，也应该逐步把重点放在方向引领、政策衔接、支持发展、管好人才、服务保障上，着眼于在如何有机结合体制优势和市场优势、实现同频共振上下功夫，转变管理理念，规范决策程序，理顺管理体制。

（2）切实建立现代企业制度。发展集团公司作为国有企业，应按市场经济规律和规则行事，其重大决策当然需要向上级请示报告，但是，应该列出轻重缓急和自行决

---

① 习近平：《理直气壮做强做优做大国有企业》，载《人民日报》2016年7月5日，第1版。
② 习近平：《在企业家座谈会上的讲话》（2020年7月21日），载《人民日报》2020年7月22日，第2版。

策具体事务清单。把发展集团打造成能适应社会主义市场规律运行的现代企业，优化完善组织体系，打造规范运行流程，完善制度规则规定，重点是要建立包括《董事会议事规则》的基本组织类规章制度、行政公文类规章制度和财务管理类规章制度①，同时建立包括法务部等在内的必要设置，完善运行保障机制。

（3）重视并加强对人才工作的领导。实行政企分开，建立现代企业制度，最关键的是要有具体执行人。因此，加强党对人才工作的领导是重中之重，一方面要吸引人才，另一方面就是要加强教育培训，有针对性地开展管委会工作人员和公司集团管理人员在现代管理理念、制度和技术等方面的专业性培训。就目前迫切需要进行的（管委会和发展集团）体制转型和制度创新及其现实要求而言，这是关键的一环。

充分发挥市场在资源配置中的决定性作用，同时应充分重视如何更好地发挥好政府作用，这也是社会主义市场经济的特点和优势。只有"三管齐下"，才能更充分地体现这一优势。

### （二）完善法治体系建设，满足法治保障基本要求

根据党的十八届四中全会关于建设中国特色社会主义法治体系要求，打造适应赣州国际陆港建设和涉港经济发展需求的法治体系。这是实现体制优势和法律制度优势相结合的重要前提，是将我们的体制优势和制度优势转化为治理效能的必由之路。

（1）加强规划，统筹推进。法治建设不是哪个部门的事，而是一个全方位参与的系统工程，需要发挥党的全面领导优势，在加强党领导法治建设的过程中，要先把法治保障工作纳入各级党委工作日程。加强党对法治保障建设工作的统筹规划，一方面，要把党的领导贯彻到全面推进赣州国际陆港建设和涉港经济发展法治保障建设的全过程和各方面；另一方面，要求在深入、细致、全面调查研究的基础上进行统筹规划，做好顶层设计。

（2）整合资源，形成合力。在全面深化改革进程中，充分发挥立法、执法、司法和守法各环节的重要作用，统筹推进、形成合力。在立法环节，充分发挥地方立法优势，提升科学立法、民主立法和依法立法的能力和水平，既针对赣州国际陆港建设和

---

① 事实上，现代企业管理制度是比较成熟的，只需要"拿来主义"即可。前述法律风险和市场风险在参股公司中是不存在的，因为它们是按照现代企业制度建立和运行的，内部有着完善的制度规则。例如，赣州国际陆港港务有限公司（发展集团占股49%）即是如此。

涉港经济发展的现实需要，又着眼于未来发展愿景，出台完善的法律规范。在执法司法环节，在政法队伍整顿的基础上，通过深化改革，进一步优化执法司法机关的结构与功能，提升执法司法的能力和水平，切实做到严格执法、公正司法。同时，整合司法资源，让司法实践中好的做法和经验能够在赣南地区推广。例如，南昌铁路运输中级法院集中管辖南昌、新余、鹰潭三市的行政诉讼案件，其"实质性化解行政争议工作"，与司法局建立的"常态化联系制度"和"跨区划府院良性互动机制"等，是实践取得的有效创新成果，可以在赣南推广以进一步优化营商环境。

（3）问题导向，创新建制。根据实际需要设置专门法院，提升司法保障能力和水平。法院及其审判质效是衡量一个地区营商环境的核心指标之一。赣州陆港与涉港经济园区是一个具有国际视野的知识创新型经济产业园区，应提升法院在打造法治化营商环境中的重要功能。就产业园区发展特点而言，除了加强普通法院建设外，还可专设专门法院（庭）。知识产权法庭可以参照景德镇模式和南昌模式①。就普通法院而言，切实实现法官员额的动态调节，建议从其他部门和司法机关内部调整编制，增加案件较多的法院的编制，按照司法改革的审判人员配比要求建立审判团队，提升审判执行质效，以适应法治化营商环境的客观需要。另外，根据实际需要，可以在条件较好的集中管辖行政诉讼案件法院建立行政法院。② 涉外商事法庭、国际仲裁庭等也应尽快设置。这是表征法治化营商环境的重要指标。

## （三）推进公共法律服务多元化、专业化，实现法治保障无缝衔接

公共法律服务是政府公共职能的重要组成部分，是全面依法治国的基础性、服务性和保障性工作。国家对公共法律服务体系的建设和发展有清晰的规划③，根据赣州国际陆港和涉港经济发展的实际情况，应着重推进公共法律服务的多元化和专业化。

（1）着眼于依法行政能力完善体制机制。完善党政机关法律顾问、公职律师工作体制机制，细化明确相应工作规则和流程，提高各级党委和政府工作法治化水平。让

---

① 景德镇模式是在当地党委政府的支持下，知识产权法庭拥有自己的编制和人员；南昌模式则是挂牌机构，南昌知识产权法庭是南昌市中级人民法院内设的专门审判机构，没有专门机构、办公场所，没有自己的编制和人员。

② 行政法院的设置曾是司法改革的选项之一，后来选择了渐进式路径，先让铁路法院集中管辖行政案件。客观而言，建立行政法院是比较符合现实社会发展需要的，符合审判专业化现代化发展趋势和要求。

③ 中共中央办公厅、国务院办公厅印发的《关于加快推进公共法律服务体系建设的意见》提出的主要目标是：到2022年，基本形成覆盖城乡、便捷高效、均等普惠的现代公共法律服务体系。到2035年，基本形成与法治国家、法治政府、法治社会基本建成目标相适应的公共法律服务体系。

法律顾问、公职律师参与法律法规规章、党内法规和规范性文件的起草论证并形成长效工作机制，让体制优势和制度优势发挥得更充分、更有保障。

（2）着眼于法律服务能力，完善服务体系。鼓励包括律师在内的多方参与，形成集高校专业教师、专业服务机构和人员等为一体的法律咨询服务体系，建立信息库，以便提供快捷、高效和高质量的综合性法律服务、知识产权法律服务和涉外民商事法律服务。同时，健全企业法律顾问，加强法律风险评估和防范。

（3）着眼于涉外业务发展，建立外国法律查明中心①。就区域实际而言，有两个解决途径：一是集中力量攻坚，建立自己的服务中心；二是通过现代技术与广东、上海的外国法律查明中心建立长效联系机制，通过建立"互联网+公共法律服务"平台，实现外国法律的即时查明，为涉外企业和人员提供必要支持。

（4）着眼于专业性要求，提升专业化服务能力。在进一步促进司法公正和社会公平正义的法律服务要求之外，还应进一步总结多元纠纷解决机制的经验，为社会矛盾纠纷的实质性化解和专业性问题的解决，提升公证人员、技术调查官、司法鉴定人员综合能力，充分发挥公证作为预防性司法证明制度的优势，高度重视技术调查官在知识产权审判中的关键作用，加强司法鉴定管理与司法办案工作的衔接等。

## （四）重视法治人才工作，为法治建设提供人力保障

法治人才是构筑赣州国际陆港和涉港经济发展法治保障的前提。法治建设也不是一蹴而就的，而是一个过程。加强党对法治人才工作的领导，切实重视、推进、优化法治人才的培养、引进和使用，是关键中的关键。

（1）把法治人才工作作为"党委工程"来抓。党管人才是人才工作的重要原则，法治人才是赣州陆港和涉港经济发展法治保障的重要支撑，是建设法治化营商环境的决定性因素。党政部门应将其纳入人才发展战略进行规划，制定并落实法治人才发展的重大政策，协调各方面力量，形成共同参与和推动法治人才工作的整体合力。

（2）把提升党政干部法治能力作为突破口。抓住"关键少数"，加强对党政领导干

---

① 中共中央办公厅、国务院办公厅印发的《关于加快推进公共法律服务体系建设的意见》明确提出：建立健全法律查明机制，建立涵盖我国法律、行政法规、地方性法规和规章的统一数据库，通过建立国别法律信息数据库以及专家库等形式提供域外法律查明服务。加强与"一带一路"国家法律事务的交流与合作。完善涉外法律服务机构建设，推出国家和地方涉外法律服务机构示范单位（项目），培养一批在业务领域、服务能力方面具有较强国际竞争力的涉外法律服务机构。

部的法治培训和学习，提高政治站位，增强法治观念，提升依法办事的能力和水平。建议商请中组部、司法部，通过挂职制度，帮助地方法治人才提升素质、能力。只有各级领导干部强化了自身的法治意识，才能带头尊法学法守法用法，真正做依法依规办事的表率，法治建设也才能扎实推进。

（3）把关怀法治人才和队伍建设作为重点工作。筑巢引凤，吸引法治人才。坚持问题导向，针对法治工作队伍中存在的问题，切实采取有效举措，从根本上改变诸如法院干警存在的"青黄不接"和优秀律师很难留下来等情形。通过优化资源配置、创新机制，吸引人才、留住人才。就法院法官而言，动态调整、增加员额，相对减压，增强职业尊荣感。就涉外律师而言，可以借助国内大型律师事务所的发展优势，为其提供便利，吸引其在本地开设分所。

（4）把培养本地法治人才作为基础工程。加强高等院校法学院建设，培养本地法治人才。高校是法治人才培养的第一阵地，赣南师范学院马克思主义学院下设法律系，江西理工大学有独立的法学院，目前在法学学科建设方面尚有很大的增长空间，可以充分利用中央苏区红色法治资源优势和国家政策支持优势，"创新法治人才培养机制，推动东中西部法治工作队伍均衡布局"[①]。建议商请教育部、司法部，联合派人通过挂职赣南师范学院和江西理工大学管理教学科研岗，共同支持赣南法学（法治）人才的教育培养，同时，加强与北京、上海等高校合作（联合培养），推进赣南法学的学科建设和教师队伍高质量发展，为法治人才培养打下坚实基础。

赣南是原中央苏区所在地，是共和国的摇篮，中华苏维埃共和国成立后，党就开始了治国理政的尝试，领导了国家立法、司法等法制建设工作，取得令人瞩目的成就。当前中国特色社会主义进入新时代，赣南陆港和涉港经济发展迎来了历史性机遇。良好的法治化营商环境是社会主义市场经济发展的客观需要，是标识一个地区综合实力的重要方面，是衡量其综合竞争力的重要指标。全面依法治国已经进入"快车道"，坚持问题导向，立足赣州国际陆港建设和涉港经济实际，着眼中央苏区振兴，建立与之相匹配的、高效有力的法治保障，是推进赣南苏区乃至整个原中央苏区高质量发展、行稳致远的重要基础。

---

① 习近平：《推进全面依法治国，发挥法治在国家治理体系和治理能力现代化中的积极作用》，载《求是》2020 年第 22 期。

# 专题研讨一：苏区历史

# 原中央苏区美育的历史经验研究论纲①

何世剑　喻　琴　袁轶凡②

**摘　要**：在新的历史时代，推进对原中央苏区美育的历史经验研究，有较为独特的学理依据与学术意义。可从四个方面拓展和深化原中央苏区美育的历史经验：原中央苏区美育的本体属性、内在品格及价值功能研究；原中央苏区美育的思想政策及运行机制研究；原中央苏区文艺组织与社团机构的美育实践形态、表现、路径及经验研究；原中央苏区美育的典型个案与成功经验研究等。这一研究从更深和更高层次观照中国共产党的美育发展史、马克思主义美育理论中国化，对于贯彻落实国务院振兴发展原中央苏区的战略部署、整理好和用好红色文化资源、传承和弘扬原中央苏区美育精神等均具有深远的意义和价值。

**关键词**：原中央苏区；美育；历史经验研究；论纲

2020 年 10 月 15 日，中共中央办公厅、国务院办公厅印发《关于全面加强和改进新时代学校美育工作的意见》中强调："将学校美育作为立德树人的重要载体，坚持弘扬社会主义核心价值观，强化中华优秀传统文化、革命文化、社会主义先进文化教育，

──────────

① 基金项目：国家社会科学基金重大项目"中华思想文化术语的整理、传播与数据库建设"（15ZDB003）、江西省 2020 年度高校人文社科课题"国家文化安全视野下中国影视剧创作'历史虚无主义'问题研究"（YS20102）、江西省"双千计划"人才项目"中华美学精神传承与影视剧创作研究"、江西省 2020 年度教育科学规划课题"原中央苏区美育的历史经验研究"（21ZD002）、江西省社会科学"十三五"项目《"协同理论"视域下的中央苏区文艺政策研究》（20YS04）、江西省 2020 年度教改课题"总体国家安全观视野下影视类通识课程思政改革与 MOOC 建设研究"（JXJG-20-1-33）、江西省 2016 年度高校党建课题"'反腐'题材影视剧传播接受与高校学生党员队伍建设研究"阶段性成果。

② 作者简介：何世剑，江西萍乡人，博士，南昌大学教授，博士研究生导师，主要从事文化产业与艺术管理、影视艺术与美学研究。喻琴，江西南昌人，博士，南昌大学教授，硕士研究生导师，江西应用科技学院特聘教授，主要从事文艺社会学、中央苏区研究。袁轶凡，江西南昌人，江西科技师范大学助教，南昌大学 2020 级艺术管理专业博士生，主要从事艺术管理、音乐研究。

引领学生树立正确的历史观、民族观、国家观、文化观，陶冶高尚情操，塑造美好心灵，增强文化自信……到 2022 年，学校美育取得突破性进展，育人成效显著增强。到 2035 年基本实现社会主义现代化时，学校美育基本形成全覆盖、多样化、高质量的具有中国特色的现代化学校美育体系。"国务院又于 2021 年 1 月 24 日印发实施《国务院关于新时代支持革命老区振兴发展的意见》中强调，立足新发展阶段、贯彻新发展理念、构建新发展格局，大力弘扬苏区精神，加快推进赣南等原中央苏区高质量跨越式发展，努力走出一条新时代革命老区振兴发展的新路。同时也明确了要"充分发挥红色资源优势，加快建设红色基因传承创新示范区。深入挖掘利用丰富的红色资源优势，大力推进红色基因传承"。原中央苏区时期，中国共产党通过开办学校、创办剧团、俱乐部等，开始了引领人民加强美育的实践探索，取得了突出的成就，对推动原中央苏区的文化建设、审美生活发展等贡献了重要力量，积淀了较为丰富的历史经验。这些宝贵的经验，目前还发掘、整理得不够系统和全面，研究得也不够深入精细，值得加强和拓展研究，从而为新时代学校美育工作的加强和改进贡献思想智慧和理论资源，为更好地推进原中央苏区红色基因传承和新时代革命老区的发展建设等贡献更大力量。

# 一、原中央苏区美育历史经验研究的学理依据

在新时代语境下，践行进一步加强和改进新时代学校美育工作这一精神，推进对原中央苏区美育历史经验的学理检讨、资料整理、精神与内涵、价值等多维研究，其学理依据主要体现在以下三个方面：

第一，原中央苏区时期，中国共产党领导下的美育工作如火如荼地开展，锻炼了中国共产党领导和组织文化建设、美育发展的能力，积淀和形成了丰富的历史经验，值得检讨和整理。我们党历来有着重视美育的优良传统，立足不同时代条件和人民要求，切实加强和改进美育工作，取得了一次又一次阶段性胜利，扎实、创新性地推进了马克思主义美育理论的中国化、本土化进程，积累了丰富的历史经验，形成了厚实的理论成果。聚焦于中央苏区美育的历史经验研究，从美育史、艺术管理与教育史、文艺发展史角度，秉承历史与逻辑相统一的原则，全面系统考察中央苏区的歌舞艺术、

戏剧艺术、图像文化和文学等文艺形态引领下开展得轰轰烈烈、精彩纷呈的美育实践活动和理论探索行为，从发生发展过程、艺术特点、艺术功能、社会效果、历史意义和当下启示等方面反观和总结原中央苏区美育的历史经验，把握原中央苏区美育与马克思主义美育、西方美育、中国古代近代美育间的继承与创新关系，是非常必要的。这些实践经验、理论成果，均是当下我们加强和改进新时代学校美育工作的思想源泉和学养资料。

第二，尽管新时期以来关于原中央苏区历史与文艺、文化的研究取得了较为丰硕的成果，但关于原中央苏区美育的历史经验研究依然较为薄弱，值得拓展和深入研究。1949 年以来，原中央苏区历史与文艺、文化方面的研究开始起步，进行了一定的资料整理与研究工作，代表性成果有：民族音乐研究所编《中央苏区时期的歌曲》（1953）、江西省教育厅编《江西苏区教育资料选编》（1960）、江西师范学院中文系编著《江西苏区文学史稿》（1960）等。新时期以来，聚焦于原中央苏区文艺、中央苏区文化的美育关联研究，出版了较为丰硕的代表性成果，为原中央苏区美育的拓展性、创新性研究准备了丰富资料，奠基了学理支持，标志性成果形态有两个：一是史料汇编，二是研究专著。史料汇编方面，代表性成果有：汪木兰、邓家琪编《苏区文艺运动资料》（1985）、中国人民解放军文艺史料编辑部选编《中国人民解放军文艺史料选编·红军时期（上下册）》（1986）等；研究论著方面，代表性成果有：江西师范大学中文系苏区文学研究室编《江西苏区文学史》（1984），左莱、梁化群著《苏区"红色戏剧"史话》（1987），刘云主编《中央苏区文化艺术史》（1998），钟俊昆著《中央苏区文艺研究：以歌谣和戏剧为重点的考察》（2009），刘云等著《中央苏区宣传文化建设》（2009），陈始发著《多维视野下的中央苏区文化建设研究》（2010）等。在取得一定成绩的基础上，我们认为有必要深入总结原中央苏区美育研究的优秀经验，考察、体认不足之处，尤其要结合新的时代要求进行拓展性、创新性、专题性、体系性研究，弥补短板，填补空白。

第三，原中央苏区美育的历史经验，是中国共产党领导人民探索和推进美育建设形成的宝贵经验，既是中国现代美育发展史不可或缺的部分，也是中国共产党美育发展史的重要构成，加强其研究对当下全面加强和改进美育工作具有重要的意义和价值，能为新时代美育工作提供经验借鉴。党的十八大以来，以习近平同志为核心的党中央高度重视学校美育工作，部署了一系列重大决策来推动学校美育实现高质量、跨越式发展。2013 年，党的十八届三中全会提出"改进美育教学，提高学生的审美和人文素养"；2015 年 9 月 15 日，国务院办公厅印发《关于全面加强和改进学校美育工作的意见》明确了"加强和改进学校美育工作的指导思想、基本原则、总体目标和政策措施"；2018 年 8 月，习近平总书记给中央美院 8 位老教授回信说："做好美育工作，要坚持立德树人，扎根时代生活，遵循美育特点，弘扬中华美育精神，让祖国青年一代身心都健康成长"；2018 年 9 月，习近平总书记在全国教育大会上对美育工作作出重要指示，提出"要全面加强和改进学校美育，坚持以美育人、以文化人，提高学生审美和人文素养"；2019 年 3 月，全国"两会"期间，习近平总书记看望文艺界社科界委员时，对文化文艺工作又提出明确要求，强调委员们"要坚定文化自信、把握时代脉搏、聆听时代声音，坚持与时代同步伐、以人民为中心、以精品奉献人民、用明德引领风尚"；2020 年 9 月 22 日，习近平总书记在教育文化卫生体育领域专家代表座谈会上再次强调，"加强和改进学校体育美育，广泛开展劳动教育，发展素质教育，推进教育公平，促进学生德智体美劳全面发展，培养学生爱国情怀、社会责任感、创新精神、实践能力"……以上习近平总书记关于美育的系列重要讲话及党中央、国务院关于加强和改进学校美育工作的意见，均对"十四五"期间美育创新发展的指导思想、内容形式、格局定位及工作思路、主要目标等提出了新的要求。加强对原中央苏区美育的历史经验研究，有助于清晰梳理和体认中国共产党美育发展的历史脉络，把握中国共产党领导美育建设的思想轨迹和精神传统。

## 二、原中央苏区美育历史经验研究的主要内容

正如周平远先生所论，中央苏区文艺是中共中央、苏维埃中央政府直接领导文艺工作的最初尝试，是中华人民共和国文艺的摇篮。文艺是践行美育工作的重要抓手，原中央苏区文艺美育是原中央苏区美育的主要构成和典型形态，其典型经验值得我们深入发掘、认真总结和大力阐发。原中央苏区美育历史经验研究的主要内容，主要体现在以下四个方面：

### （一）原中央苏区美育的本体属性、内在品格及价值功能研究

主要研究有三个：①原中央苏区美育的本体属性。加强对原中央苏区美育的"马克思主义"属性、"地域文化美学"属性、"优秀传统文化"属性等多方面的研究。②原中央苏区美育的内在品格研究。着重研究原中央苏区美育的"人民性"品格、"革命性"品格、"艺术性"品格、"实践性"品格。③原中央苏区美育的价值功能研究。主要研究原中央苏区美育的"宣传"价值、"党建"价值、"精神"价值。

### （二）原中央苏区美育的思想政策及运行机制研究

主要研究有三个：①原中央苏区美育的指导思想、美育话语创新表达、美育批评思想以及美育思想传承与创新。②原中央苏区美育的政策生发的历史语境、制定路径、核心内容、实践效应及影响。③原中央苏区美育的运行机制建构的历史进程、路径依赖、运作模式。

### （三）原中央苏区文艺组织与社团机构的美育实践形态、表现、路径及经验研究

主要研究有四个：①考察原中央苏区文艺组织与社团机构的基本建设情况。②考察原中央苏区文艺组织与社团机构开展美育实践活动的形态、表现。③考察原中央苏区文艺组织与社团机构实施美育的主要路径。④发掘与总结原中央苏区文艺组织与社团机构实施美育的成功经验。

### （四）原中央苏区美育的典型个案与成功经验研究

这一方面内容的研究是本课题的重中之重，历史经验的发掘、总结，体现在典型人物的重要作为之上。①主要研究代表性美育理论工作者及其思想建树，把握他们对马克思主义美育理论的创造性接受及推动马克思主义美育理论中国化进程中的主要作为。②主要研究音乐、舞蹈、戏剧、美术等多文艺种类的优秀专家开展美育工作的方式方法、典型作为及优秀经验。③主要研究一批代表性美育教育工作者所采取的各种措施、组织的文艺社团及培育的文艺人才，挖掘他们的优秀事迹，总结其中的典型经验

和美育模式。④主要研究代表性美育宣传工作者及其关于美育的各种宣传传播活动、表现、绩效。

## 三、原中央苏区美育历史经验研究的学术意义

加强对原中央苏区美育尤其是文艺美育的历史经验研究，力争系统爬梳、整理原中央苏区美育的丰富历史资料，具有重要的学术价值和现实意义。主要体现在以下三个方面：

第一，可以弥补20世纪中国美育研究、马克思主义美育理论中国化研究中关于"原中央苏区美育研究"的缺憾与不足，完善对中国现代美育学术史、学科史的认识与建构。2011年11月4日，习近平同志在纪念中央革命根据地创建暨中华苏维埃共和国成立80周年座谈会上的讲话指出："中央革命根据地和中华苏维埃共和国的历史，已经成为我们党的历史和近代中国革命斗争历史非常重要的一页，是一部丰富生动的教科书，广大干部和党员应该不断从中得到教益，受到启迪，获得力量。"原中央苏区的美育工作实践经验及科学理路，是我们党根据中国实际情况自觉践行、探索和发展马克思主义美育理论的重要体现和体系构成，值得我们深入发掘和认真总结。

第二，可以为贯彻落实国务院振兴发展原中央苏区的战略部署提供"美育"领域的学理思想与智力支持。践行《国务院关于支持赣南等原中央苏区振兴发展的若干意见》（以下简称《若干意见》）精神、落实党的十九大"不忘初心、牢记使命"的主题思想、"弘扬苏区精神""推动红色文化发展创新，提升苏区精神和红色文化影响力""推进红色基因传承"等，具有重大的应用价值和社会意义。《若干意见》提出了"红色文化传承创新区"的概念和定位。其目标是："加强革命遗址保护和利用，推动红色文化发展创新，提升苏区精神和红色文化影响力，建设全国爱国主义教育和革命传统教育基地，打造全国著名的红色旅游目的地。"显然，深入开展原中央苏区"美育"研究，系统总结原中央苏区美育发展的历史经验和基本理路，是"红色文化传承创新区"题中应有之义和应有之举。

第三，可以为加强和改进新时代美育工作提供红色文艺及文化资源、思想智慧和

历史经验。原中央苏区文艺，是在原中央苏区创造的革命文艺、红色文艺，是中央革命根据地的苏维埃文艺。苏区作为一个军事化或准军事化社会，以及先有红军后有苏区的历史事实，决定了原中央苏区美育研究必须从红军文艺入手，才可能找到正确的认识论和方法论路径。

总之，原中央苏区时期奠基和形成了重视美育的优良传统，是我们当下加强和改进新时代美育工作的历史根基，其中的优秀经验值得发掘和总结，为当下提供历史参照和实践理路。

**参考文献：**

[1] http：//www. gov. cn/zhengce/2020－10/15/content_ 5551609. htm.

[2] http：//www. gov. cn/zhengce/content/2021－02/20/content_ 5587874. htm.

[3] http：//news. 12371. cn/2013/11/15/ARTI1384512952195442. shtml.

[4] http：//www. gov. cn/xinwen/2015－09/28/content_ 2939833. htm.

[5] http：//www. gov. cn/xinwen/2018－08/30/content_ 5317813. htm.

[6] http：//www. gov. cn/xinwen/2018－09/10/content_ 5320835. htm.

[7] http：//china. cnr. cn/news/20190317/t20190317_ 524545569. shtml.

[8] http：//www. gov. cn/xinwen/2020－09/22/content_ 5546157. htm.

[9] 周平远等. 从苏区文艺到延安文艺——马克思主义文论中国化历史进程[M]. 北京：社会科学文献出版社，2014.

[10] http：//www. moe. gov. cn/jyb_ xwfb/moe_ 2082/2021/2021_ zl37/sishixuexi/202105/t20210511_ 530832. html.

[11] http：//www. gov. cn/zhengce/content/2012－07/02/content_ 4618. html

[12]《中央苏区文艺丛书》编委会. 中央苏区文艺史料集 [M]. 武汉：长江文艺出版社，2017.

# 从巴黎公社的失败看中央苏区的成功

## ——纪念中央苏区创建暨苏维埃共和国成立 90 周年

王晓旭　金　汉　万国栋①

**摘　要：**巴黎公社运动是无产阶级第一次夺取政权、建立政权的尝试，中央苏区是党建立国家政权形态、局部执政的开端，二者都是具有无产阶级性质的政权。中央苏区吸收了巴黎公社的教训，在革命斗争中发展红色金融、坚持民主集中制、"扩大与巩固红军"。

**关键词：**中央苏区；巴黎公社；失败与成功

巴黎公社运动的最终失败引起众马克思主义经典作家的研究和反思，毛泽东在大革命时期《纪念巴黎公社》的演讲中准确地阐述了公社失败的三个关键缘由：①没有占领银行；②没有坚持民主集中制；③没有重视军队建设。在演讲的最后他还强调："各同志要鉴往知来，惩前毖后。"也就是说，毛泽东认为这不仅是巴黎公社运动失败的主要原因，也是中国革命需要警惕的关键问题。本文着眼于巴黎公社运动失败的几个关键缘由，探讨在中央苏区时期，党如何在这些关键问题上实事求是、积极施策，领导新民主主义革命事业进一步发展。

---

①　作者简介：王晓旭，黑龙江哈尔滨人，博士后，副教授，硕士研究生导师，主要从事马克思主义中国化研究。金汉，河南信阳人，硕士研究生，主要从事马克思主义中国化研究。

# 一、从漠视银行到发展红色金融

放弃银行是巴黎公社运动失败的重要原因。马克思指出："人们奋斗所争取的一切，都同他们的利益有关。"无产阶级要寻得的解放最首要的就是经济上的解放，巴黎人民之所以进行革命运动，归根结底是经济原因，是广大劳动人民在经济上受到长期压迫的直接结果，所以在巴黎公社成立初期，公社推行的一切政策都与经济息息相关：公社打碎资产阶级旧的国家机器，"剥夺剥夺者"；将被遗弃的工场交给工人协作社管理；取消面包房工人夜班制；禁止扣罚工人的工资等。这些与经济相关的政策直接体现了巴黎公社走向人民、代表人民的革命本色，构建了理想的经济生态。但公社在其存在的两个多月里却始终没有没收法兰西银行，这不仅导致了公社理想的经济生态成为没有运行成本的"空壳子"，更直接造成了梯也尔反动政府凭借法兰西银行恢复元气，最终导致公社灭亡的悲剧。正如马克思所说："为什么公社在经济方面忽略了很多据我们现在看来是当时必须做的事情。最令人费解的，自然是公社把法兰西银行视为神圣，而在其大门以外毕恭毕敬地伫立不前。这也是一个严重的政治错误。银行掌握在公社手中，这会比扣留一万个人质更有价值。"又如恩格斯在公社运动失败十多年以后所说："蒲鲁东主义者所实行的唯一社会措施就是拒绝没收法兰西银行，而这是公社覆灭的部分原因。"

中央苏区时期的红色金融事业，是农村根据地日益鼎盛，革命事业不断发展的重要原因。与巴黎公社时期的经济策略不同，尽管在中央苏区时期，革命根据地受到长期的包围、分割和严密封锁，处于频繁激烈的战争环境之中，且经济基础极其落后，但党始终扭住了"经济"这个关键点，大兴红色金融事业，为革命斗争注入源源动力，为历次反"围剿"的胜利提供了必要的经济支持。举措有三个：①建立了中华苏维埃共和国国家银行，稳固苏区经济大盘。1932 年 2 月，中华苏维埃共和国国家银行成立，履行发行纸币、实行低利借贷、代理国库的职能。②开展各类债券服务，筹措战争经费和支援根据地经济建设。从 1932 年开始，中央苏区政府在苏区募集公债，在筹措战争经费方面，发布了两期"革命战争短期公债"。在筹措经济建设经费方面，发行了

"经济建设公债"，于 1933 年 6 月发行，发行总额为 300 万元。③积极发展信用合作组织，对抗敌人的经济封锁。为应对卖出农产品价格下降、买进工业产品价格飞涨的困境，一方面通过信用合作社募股集资，每股大洋 1 元；另一方面大力发展粮食、生产合作组织，扩大生产，抵制剥削，到 1933 年 8 月，整个中央苏区共有合作社 2300 多个，57 万余社员和 60 余万元的股金。总之，中央苏区时期，党和政府十分重视金融建设，为革命事业提供了一定的经济支持，起到了正本清源、开源节流的重要作用。

# 二、从消极否定权威到坚持民主集中制

巴黎公社过度追求形式民主，在实践中表现为对"权威"的摒弃，把"阶级"与"权威"等同起来，把消灭阶级与消灭权威相提并论。当独立考察巴黎公社构建的以消灭阶级为基础的政治体制时，可以发现这是任何社会主义学家都不能否认的理想制度，但公社当时所处的苛刻环境实际上并没有为这种理想的政治制度提供合适的社会土壤。公社的领导机关是中央委员会及下属的 10 个委员会，实行"议行合一"和普选制。公社重视和发扬民主是值得赞扬的，但是公社将发扬民主与反对权威完全对等起来：公社委员会没有核心，只在开会时推选临时的"会议主席"，10 个委员会内也没有领导核心，各委员地位平等，没有建立起完善的责任制和监督体系，以致每个代表都自作主张，根据自己的职权发号施令，这样的政治运行不利于集中权力应付迫在眉睫的战争，为此公社在残喘之际不得不加强作为协调和监督部门的执行委员会的权力，后来又建立了对各委员会拥有全权、只对公社委员会负责的救国委员会，这个委员会的成立还差点造成了多数派与少数派的决裂。实践证明，在当时的现实条件下，巴黎公社并没有匹配适合的政权组织形式，而是建立了对现实经济基础极为挑剔的"理想制度"，在难以发挥预期效能的同时还造成了决策效率低下、权力过度分散、社会治理混乱、形式主义盛行等窘境，是葬送公社事业的重要原因。

中央苏区时期，苏区政府重视民主集中制建设，把权威与民主统一起来。中央苏区政权的性质是工农民主专政，采取民主集中制的组织原则。在民主方面，发扬了公社的民主精神，广泛赋予人民选举权与被选举权，实行普遍的民主选举。在 1931 年颁布的《中华苏维埃共和国宪法大纲》中明确规定："苏维埃全部政权是属于工人、农民、红军士兵及一切劳苦大众的。"为了具体保障人民的民主权利，又相继颁发了《中华苏维埃共和国选举细则》《苏维埃暂行选举法》，在这些具体实施条例的基础上，苏维埃政府还广泛开展宣传动员，让工农群众认识选举权和被选举权的重要性；实行选民登记制度；考虑到大部分群众对民主权利感到陌生，且文化水平普遍不高，选举采取简单易行、因地制宜的方式等。1931～1934年进行的三次民主选举中，很多地方参加选举的人占选民总人数的80%以上，有的地方达到90%以上，通过苏维埃代表大会制度，众多工农群众优秀代表选拔到各级苏维埃机关，从而使苏维埃政权真正成为人民的政权。在集中方面，克服了公社体制"无核心"的弊病，在革命战争时期有效地提高了决策效率。中央苏区政权组织形式是层层递进、有序集中的：全国苏维埃代表大会是中央苏区的权力机关，集立法、司法与行政诸权于一体，有权制定法律及其他法律、选举产生全国苏维埃代表大会闭会期间的全国最高权力机关中央执行委员会、中央执行委员会选举产生其闭会期间的全国最高权力机关中央执行委员会主席团以及全国最高行政机关人民委员会，中央执行委员会和人民委员会都实行主席负责制。这就克服了公社体制权力过度分散导致的无人负责、推诿扯皮、效率低下的消极现象，体现了相当的进步性和实效性。

# 三、从解散常备军到"扩大与巩固红军"

巴黎公社取消常备军，代之以国民自卫军，在构设廉价政府、减轻财政负担的同时也造成武装力量羸弱的困境。巴黎公社存在的两个月中，一直都致力于构建一个真正为人民服务的廉价政府，推行了一系列政策，如降低公职人员工资，减免中产阶级、小资产阶级、农民身上繁重的战争赔款，精简政府机构等。尤其是军队方面，更是取消了常备的正规军，改用带有"志愿军"性质的国民自卫军，在革命高潮时期，这种方式能够极大地起到军事动员的作用，在短时间内构筑一个有着共同意识形态和斗争目标的人民武装堡垒，而且尽可能地节约动员成本，最大限度地集中力量进行革命斗争。苏维埃俄国成立初期，也参照巴黎公社的国民自卫军模式，用工人赤卫队和革命士兵取代常备军。但是，在实际斗争过程中，完全废除常备军会造成军队编制混乱、纪律松散、士兵素质欠缺甚至革命投机者充斥，从而导致军队战斗力低下。巴黎公社在其存在的短短两个月中没来得及进行针对性的改革，这也是巴黎公社的国民自卫军不敌梯也尔军队的重要原因之一。发现并进行第一次改革这种体制弊端的是俄罗斯苏维埃联邦社会主义共和国：正规军取代了具有全民武装性质的赤卫队和革命士兵，1918年5月29日，全俄苏维埃中央执行委员会颁布普遍动员参加红军的法令，决定废除游击作风严重、纪律松散的志愿兵制，实行普遍义务兵役制和铁的纪律；废除指挥人员选举制，实行委任制，这一法令标志着常备军在苏维埃俄国的复活。

中央苏区时期的红军建设兼顾了军队的政治建设和战斗力的提升，在扩充革命队伍的同时又净化了革命队伍，真正把革命军队锻造成一支有纪律、能战斗的人民军队。南昌起义后，党开始了建立人民军队的艰辛历程，中共建军的环境十分恶劣，大部分革命根据地在农村，且处于战争环境，军队兵源复杂，大量小资产阶级和农民出身的同志在频繁的战斗和艰苦的生活中逐渐滋生起极端民主化、重军事轻政治、投机主义、不重视根据地、流寇思想和军阀主义等非无产阶级思想，严重影响了红军的稳定性和战斗力。中央苏区时期，更加重视军队的政治建设。1929年古田会议确立了思想建党、政治建军的基本方针，开启了建立人民军队的新阶段。1931年末中华苏维埃共和国成立后，党开始了局部执政，根据地空前扩大，有了相比井冈山更加稳定的条件去施展政治工作，且经常要应对国民党的"围剿"，存在对军队政治工作的现实需要，党把军队政治建设摆在了更靠前的位置，主要采取了以下三项措施：其一，发布战前的政治工作训令，1932年10月27日红军总政治部发出《关于粉碎敌人大举进攻的政治工作训令》提出加强政治工作的具体要求。其二，制定完善的政治工作条例，1933年红军总政治部拟定了《中国工农红军政治工作暂行条例（草案）》（以下简称《条例》），这是红军政治工作的第一个正式条例，《条例》指出，"政治工作的目的是巩固红军的战斗力，红军的战斗力不仅是靠军事技术的条件来决定，最主要是要靠他的阶级觉悟、政治影响，发动广大工人、农民，瓦解敌人军队，使广大工农群众环绕于红军的周围"。其三，召开红军第一次全国政治工作会议，1934年红军第一次全国政治工作会议在瑞金召开，王稼祥指出："一切战争中如果没有政治工作的保障是不能达到任务的。我们红军斗争的目的是为了解放工农，政治工作就是要提高红军战士与工农群众的积极性，政治工作是提高红军战斗力的原动力。"在中央苏区时期，党还十分重视红军实际战斗力的提升。红军在苏区时期的军事技术和战术落后于政治工作，造成了很多不必要的牺牲，提高军事斗争的硬核战斗力成为当时红军迫切需要解决的问题，为此朱德、周恩来在1932年12月2日提出了"学会与提高新的军事技术"的口号，督促红军指战员尽最大努力去学习军事技术，强调红军指挥员和政治委员要从实践和理论中提高军事技能，提高红军的战斗力。

**参考文献：**

[1] 中共中央文献研究室．毛泽东文集（第一卷）[M]．北京：人民出版社，1993．

[2] 中共中央马克思恩格斯列宁斯大林著作编译局．马克思恩格斯全集（第1卷）[M]．北京：人民出版社，1956．

[3] 中共中央马克思恩格斯列宁斯大林著作编译局．马克思恩格斯选集（第3卷）[M]．北京：人民出版社，1995．

[4] 吴亮平．目前苏维埃合作运动的状况和我们的任务 [J]．斗争，1934（56）．

[5] 莫洛克．巴黎公社会议记录（第1卷）[M]．北京：商务印书馆，1961．

[6] 普·利沙加勒．一八七一年公社史 [M]．柯新译．北京：人民出版社，1962．

[7] 李景治．工人首创的新世界 [M]．北京：华夏出版社，1991．

[8] 中央档案馆．中共中央文件选集（第7册）[M]．北京：中央党校出版社，1991．

[9] 中国共产党历史（第一卷）（上册）[M]．北京：中共党史出版社，2011．

[10] 彭才栋．以消灭阶级为基础的政治形式——正确理解巴黎公社政治体制的意义 [J]．政治学研究，2016（6）．

# 中央苏区农业税制建设的特点及其历史意义

易凤林　　魏烈刚[①]

**摘　要**：中央苏区的农业税制不仅关系着政府的财政、法制建设，而且影响着革命的进程，牵动着政局的变化。它具有鲜明的阶级性与革命性，与中国共产党的革命目标与宗旨保持了一致；其创新性、先进性与公平性显示了它的独特性。

**关键词**：中央苏区；农业税制；税率

1931 年 11 月 7 日中华苏维埃临时中央政府成立，过去的部分政策已经不能满足政府的财政支出需要，也不适合苏维埃共和国各项建设和革命战争的需要。为此，中华苏维埃临时中央政府颁布了一系列决议，把政府财政收入的主要来源放在税收方面。中央苏区的税收来源主要是征收农业税。因此，实事求是地分析与评价中央苏区的农业税制十分必要。

## 一、灵活性与实用性：中央苏区农业税制符合现实环境和农民需要，并在不断调整中逐步完善

中央苏区农业税制的一个重要特征就是灵活实用。它废除了军阀时期各种名目繁多的税目以及各类烦琐的征收细则，减少了税种，简化了征收程序，使地方党政干部

---

① 作者简介：易凤林，江西省社会科学院副研究员。魏烈刚，山东莱芜人，江西省社会科学界联合会《苏区研究》编辑部主任，助理研究员。

易于操作与执行，农民易于理解与掌握。

1928 年 12 月，毛泽东在开拓井冈山革命根据地的过程中，颁布了《井冈山土地法》。这是中央苏区最早的一部土地法，具有明显的探索性。该土地法把农业税制结构中最基本的部分做了明确规定，如土地税（即农业税）税率、免税的条件与原则及土地税收入的分配。其税率以 15% 为主；遇天灾或其他特殊情形时，由高级苏维埃政府核准，免纳土地税；土地税由县苏维埃政府征收，交高级苏维埃政府支配。从《井冈山土地法》可以看出：它的构成比较简单；主要实行单一税率；只征收农业税正税，不征收农业税附加以及商业税、工业税等，种类单一；征收便利。这与革命根据地所处的现实环境与经济情形密不可分。以农业为主的自然经济，农业税毫无疑问成为最主要的税源，并且只征收一种税，农民在心理上容易接受，更愿意纳税。

此后，各根据地陆续出台了一些土地税政策与法规，大都与《井冈山土地法》原则一致，并在此基础上进行完善。

以 1931 年 11 月 7 日中华苏维埃共和国临时中央政府成立为标志，农业税制实现统一，走向制度化道路。11 月 28 日，临时中央政府立即颁布了《中华苏维埃共和国中央执行委员会第一次会议关于颁布暂行税则的决议》（以下简称《暂行税则》），统一各根据地的农业税。它明确规定苏区实行统一的累进税，农业税只征收主产（稻谷、茶山、棉麻、果园）税，暂不征收副产税；另外还规定了农业税征收的原则、免税减税政策、征收的时间、征收办法与征收形式等。与临时中央政府成立前各地的农业税制结构相比，《暂行税则》的内容要丰富得多。从制度的完善与实施来说，《暂行税则》是中央苏区最完备的农业税则，具有标志性意义，是农业税制的跨越性进步。

随着革命形势的变化和党理论与实践水平的提高，农业税制在《暂行税则》的基础上不断调整，因此中央苏区的农业税制还具备灵活的一面。《暂行税则》只规定农业税征收的基本原则，各省可依据当地情况定出适当的农业税税率；农业税征收现款或农产品，依据农民的意愿而定。

# 二、阶级性与革命性：中央苏区农业税制体现了土地革命的性质和中共革命目标

共产国际一再强调，苏区的存在只有"实行阶级路线并依靠劳动人民、贫农和中农的坚定支持"才具有意义。与此同时，农业税作为土地政策的一部分，具有废除封建剥削的革命性。这与中国共产党的革命任务与革命目标一致。

农业税征收原则、征收对象、征收标准。1931年11月28日，中央执行委员会通过的《暂行税则》指出："征收的原则，除去将纳税的重担放在剥削阶级身上外，依阶级的原则来解决，对于被剥削的阶级与最苦的阶层的群众，免除纳税的义务。"这就确立了"农业税重负归于剥削者，减轻被剥削者税负"的阶级原则与革命原则。

农业税的减免政策。这些政策同样表明了党"保护贫农、联络中农、打击富农"的原则，如红军家属、雇农以及分得田地的工人免税等。它很好地维护了红军家属、雇农的利益，确保他们的生活及生产顺利进行，使他们更加愿意支持党与红军。

农业税的起征点、累进率。1931年的《暂行税则》规定，富农从2担起征，一般贫农中农从4担起征；1932年的税则，贫农中农3担起征，富农1担起征。明显富农起征点要比贫农中农低得多，适用的税率也比贫农中农高，由此产生的税负也比贫农中农重得多。

农业税的征税目的与用途。中央苏区的土地法明确规定了征税目的与税收用途：一是革命和苏维埃政权的需要，如维持并扩大红军、赤卫队，维持政权机关运行等；二是社会建设和群众利益的需要，如设立学校，建立看病所，救济残废老幼，修理道路河坝等。

虽然中央苏区的农业税制具有鲜明的阶级性与革命性，但在实际执行过程中也有一些负面的东西。

# 三、先进性与公平性：中央苏区农业税制体现了中国税制发展史的一大进步

中央苏区农业税制成为当时中国的一大新税制，是中国税制史的一大进步。

## （一）在废除附加税、减轻税负等方面，苏维埃临时中央政府更加坚持公平性

中国共产党的农业税制以减轻贫苦农民税负为原则，倡导公平性。苏维埃临时中央政府一成立，就以实际行动表明了革除农业税制弊端的决心。更为重要的是，废除"一切田赋丁粮厘金、苛捐杂税"就截断了以农业税为根源的各种附加税，从而从根本上解决了农民长期以来难以负荷的附加税过多过重问题。

在税负承担方面，税负从被剥削者转移到剥削者身上，使有产者承担更大的责任。如对以富农为代表的有产者，中国共产党坚持"站在阶级的观点上给他严厉的打击"。因此向富农征税的起征点低、税率高，与贫农相比，其负担重得多，这在一定程度上缓解了贫农的负担。

## （二）在以税促生产方面，苏维埃临时中央政府更具创新意识，从而保障了税源的稳定性

苏维埃临时中央政府更加重视以"发展农业生产"来保障税源的稳定性。对中国共产党而言，以发展国民经济来增加财政收入，是财政政策的基本方针。

在中国共产党的领导下，中央国民经济部、土地部发布了相关命令，指出为了革命战争和群众生活改善的需要，必须努力发展农业生产。在政府的大力支持下，中央苏区的农业发展加快。中央苏区 1933 年的农业产值较 1932 年增加了 15%。在农村经济发展的基础上，推行农业税，才有利于取得成效，真正符合中国共产党所提倡的"鼓励生产，合理负担"的目标，展示其先进性的一面。

### （三）在采用累进税法方面，苏维埃临时中央政府更具先进性

苏维埃临时中央政府农业税的累进税法无疑是一种创新，更加先进，符合时代与税制的发展要求。累进税法把贫者与富者的税率定在不同的标准线上，越贫者所适用的税率越低，越富者所适用的税率越高。按其税制的发展要求来看，累进税目前仍然被普遍采用，且被公认为比较好的税法。相对而言，贫者与富者适用同一税率，富者的税负轻，贫者的税负反而重，没有起到调节作用，导致税负不平衡。

## 四、历史性与价值性：中央苏区农业税制建设为中华人民共和国现代农业税制的形成奠定了良好基础

中央苏区农业税制是在土地革命的基础上逐步完善起来的。农民在获得土地、从事农业生产的同时，向苏维埃政府缴纳农业税。以农业税为主要来源的财政收入，是革命战争、苏维埃政权运行、社会建设最重要的物质保障，发挥着重大的历史作用。

其一，提供了军需费用。翻身之后，广大的贫苦农民对中国共产党领导的革命战争十分拥护。他们热爱苏维埃政府和中国共产党，主动纳税就是其重要表现，展示了"在经济战线上伟大的力量"。

其二，支持了苏维埃政权的运转。农业税的重要用途之一就是苏维埃政权运行开销。从这一时期的情况来看，由于农民积极纳税，各级苏维埃政府的运行都较为平稳。在"厉行节约"的口号下，苏维埃政府的良好形象基本树立。

其三，社会建设广泛开展。社会建设的支出是农业税的社会服务功能。各级苏维埃政府在征得农业税后，反哺农民。例如，颁布了一系列经济政策，振兴了农业经济；组织了修堤、造桥、建坝等惠民工程，这是"中国历史上空前未有过的现象"。

与此同时，虽然中央苏区农业税制尚不十分完备，但已经基本具备了现代农业税制的雏形。它对中华人民共和国现代农业税制的形成产生了重要影响，奠定了良好的基础。主要体现在以下三个方面：

首先，累进税与免征点政策。1949年后，政府规定实行免征点的、税率差度较大

的全额累进税制。人均稻谷不满 150 斤免征；150 斤以上的，贫农征收 5%~8%，中农征收 12%~18%，富农征收 20%~30%，地主一般征收 30%~40%，最高不超过 50%。

其次，征收办法与农业税形式。1932 年 7 月 13 日颁布的《土地税征收细则》关于征收方法做了更为明确的规定："农民缴税前，由乡代表发给纳税证明书，替他填好，如有免税者应填好免税证明书，农民即按证明书带款送交各该税收委员会，取得收据为凭。"实际上，这种征收办法就是中华人民共和国成立初期颁布的"依率计征、依法减免"。政府发放纳税证明书，同时注意宣传税收政策，动员农民踊跃纳税，明确纳税者与征税者的义务与责任。

最后，减免税政策。苏维埃临时中央政府规定红军家属、雇农以及分得田地的工人免税；遇有水旱等灾或遭受国民党摧残的区域，按照灾情轻重免税或减税等。税收减免政策在当时起了多方面的积极作用。正因为减免政策具有客观性及良好的社会作用，1949 年后仍然实行较人性化的农业税减免政策，如凡因不可抗拒的自然灾害造成歉收三成以上的，经调查核实，可依法减免；对贫困无劳动力的老弱孤寡，其负担可经民主评议酌情减免 15%~30%。这些都是中央苏区农业税制的重要影响。

**参考文献：**

[1] 江西省档案馆等 . 中央革命根据地史料选编（下册）[M]. 南昌：江西人民出版社，1982.

[2] 中国社会科学院经济研究所中国现代经济史组 . 革命根据地经济史料选编（上册）[M]. 南昌：江西人民出版社，1986.

[3] 中共中央党史研究室第一研究部 . 共产国际、联共（布）与中国革命档案资料丛书（第 8 卷）[M]. 北京：中央文献出版社，2002.

[4] 陈登原 . 中国田赋史 [M]. 上海：上海书店出版社，1984.

[5] 大家来热烈缴纳农业税 [N]. 红色中华，1933-12-26（003）.

[6] 宜春市地方志编纂委员会 . 宜春市志 [M]. 海口：南海出版公司，1990.

# 中央苏区的公债动员

## ——以《红色中华》的报道为中心[①]

何金华[②]

**摘　要**：1932~1933年中央苏区曾先后三次发行公债，围绕这三次公债的购买推销、退还，中央苏区以《红色中华》为主要媒介发起了一场公债运动。在兼具组织传播和大众传播的双重性质下，《红色中华》在动员苏区党政组织内部与苏区民众方面都发挥了重要作用。在苏区阶级战争的环境下，《红色中华》的报道动员呈现出了明显的战时舆论动员的特征。此外，《红色中华》还以议程设置的方式，对公债运动进行连续多维的集中报道，对购买推销、退还公债两大主题进行反复强化报道、营造并不断强化竞赛式的舆论氛围，在朴实生动的文风语境下达到公债动员的目的。此次苏区公债运动的动员在试图改善苏区经济环境、保障革命战争上做了努力，而作为苏区政府机关报的《红色中华》则在此次动员中发挥了重要的媒介作用。

**关键词**：《红色中华》；公债运动；报道；动员

1932年12月11日《红色中华》在瑞金正式创刊，作为中华苏维埃共和国临时中央政府的机关报，《红色中华》在中央苏区历次运动等中发挥了十分重要的组织动员作用。目前学界对《红色中华》及其苏区公债的研究已有相关学术成果。但学界的研究暂未将公债运动与《红色中华》对此运动的动员报道进行结合性研究。因此，本文拟

---

① 关于文中报道次数的统计来自笔者整理，以报道标题为统计指标，涵盖公债的发行、推销、退还三个主题。统计期间从1932年6月23日第24期第一次布告发行革命战争公债至1934年5月第184期《红色中华》（瑞金版）最后一次出现关于公债的报道。

② 作者简介：何金华，重庆人，江西师范大学历史文化与旅游学院研究生，主要研究方向为中国近现代史方向。

就以《红色中华》对苏区公债运动的报道为中心，进一步考察《红色中华》在公债运动中发挥的宣传、舆论动员作用。

## 一、兼具组织传播与大众传播性质的《红色中华》

从内容上看，《红色中华》刊登了大量苏区政府的训令、文告，是苏区党和政府发布政令的重要平台。中央苏区三次公债的发行也都是在《红色中华》上以训令的方式发出的。1932年6月23日《红色中华》刊发了发行革命战争短期公债券事的训令：《中华苏维埃共和国临时中央政府执行委员会训令》。1932年11月，又刊发了发行第二期革命战争公债的文告：《中央执行委员会第十七号训令》。1933年7月，又再次刊发了《中央执行委员会关于发行经济建设公债的决议》发行经济建设公债，三次公债的发行决议都是以政府文告的方式通过《红色中华》对外发布。《红色中华》的发刊词也表明了它的任务是"发挥中央政府对于中国苏维埃运动的积极领导作用"，在百期纪念刊中博古也再一次强调了《红色中华》是苏区的"集体宣传者与组织者"。笔者还注意到第161期刊发的《中共中央关于苏区五一劳动节的决定》文尾附注中写道："此决定在红中发表外不再另印发。各级党部即根据此讨论执行"。这说明《红色中华》作为苏区党政组织内部政令发布的渠道得到了苏区党政组织内部的自身认同。

《红色中华》虽然是苏区党政组织的机关报，但是这并不影响它作为报刊所具有的大众传播性质。首先，从发行量上看，《红色中华》发行量巨大，从开始的每期3000份增至后来的4.5万份。如果仅是组织传播，并不可能达到如此的发行量，只有面向苏区广大民众，发挥报刊大众传播的性质，《红色中华》的发行量才能达到4.5万份。其次，从属性上看，《红色中华》同时具备大众传播最重要的两个特征：商品属性和文化属性。《红色中华》每期报头都标有"零售铜元一枚"，第49期特别提到"帮助报纸的推销，建立代派处与推销处"。第96期也强调要通过竞赛的方式推广本报销量，"一个读者介绍五人定用，赠送本报一份，信封信纸各五个。介绍十个，赠品加倍。介绍十个以上者有特别赠品（书籍与文具）"。从这几段材料看，《红色中华》是具有商品属性的。从《红色中华》的报道内容看，其中也不乏社会政治、经济以及国外新闻，具有文化属性。事实上，《红色中华》也一直在努力提高报刊大众传媒的功能。《红色中华》建立了一个拥有400余人的通讯员网络，凯丰也在百期纪念刊中提到，"登载许多苏维埃的训令通告，有的甚至占着极大的篇幅，《红色中华》无论任何不能建立成为命令和指令机关"。从这可以看出，《红色中华》在办报理念上也十分重视大众传播的职能。

作为苏区"喉舌"的《红色中华》，兼具组织传播与大众传播的双重功能，是该报的一大特征。也正是这种特征让《红色中华》在苏区政府组织内部和苏区人民中都具有广泛的受众。一方面，组织传播的性质使《红色中华》成为苏区政府政令发布的重要平台，让《红色中华》在苏区党政机关组织内部具有重要影响；另一方面，《红色中华》在组织传播外，大众传播性质并没有褪色。这就让同时兼具组织传播和大众传播性质的《红色中华》在苏区动员工作中具有重要作用和地位。


## 二、《红色中华》聚焦下的公债动员


在中央苏区三次公债运动中，公债的发行、购买推销以及退还的运动，《红色中华》都进行了大篇幅的追踪式报道。《红色中华》以苏区政府机关报的角色，成为公债运动动员中的重要媒介。

如上文所提到的，三次公债的发行都是通过《红色中华》以政府文告的方式发出，此处以第二次革命公债的发行为例。1932年11月1日《红色中华》第38期特载了《中央执行委员会第十七号训令》——为发行第二期革命战争公债。该训令的内容不仅阐明了公债发行的原因与目的，也说明了债款的分配数目和发行、收款的计划日期。除训令外，也发布了《附发行第二期公债条例》条文，该条文一共十条，基本包含了第二期革命公债的各项基本信息。其他两次公债的发行工作，与此基本相同。从这些材料看，《红色中华》一开始就参与了苏区的公债运动，这是由《红色中华》作为机关报的性质，苏区政府政令的重要发布平台所决定的。

对公债的推销与退还是《红色中华》参与公债运动最广最深的一个部分，这不仅涵盖对内的组织传播，更多的是动员苏区民众购买、退还公债。从组织传播看，有苏区中央政府向苏区地方的动员命令，如第 38 期刊登的社论写道："对于一般工农群众都要用宣传鼓动的方法，动员他们踊跃购买，一点也不加以勉强。"此文还写道："我们提议财政部于本届公债推销完毕以后，作一个统计出来，宣布给全苏区工农劳苦群众看，谁的成绩好，可列名红板，谁的成绩顶坏，可打入黑籍"。

《红色中华》在民众的动员上，是以报道模范地区、模范人物来引导公众舆论，达到动员民众购买公债的目的。如第 25 期《中央机关工作人员购买"革命战争"公债的热烈》、第 30 期《会昌群众踊跃购买公债票》等。第 54 期刊登了建宁工人热烈购买购债的消息写道，"当时公债票尚未寄到，而工人就已经订起革命竞赛的条例来了，一个刨烟支部的工人说，他们那个支部一定要比别个多买些，别个买两百元，他们就买三百元，果然，不到三天，工人买了一千一百余元，比原来规定数目超过了一百余元"。文章最后还写道："苏区的工人同志们，为着配合红军，粉碎敌人大举进攻，我们大家来学习建宁工人购买公债的热情吧！"报道对建宁工人购买公债的热情场景进行了生动的报道，是以树立群体典型为目标，同时《红色中华》也在树立个体典型，第 129 期曾报道："少先队大队长李秀莲同志，自己把所有的首饰全部兑换金钱，购买了公债十五元。"

在报道推销公债运动进行的同时，从 1933 年 3 月第 58 期开始，《红色中华》还发起了退还二期革命战争公债的号召，"踊跃地把二期公债退回，不要政府还本"。这与同时期苏区的节省运动一起成为《红色中华》报道的重点，从第 55 期开始，在后续近 40 期中，《红色中华》特别设立了"红板"或"红匾"来宣传典型。将"所有退还公债及节省经济的同志名单，均载本报红板"，进行精神鼓励。这占据了《红色中华》大量的报道版面，以第 79 期为例，一共八个版面，而在《节省经济·退还公债》的红板中就用了四个版面来刊登先进的个人和单位。

# 三、《红色中华》对公债运动的报道特征

在苏区阶级战争的环境下，《红色中华》对公债运动报道具有明显的战时舆论动员

的特征，以及朴实生动的文风语境的特点也具有明显的战时特征。学者展江认为"战争具有烈性，与这种暴裂性相关的仇恨和敌忾心理和情感需要通过新闻媒介去激发和强化"，《红色中华》对公债动员的报道十分明显地表现出了这一特征。通过强调阶级战争，强调阶级战争的胜利需要工农群众共同努力、共同斗争，以此来激发民众对苏区的共情感，达到鼓动苏区民众购买公债的目的。而在退还公债的运动中，《红色中华》的报道也是强调"一钱一粒，都为战争胜利！"

展江将战时新闻的传播分为信息流、宣传流和煽情流。其中宣传流和煽情流在《红色中华》对公债的报道中尤为突出。宣传流的主要特征是对"为数寥寥主题的反复与强化，不断刺激研究对象"。《红色中华》对公债运动的报道中，绝大部分篇幅就是对公债的推销和退还两大主题进行不断的反复和强化报道，据笔者统计，《红色中华》对苏区公债运动的直接报道达256次左右。同时党在宣传工作中也强调"宣传工作只有紧紧围绕党的中心工作来做，才有正确的方向，才能做到上下一致，步调一致，形成强大的社会舆论力量，创造出一个适宜贯彻党的方针政策的大气候"。在对公债运动的报道中，《红色中华》第60~85期，每一期都大量报道关于公债运动的消息，其余期数虽然没有连续不间断报道，但报道也十分密集。如此，《红色中华》对公债的动员就形成了一股强有力的热情购买公债与退还公债的宣传流。

煽情流则是"以煽动国民对国家和民族激情的方式将共同制造的煽情流推向公众"。在《红色中华》的报道中也不乏以营造激发苏区人民的感情来达到动员目的的报道。如第63期报道了一名红军荣军，"自动的把抚恤金换来的第二期公债票五元交还中央财政部，充实战争经费"。《红色中华》还以刊登战士家信的方式来制造煽情舆论，如第93期刊登的一封红军战士的家信中写道，"买的二期公债票要退还公家，不要还我们的本钱，以帮助前方战费，充足红军给养"。这些报道在宣传流的基础上，通过刻画一些动人的事实情节来进一步来激发苏区人民的运动热情，达到广泛动员群众的目的。

朴实生动的文风是《红色中华》对公债运动报道中最显著的语言特点。《红色中华》报道的文风和朴实的语言的确使宣传通俗化、大众化，具有鼓动性，收到了很好的宣传效果。第76期刊登的《巨浪般的响应声》中写道，"奔腾激荡，好像海潮一样的退回公债的巨浪，要很快的给号召以完满的回答——突破两万！听！听！现在又来了一个响应声：长汀红坊区的涂坊乡是光荣的好模范，一下子动员，就退回了公债一百九十四元五角"。第 84 期《一个惊人的数目》中写道"看呵！翻江倒海似的退回公债的洪流，更汹涌了。官庄区广大工农在《红色中华》以及当地政府的号召鼓励之下，总计群众自动退回已交上杭县支库的已达一千零四十余元。同志们！这是多么惊人的一个数目呵！"这些报道切实反映了《红色中华》朴实生动的报道文风，而这样的文风一定程度上保证了《红色中华》广泛的群众性和宣传效果。

# 四、结论

在三次苏区公债的动员工作中，《红色中华》作为苏区的机关报，兼具组织传播和大众传播的性质，在公债运动中不仅动员了苏区的民众，也动员了苏区党政组织。《红色中华》作为媒介与组织传播的渠道都发挥了重要作用，被喻为"经济战线上的哨兵"。

《红色中华》在公债的动员中，以苏区的阶级战争为动员民众的舆论大环境，通过构筑舆论环境对公债运动进行集中、多维、连续的报道，再以朴实生动的语境形成一种"舆论强势"的环境。在这种强势的舆论环境下，《红色中华》对公债的购买推销、退还两大主题进行了反复强化报道，积极鼓动、引导苏区民众热情购买、退还公债，以此达到公债运动的目的。苏区的公债动员在试图改善苏区的经济环境和保障革命战争上都发挥了一定作用。如《红色中华》第 114 期报道，"根据中央财政部的统计，'红色中华所号召的退还二期公债八十万、节省与捐助三十万这一运动的总结'，至 9 月底止，总数已达八十五万余"。而《红色中华》作为这一动员过程中的重要媒介，是推动公债运动广泛动员的重要平台。

**参考文献：**

[1] 陈信凌，刘琳.《红色华报》的传播技巧探析 [J]. 新闻界，2007（6）.

[2] 袁礼华，王华兰. 论《红色中华》的舆论监督功能 [J]. 江西社会科学，2010（10）.

[3] 万振凡.《红色中华》与苏区社会 [J]. 江西师范大学学报（哲学社会科学

版），2012（6）.

[4] 彤新春. 中央苏区的三次公债发行 [J]. 中国金融，2019（20）.

[5] 万立明. 中央苏区的公债发行述论 [J]. 苏区研究，2017（3）.

[6] 中华苏维埃共和国临时中央政府执行委员会训令 [N]. 红色中华，1932-06-23（5）.

[7] 中央执行委员会第十七号训令 [N]. 红色中华，1932-11-01（01）.

[8] 中央执行委员会关于发行经济建设公债的决议 [N]. 红色中华，1933-07-26（01）.

[9] 发刊词 [N]. 红色中华，1931-12-11（01）.

[10] 愿红色中华成为集体的宣传者和组织者 [N]. 红色中华，1933-08-10（01）.

[11] 中共中央关于苏区五一劳动节的决定 [N]. 红色中华，1934-03-13（04）.

[12] 洪荣华. 红色号角·中央苏区新闻出版印刷发行工作 [M]. 福建：福建人民出版社，1993.

[13] 特别通知 [N]. 红色中华，1933-02-04（04）.

[14] 推广本报销路！突破四万份 [N]. 红色中华，1933-07-11（04）.

[15] 程云. 江西苏区新闻史 [M]. 江西：江西人民出版社，1994.

[16] 给"红色中华"百期纪念 [N]. 红色中华，1933-08-10（01）.

[17] 附发行第二期公债条例 [N]. 红色中华，1932-11-01（01）.

[18] 以宣传鼓动，革命竞赛来推销公债 [N]. 红色中华，1932-11-01（01）.

[19] 建宁城市工人热烈购买公债 [N]. 红色中华，1933-02-19（04）.

[20] 经济战线上的革命妇女 [N]. 红色中华，1933-11-26（06）.

[21] 不要落后呵！[N]. 红色中华，1933-03-12（03）.

[22] 展江. 战时新闻传播诸论 [M]. 北京：经济管理出版社，1999.

[23] 以宣传鼓动，革命竞赛来推销公债 [N]. 红色中华，1932-11-01（03）.

[24] 响应退还二期公债 [N]. 红色中华，1933-03-06（03）.

[25] 沈一之主编. 中国共产党宣传学概论（上册）[M]. 河北：河北人民出版社，1989.

[26] 残废同志多么热烈！[N]. 红色中华，1933-03-21（03）.

［27］一封红色战士的家信［N］. 红色中华，1933-07-11（03）.

［28］巨浪般的响应声［N］. 红色中华，1933-05-05（03）.

［29］一个惊人的数目［N］. 红色中华，1933-06-01（03）.

［30］最后的努力！最后的胜利！［N］. 红色中华，1933-09-13（01）.

# 答卷人"五问"彰显治理方略

## ——学习《乡苏怎样工作?》体会

黄玉发[①]

**摘 要：**习近平总书记曾指出："回望过往的奋斗路，眺望前方的奋进路，必须把党的历史学习好、总结好，做到学史明理、学史增信、学史崇德、学史力行。"在建党100周年之际，学习《乡苏怎样工作?》，从领导之问、职责之问、会议之问、联系之问、考核之问，简要分析其内容，总结党在苏区时期基层政权治理的现实启示：坚持党的领导，强化组织建设；坚持问题导向，增强执政本领；坚持求真务实，夯实治理基础；坚持依靠群众，发挥主体作用；坚持自我革新，永葆生机活力。

**关键词：**苏区时期；治理方略；现实启示

# 一、问题的提出

《乡苏怎样工作?》写作于1934年4月10日，收录在《毛泽东文集》第一卷。截至目前，学术界对其所作的研究较少，但是，从成文时间来看，此文是在《寻乌调查》《长冈乡调查》和《才溪乡调查》之后，是综合了前期实地调研情况和乡苏工作情况所作的理论总结；从文章内容来看，是对此前数年来乡苏与村苏日常运转情况的实践经验阐述。学习好此文章，总结好经验启示，不仅对进一步深化毛泽东思想的整体性

---

① 作者简介：黄玉发，江西赣州人，江西师范大学马克思主义学院硕士研究生，主要研究马克思主义与当代中国经济社会发展。

研究，具有一定的历史价值和学术意义，而且对于新时代基层政权治理也具有较好的现实指导意义。

# 二、《乡苏怎样工作？》的主要内容

《乡苏怎样工作？》包括乡苏主席团、代表会议、村的组织与工作、乡与村的委员会、乡苏与群众团体的联系、革命竞赛与突击队、区苏对乡的领导七个方面。本文试图从"五问"入手，简要分析其主要内容。

## （一）领导之问

文章开篇就强调乡苏维埃和区苏维埃的性质是直接领导群众执行苏维埃各种革命任务的机关。领导机关作为组织运作的核心，如何回答好领导选举、领导方法、领导原则等问题，无疑是至关重要的。首先，领导选举是第一步。主席团负责全乡工作，为此，主席团人数的选举应按照奇数原则，大的乡 7 个，小的乡 5 个为宜，由代表会议选举出工作综合能力突出的优秀人员；而具有临时性质的村委员会的领导选举，则要因时制宜，因事而定，由积极分子担任；突击队队长、村主任与副主任不能选同一个小组的，由工作积极性高，工作能力突出的同志担任。其次，领导方法是有效开展各项工作的法宝。主席团的主席、村主任要坚持两点论与重点论相统一的方法论，既要抓某段时期的几项中心工作，也要注意经常性工作。最后，领导原则是开展各项工作的基础。团结领导全体代表、各种委员会、各个群众团体，动员他们发动群众执行各种工作，较好地实现了苏维埃工作与革命战争、群众生活需要相协调。

## （二）职责之问

苏维埃工作的有序开展，离不开各级机构和相关工作人员，因此，必须回答好机构职能和工作人员职责之问。首先，乡代表会议作为全乡最高行政机关，主要讨论并实行苏维埃的一切法令政策，落实好各项工作任务。乡级各种专门工作的委员会，要辅助乡苏管理，联系广大群众，乡委员会主任出席下级委员会的各种会议。其次，乡主席团要坚决执行代表会议和上级的决议和指示，注意考察和教育代表，做好代表会议准备，分工参加乡级委员会议，提名委员会主任，召开村级委员会议，出席下面各种会议，做好群众团体的工作，下设管理全乡突击队的队长，召集开会，传授工作方法，组织安排训练。最后，村主任主要督促全村工作，包括召集村民代表开会、召开群众大会、提名村级委员会主任，访问所管人家；副主任要协助主任做好相关工作。村民代表要分工领导居民群众，执行相关工作。群众大会的主要工作就是要"报送乡苏的决议，报告本村与别村、本屋与别屋的革命竞赛项目，解释上级苏维埃提出来的革命任务，使群众在完全明白之后努力迅速地执行起来"。

### （三）会议之问

乡苏各项工作的讨论、传达、落实都需要通过召开会议来实现，因此，回答好会议之问的重要性不言而喻。首先，会议时间安排均由乡主席团决定。主席团会议5天开一次，代表会议、村代表大会、村代表所管几十人的大会均10天开一次，村群众大会15天开一次，会议时间不能相互冲突，主席团、委员会议均不超过2个小时，代表会议不超过3小时。比较特殊的是，每个村代表管几十个人的会议，采用谈话方式，时间为1个小时。其次，会议讨论的议题。代表会议由报告和讨论组成，除村主任专门汇报检查工作时报告多一点，其余的讨论时间要多一点。会议只讨论一个主要问题，可以有两个次要问题，且讨论的问题要实际化；逐项讨论，给出结果，写好决议，以备考核；讨论要结合各村实际，分配任务，定好日期、择期检查；要找出工作未完成与完成原因、总结经验教训、实行奖惩教育。最后，会议准备。乡代表会议召开的质量离不开主席团的精心准备，同样的，主席团会议也与常驻工作人员日常工作准备挂钩。每次开乡代表会议需要点名，登记缺席人员，以备后期考察。村群众大会如何邀请群众到场，引导群众发言等都需要预先在村代表会议上沟通协商好。

### （四）联系之问

乡苏各项工作的畅通要通过做好联系工作实现，因此要高度重视联系工作机制的问题，会议联系机制直接关系到从乡苏到村苏再到群众个人的各项工作能否顺利落实，其重要性不言而喻。首先，乡苏主席团要分工出席各村、委员会、群众团体会议，了解实际情况，收集相关资料，再到代表会议上讨论。其次，代表会议划分发展指标，交由各村主任、副主任回去按各村代表管辖居民的实际情况落实分配到个人。最后，召开全村代表会议，讨论如何完成上级任务，解决村民的争执问题，为群众大会做准备，推动委员会工作。实行自上而下的代表分工联系群众制度，按照各村人口不同，划分不同单位，一个单位由一名代表负责领导群众执行苏维埃工作。同时，也自下而上地将群众的意见向村代表会议和乡代表会议进行反馈，从而解决群众问题，实现良性的双向沟通联系。

### （五）考核之问

各类人员工作能力的水平，各项工作的落实到位，都需要通过考核来判断，回应考核之问是必不可少的。首先，主席团对于代表的考察，要通过表扬积极分子的模范带头作风，批评消极分子的懒惰涣散，以期实现代表的转变目的。其次，对于屡教不改或有意缺席会议的，要及时通过代表会议予以剔除，更换候补代表。最后，对于每一项到期的工作竞赛，一是要通过自上而下、层层落实检查制度来考核工作质量，二是要通过在乡和村的代表会议上定结论、评优劣。

## 三、《乡苏怎样工作？》的现实启示

我们不但要学好"教科书"，以史为鉴、赓续血脉；用好"清醒剂"，保持清醒、鞭策自我；更要汲取"营养剂"，把握规律、指导未来。《乡苏怎样工作？》作为指导苏区时期基层政权乡苏工作人员的"教科书"之一，作为新时代基层政权治理的"清醒剂"和"营养剂"，其包含的历史经验和现实启示，对新时代基层政权治理不无深刻的现实指导意义和借鉴意义。

### （一）坚持党的领导，强化组织建设

首先，要建设好党组织关系网络，不断扩大我们的党组织队伍。从乡苏主席团、代表会议、委员会，再到村委员会、村民代表会议、群众大会，直至代表联系到群众个人，都有党组织的层层落实管理、监督负责，新时代基层治理更应织密"治理末端"

网格。其次，干部队伍的建设是组织建设的关键，要不断提高基层党组织队伍建设。党员是组织的核心要素，必须要加强党员教育工作，不断提高思想文化素质和科学文化水平，强化管理考核，建立健全激励保障体系，让基层干部安心干事创业。最后，要以创新的工作方式为抓手，增强基层党组织的凝聚力。"为了争取苏维埃工作的质量与速度，使工作做得好又做得快，革命竞赛的方法与突击队的组织，应该在各乡各村实行起来。"实现基层工作的提质增效，既要创新工作思想，又要灵活运用工作方式，因地制宜，因时而动地调动工作人员积极性，融入日常工作，把工作落实到实处。

### （二）坚持问题导向，增强执政本领

首先，要善于发现，敢于正视客观存在的问题。新时代基层政权治理不仅要努力探索出兼具现代性与乡土性的治理路径，最重要的是要及时总结好经验、推广好模范治理经验，使基层工作取得提质增效的效果。其次，要回归实践，问计群众去解决问题。"问题的解决，不是脑子里头想得出来的，这依靠于从动员群众执行各种任务的过程中去收集各种新鲜的具体的经验，去发扬这些经验，去扩大我们动员群众的领域，使之适合于更高的任务与计划。"新时代基层政权治理，要牢固树立实践第一的观点和群众的观点，在深入人民群众、深入基层一线中破解遇到的难题；要充分发挥人民群众主体作用，尊重人民首创精神，到人民群众队伍中寻找问题的解决办法。最后，问题复杂多样，要增强本领。新时代基层政权治理要坚持具体问题具体分析，运用好唯物辩证法，分清政治原则、群众利益、工作思路、工作责任等问题，做到对症下药、药到病除。

### （三）坚持求真务实，夯实治理基础

"副主席要与主席、文书分工出席各村的会议，对于自己担任一个村或两个村的工作，要能够切实督促，收集材料，回来作报告。"新时代基层政权治理，把握好求真务实的三个环节，才能筑牢治理基础。第一，努力掌握真情实况，是求真务实的前提。决策前，要多去田间地头沾沾土，俯下身子询问乡亲们的家长里短；决策时，要甘当"小学生"多去课堂听听课；决策后，要多去"对答案"，看看"阅卷人"的评分，深度剖析"错题"，及时总结经验。第二，始终端正工作思想，是求真务实的关键。基层治理工作的开展，不要做空洞的、官僚主义的、浪费时间的、不能完成任务的会议讨论；不要做为了面子而丢掉里子的工程；不要做一味求快，而忽视慢工细活的发展规

划。第三，敢于面对和解决问题，是求真务实的具体要求。弘扬求真务实的工作作风和精神品质，归根到底，就是遇到问题要敢于正视、科学研判、解决好问题。

## （四）坚持依靠群众，发挥主体作用

把准群众"脉搏"，找准工作方向。实行"代表分工领导居民群众制度"，能够快速吸收群众意见，到村、镇会议上，及时解决群众的困难问题，新时代基层政权治理不仅要传承好，更要探索出符合当地实际情况的联系制度。基层社会治理社会组织是和群众联系最为紧密的组织，是党和政府联系群众的"最后一公里"，也是人民反映自己呼声最直接的渠道，要认真听取群众意见。要建立健全法治与德治相结合和自治与智治相结合的多层次、多元化治理体系，不断增强人民群众的幸福感和获得感。要自觉接受群众审视，提升工作水准。群众的满意度是检验党和政府工作服务的标准，基层政府要自觉接受群众监督，做好群众信访接待工作，虚心听取群众意见，有则改之，无则加勉，以争取工作的更大进步。

## （五）坚持自我革新，永葆生机活力

坚持自我革新，以促组织之"进"。定期改选委员会成员是党组织自我革新的一种历史方式，敢于让能者上，庸者下，才能选拔出善治人才。坚持自我革新，以助组织之"竞"。"对于消极怠工的人采取和平主义，代表会议就缺乏生气，不能激发落后村子、屋子（小村子）的代表们，领导群众努力工作，赶上先进的村子、屋子。"新时代基层政权治理，要形成浓厚的"赶、超、比、学"的工作氛围，让落后分子"红红脸，出出汗"；要敢于实行末端淘汰制，留下想干事、能干事、会干事的人员。坚持自我革新，以得组织之"净"。基层工作人员要坚决与违反党规党纪，没有坚定理想信念，对马克思主义信仰不坚定的不法人员作斗争，自觉承担起党和人民赋予的责任。"赶考"之路还远未结束，"不忘初心、牢记使命"是加强党的建设的永恒课题，需要广大基层工作人员平时做好功课，练好基本功，答好新时代基层政权治理题，交出一份不负时代与人民的答卷！

**参考文献：**

中共中央文献研究室．毛泽东文集（第一卷）[M]．北京：人民出版社，1993.

# 专题研讨二：苏区精神

# 从《红色中华》看中央苏区
# 戏剧表演的美育功能①

喻　琴　任颖淑　汤建萍②

**摘　要**：本文以《红色中华》为考察中心，从中央苏区戏剧表演的"寓教于乐""情感互动"以及"精神塑造"对中央苏区戏剧表演的美育功能进行探究。其中不仅包括对戏剧表演的动作、语言以及气氛的"娱乐性""幽默性""狂欢化"的分析与研究，也包括对戏剧表演者融入角色时与观众的情感互动、戏剧表演在群众中逐渐增强的传播力和影响力以及贴合群众生活的表演方式的研究，更加注重戏剧对精神层面上的影响。由此可以看出，中央苏区戏剧艺术的审美功能，值得我们更深一步的探究与思考。

**关键词**：中央苏区；戏剧表演；美育功能；《红色中华》

中央苏区文艺是 1927~1934 年，由中国共产党第一次直接领导文艺而取得的丰硕成果，其形态包括戏剧、歌谣、诗歌、舞蹈、文学、漫画、版画等，其中戏剧集中体现中央苏区文艺的政治性、大众化、审美性的特点。本文以《红色中华》为考察中心，以史料为据，从审美教育的视角来观照中央苏区的戏剧表演，揭示中央苏区戏剧表演

① 基金项目：此文是国家社会科学基金重点项目"中央苏区文艺理论研究"（19AZD035）；江西省社会科学"十三五"项目"'协同理论'视域下的中央苏区文艺政策研究"（20YS04）；江西省教育科学"十四五"规划课题重点项目"原中央苏区美育的历史经验研究"（21ZD002）；江西省教育科学"十三五"规划 2018 重点课题"综合性影视美育与大学生审美人格培养研究"（18ZD004）的阶段性成果。

② 作者简介：喻琴，江西南昌人，博士，南昌大学教授，硕士研究生导师，江西应用科技学院特聘教授，主要从事文艺社会学、中央苏区研究；任颖淑，山东青岛人，硕士研究生；研究方向为艺术美学；汤建萍，江西丰城人，江西省社会科学院文研所副研究员，主要从事苏区文艺研究。

在语言、动作、心理方面的审美功能，为新时期高校加强"美育"、培育戏剧美育人才提供历史借鉴。

# 一、中央苏区戏剧表演的"寓教于乐"

戏剧表演本身就是一种寓教于乐的艺术形式，它通过语言、动作、氛围的融合来讲述故事、传达观念并进行角色塑造。娱乐是戏剧表演舞台不可或缺的创造性追求，可以从舞台延伸到整个空间，与观众进行健康、积极的互动。而中央苏区戏剧表演刚好将教育和娱乐融为一体，使人在娱乐中接受教育，从而了解历史，铭记历史。

第一，戏剧表演动作的"娱乐性"。戏剧表演中动作的"娱乐性"还有着传达革命精神的作用，能吸引更多人参与到戏剧表演中。戏剧表演中的演员肢体动作是"娱乐性"最直观的表达，可以通过形形色色的动作达到"寓教于乐"的目的。例如在盛大的十月革命纪念节中，赤卫军和地方群众接踵而至，打手榴弹、跳高、跳远、唱歌持续两小时之久，让人们在娱乐活动中增进感情，随着运动节目告终也迎来了会议的正式开始。虽然时间很长，但是在宣读重要讲话时，会场依然十分严肃。

戏剧表演也通过语言动作传达出剧本想要表达的思想，语言和肢体相结合，让观众在视觉和听觉上观赏盛宴。就如从《"云集区列宁小学教员拜老爷！""封建旧戏大演特表演！"》这一报道中，我们可以看到，它是通过两个年龄段不同的表现形式真实地再现了戏剧表演的热闹场面。

第二，戏剧表演语言的"幽默性"。戏剧表演的语言以及表现具有丰富的情感，且具有"幽默感"。比如，在《红色中华》中，瑞金第九区"三八"妇女节纪念大会盛况时，各乡妇女代表领导在沿途高呼口号，晚上又开展了热闹至极的晚会，以幽默的表达方式上演了妇女的出路以及家婆压迫媳妇等闹剧，妇女们捧腹大笑，并积极通过反面教材吸取经验教训改变不合理的现状。

如果一部剧选角为儿童，其浑然天成的姿态和声线，一定程度上就可以让现场氛围轻松愉悦。《红色中华》有一处写道：在一次检阅中，以儿童为中心，通过儿童的演奏和表演，团结人心，传达革命精神。不一会儿，集合区的小同志也来了。全体队员立即停止比赛，全体队员敬礼，以示班级团结的共产主义儿童！

第三，戏剧表演气氛的"狂欢化"。戏剧表演中狂热化的气氛更能引起观众的兴趣，积极投入舞台交流，大大增强了表演感染力。例如，《红色中华》中，学校的第二阶段联合演习，晚会有歌舞新剧等一时之盛，欢送会结束后，各代表及红校未毕业学生、指挥员、教员都到南门外大桥边列队欢送，沿途高呼口号，极为热烈。这样热闹的氛围让所有人都积极主动参与，学到了很多历史知识。

戏剧表演中可以利用生活与艺术相结合迸发出新颖的舞台效果，从而营造热烈狂欢的现场气氛。比如，《红色中华》"火线上的快乐晚会"就有如此效果。这次进攻取得伟大胜利后，为了庆祝并弘扬抗敌英勇精神，各军队举行体育比赛、同乐会。在表演中，尤其是《火线》戏剧社的孩子们赢得了雷鸣般的掌声。

这个同乐会不但使人们有了杀敌决胜的高涨情绪，而且红军中文化娱乐工作的发展，短期中已有了惊人的成绩，美中不足的是，事前电请工农剧社来前方表演，因道远及准备不充分而被婉拒了。

## 二、中央苏区戏剧表演的"情感互动"

戏剧表演是一门舞台艺术，通过对人物外形、肢体、语言的塑造，以及舞台的音乐、布置的设定来达到叙事目的。情感的互动必不可少，只有表演者和观众的互动达到了一定的程度，戏剧艺术才不会失去最初意义。

第一，戏剧表演者融入角色与群众进行情感沟通。赣南、闽西等苏区戏剧艺术也在革命的洪流中洗练成型，不同的戏剧表演形式，如现场报刊剧、改编地方戏剧、歌舞化装剧等，在团结军民、构建群众基础方面都发挥了巨大的作用。《红色中华》中还有一个片段将戏剧表演者们融入角色时与群众的情感互动表现得淋漓尽致。它说："晚会上，工农剧社表演沙可夫同志的历史剧《我——红军》，表现了在中央政府的正确领导之下，红军粉碎敌人的英勇壮举。剧中表演极为努力，与群众进行了深刻的情感互动。特别是王普青，李克农两大滑稽博士，一举一动，一声一笑，无不令人捧腹大笑，表演实实是"尽善尽美"。

第二，戏剧表演增强了群众的传播力、影响力。《红色中华》出版并收录了诸如《战争的夏天》和《小脚妇女积极参加生产》等节目，这些节目被放映了近三周。反映宣传中国共产党革命根据地培育春作、发展中国共产党革命根据地经济、改善工农生活的戏剧继续上演，作品和表演形式有所创新。这些戏剧在熟悉的场景中，以新的方式宣传革命主题。

第三，贴近群众生活扩大戏剧表演受众。中央苏区戏剧产生的目的就是让群众更多地了解国家大事，通过娱乐的方式来真切地感受历史。这不仅要增加群众的娱乐活动，给其生活增添乐趣，也要让群众在轻松的状态下了解历史、学习历史，以不同以往的方式感受革命精神。通过这样的方式，让群众逐渐在戏剧中学习政治、感受历史可以让他们更加记忆犹新。同时也希望越来越多的群众可以接受表演，并参与到表演中去。只有这样，大家才会更加深刻地感受到革命精神。

# 三、中央苏区戏剧表演的"精神塑造"

戏剧表演中的精神塑造大体可以通过人物角色本身的精神面貌体现出来。人物形象的语言、动作与情节主题融为一体，在观众心目中塑造出丰富而深入人心的形象，从而与群众相互交流。

第一，突出人物精神面貌完成主题思想上的"精神塑造"。戏剧表演作为一门综合性艺术，通过对人物精神面貌的塑造，可以让观众带着悲喜进入剧中，深受戏剧艺术的感化，使人物形象深入人心。

《红色中华》在"二七"纪念盛况中体现了表演主题思想的精神塑造。午前九时，赤卫军模范营，少先队数千人，齐集中央运动场，举行大检阅。其中气势庞大、万众齐心的人物通过坚定统一的精神面貌、气势恢宏的口号来重现历史盛况。从而突出"维护国土，反对侵略，革命胜利"的主题思想。

第二，贴合历史实际演变完成群众生活上的"精神塑造"。历史是不容随意篡改的，必须根据历史的真实发生来进行表演上的阐述，在情节设计上不得有误。随着红色戏剧的成长，大家对于贴合历史实际的演变完成的情节设定越来越严谨，红色戏剧的传播方式也越来越多样，希望群众可以通过观看红色戏剧，以及戏剧表演的方式，了解历史、了解政治，并继续将历史传扬下去。当今社会，关心国家大事已经成为一种流行方式，大家通过观看新闻联播、报纸以及各种 App 来了解国家大事。这一精神层面上的塑造对于当今社会的稳定以及发展有着很大的作用，有利于促进提升民众的思想水平。

第三，角色行动性格完成人物塑造上的"精神塑造"。表演作为一种传递情感的艺术，其情感的主要表达来源于性格。性格是思想、气质、能力和兴趣的总和。所有的表演都应该在摸索透彻人物性格的基础上进行，只有这样，才能将表演进行到极致，给观众较高品位的艺术享受。从古至今的表演都是在这种基础上演绎的，只有对人物的性格刻画到位，才会把一个人物给演"活"。这样观众看到的才是这个人物真正的状态。

《红色中华》中有一处既贴近生活，又启发观众思考的戏剧节目描述。"工农新剧社的蓝衫剧团和黄柏区俱乐部的演剧员活报、戏剧，开始一一表演起来，首先是工农剧社表演，他们演了一个五卅的活报，演了一个查田运动的剧本《战斗的夏天》，又演了几个反官僚主义的活报，无论是表演方面、布景方面，或化妆方面，特别是那几出反官僚主义的活报更是短小精悍，趣味横生，一定惊觉了许多的过去曾经犯过同样错误的苏维埃负责人吧。工农剧社蓝衫团表演了以后，接着就是黄柏区俱乐部表演，他们表演了几出跳舞和新剧，虽然没有像工农剧社所获得的成绩的伟大，但因为他们所表演的是另外一种风味，所以也相当地获得了群众的热烈的喝彩和鼓掌，这个晚会热热闹闹的一直到十一点多钟才散。"两种不同的风格，并不会让观众产生视觉和审美疲劳，从而能够使激昂的氛围继续高涨，即使在奔放之际，也要有收敛的余地。因此，分析角色的行为和性格是在人物精神塑造方面最重要的人物之一。

由此可见，中央苏区戏剧表演通过"寓教于乐""情感互动"和"精神塑造"的方式发挥了群众的审美教育功能。这一历史经验对培育戏剧美育人才、构建新时代美育体系提供了历史参考。

**参考文献：**

[1] 中央档案馆. 红色中华8（第一版）[M]. 南昌：江西人民出版社，2016.

[2] 中央档案馆. 红色中华5（第一版）[M]. 南昌：江西人民出版社，2016.

［3］中央档案馆. 红色中华1（第一版）［M］. 南昌：江西人民出版社，2016.

［4］中央档案馆. 红色中华3（第一版）［M］. 南昌：江西人民出版社2016.

［5］中央档案馆. 红色中华第二次全苏大会特刊（第一版）［M］. 南昌：江西人民出版社，2016.

# 林伯渠延安时期的群众工作思想探析

唐颖文[①]

**摘 要**：延安时期，林伯渠长期担任陕甘宁边区政府主席，他非常重视群众工作，并在开展群众工作的过程中身体力行，积累了丰富的群众工作经验，积淀了深厚的群众工作思想，他提出的"政府与人民的利益是一致的""一个政权工作者就是人民的勤务员""发动群众、走群众路线"等重要而深刻的思想观点，对新时代的群众工作仍具有宝贵的借鉴意义和指导意义。

**关键词**：林伯渠；延安时期；群众工作

林伯渠是伟大的马克思主义者，是跨越两个世纪的杰出无产阶级革命家、政治家，是中国共产党和中华人民共和国卓越的领导人之一。延安时期，林伯渠作为陕甘宁边区政府主席，从陕甘宁边区的实际出发，在以毛泽东为核心的党中央的领导下，身体力行开展群众工作，他提出的许多重要而深刻的观点对新时代如何做好群众工作具有重大的启示。

## 一、"政府与人民的利益是一致的"

中国共产党在成立之初就明确提出，党的任务就是为广大人民的根本利益而奋斗。

---

① 作者简介：唐颖文，湖南常德人，湖南常德市委党校讲师，研究方向为党史党建。

"时刻注意民众所发生的问题，关心民众的利益"也是林伯渠在工作中始终遵循的宗旨。林伯渠在《政府与人民的利益是一致的》一文中指出，"我们的政府是人民自己的政府，这是事实。我们的人民热烈拥护政府，这也是事实。我们的力量就表现在政府和人民利益的一致这个事实上。"林伯渠认为，在边区，政府是人民的政府，人民的切身利益和政府的利益是分不开的，"不仅向群众伸出手来要求他们帮助政府，还要经常地从自己手里把群众所需要的东西分送出去。"群众的切身利益主要是政治、经济等方面的需求，对此，在党中央的领导下，在陕甘宁边区政府主席林伯渠的努力下，边区人民不仅在政治上获得了民主自由的权利，而且在经济上获得了更多的物质福利，改善了自己的生活，进一步提高了生产积极性。

## （一）政治上的民主自由权利

陕甘宁边区政府及其所统辖的区、县、乡各级政府是最先试行真正普选的民主制度的政府。1938年，陕甘宁边区确立并实行普遍、直接、平等、不记名投票的自由选举制度，全边区70%以上的选民参加了选举。到第二次普选时，全边区参加选举的选民达到了选民总数的80%以上。边区群众真正获得了自己的民主权利并且开始积极运用这一权利，他们不仅出来说话、开会，还利用民主权利来检查政府的工作、提出自己的要求、选举出自己信任的人，建立真正代表民意的政权组织，维护自己的权益。不仅如此，边区政府相继制定的《陕甘宁边区抗战时期施政纲领》《陕甘宁边区施政纲领》《陕甘宁边区简政实施纲要》更是从法律上保障了群众在军事、经济、文化等领域的民主自由权利，而且边区政府在群众各项权利的实行过程中从物力和人力等方面给予支持，使人民的自由权利得到充分的落实与真正的发挥。

## （二）经济上的物质福利

陕甘宁边区在政治上是先进的，在经济上却又是落后的，再加上日本帝国主义与国民党对边区实行的经济封锁和破坏，严重影响了边区的经济发展。但历史却赋予这里以罕见的重任，它要长期支持民族与人民的解放事业，又要在当时适当地解决民生问题。这样就形成了陕甘宁边区经济与财政的矛盾。那么，如何解决这一矛盾、巩固边区呢？林伯渠认为，"要逐渐地走上完全的自给自足，需要组织与发展广大人民的生产事业，来改善人民生活与培养财源，从经济的发展中来解决财政需要。"为了实现陕甘宁边区经济的发展，改善群众生活，林伯渠在党中央的领导下，带领陕甘宁边区各级政府主要采取了以下措施：一是实行减租减息政策，让农民生产积极性得到提高，使其有再生产以至扩大再生产的可能。二是实行奖励鼓励政策，帮助群众解决生产困难。三是实行农业合作、工业合作和消费合作等政策。四是奖励劳动英雄政策，发挥他们在群众中的带头、骨干和桥梁作用。延安时期，陕甘宁边区实行的大生产运动、赈济救灾、精兵简政、减租减息等政策，出发点和落脚点都是为群众谋利益。正是由于这些政策的实行，人民的物质生活得到了普遍的改善，并且部分人民达到了丰衣足食的生活水平。

总之，坚决维护群众的利益，关心群众的利益，使政府与群众保持一致，是林伯渠在延安时期实际工作中坚持的重要原则。"在我们的国度里，没有哪一个政府像我们有这样多的干部和人民保持着这样密切的联系，也没有哪个政府像我们这样把土地与自由给予人民。"

# 二、"一个政权工作者就是人民的勤务员"

林伯渠认为，"我们各级政权的负责人员，都是广大人民的勤务员，不是那高居在上的官僚。"我们要做出好的勤务员，模范的勤务员，对于人民的事、人民的福利更好一些。那么，怎样当好人民的勤务员，更好地为群众服务呢？

## （一）深入群众

林伯渠认为，领导干部要当好人民的勤务员，就要深入群众，了解服务的对象，用好"望远镜"和"显微镜"。领导者要打开"望远镜"，对自己的服务对象有一个整体把握。比如，乡长要看到全乡的事情，周围有几十里路？同别的乡有什么关系？与区上有什么关系？当然仅用"望远镜"观察问题，了解群众是不行的，林伯渠认为，还必须用到"显微镜"。"因为光是模糊漫画似的，望远镜是不够的。显微镜看得比较明确一点，用了显微镜当真可以了解那东西，看到一滴水中到底有多少微生物。"这样我们就可以看到各方面，同时看得很深刻，就会对自己服务的对象有一个宏观上的整体把握和微观上的深入分析，真正做到"谦逊地倾听群众的意见，深知他们的需要和愿望，了解他们的情绪和困难"，"注意到他们生活中最琐碎的问题"。

## （二）依靠群众

"我们想一想怎么样把勤务员作好？就是我们要依靠群众，群众是了不起的。"人民群众中蕴藏着无穷的智慧和力量，要虚心向他们学习，"勿做'钦差大臣'，要甘当'小学生'"。延安时期，陕甘宁边区许多实际工作的完成，首先都是由群众创造出来，取得成效和经验后，再集中起来，经过研究，上升为一种政策，然后推广实行，逐步完善的。除此之外，林伯渠在看到群众强大力量的同时也看到其落后性的一面，强调发挥党的领导艺术。"人民是前进的，我们跟着前进的人民，但人民中也有某些落后，这就不能跟着他的尾巴。所以，我们要发扬人民的前进心，克服群众的落后性，领导的艺术就在这里。"

## （三）改善工作作风

林伯渠认为，作风是执行政策的枢纽，作为人民的勤务员，一定要注意改善作风，对于一切不符合党和人民利益、脱离群众的工作作风必须给予无情的批评和切实的纠正，在实际工作中要贯彻廉洁奉公和民主科学的作风。"所谓的民主作风，就是群众路线；所谓科学作风，就是实事求是。"那么，怎样树立廉洁奉公和民主科学的工作作风呢？林伯渠认为，改善工作作风，最基本的就是"从实际出发，回到实际中去。"党员领导干部要亲自下去调查研究，详细地研究分析，总结经验、规律再指导实践。改善工作作风，"纠正和克服的办法，主要是学习和教育，是反省和批评，同时又须配合以纪律、奖惩和守则"。除此之外，领导者还要有责任心和积极性。林伯渠认为，"要发扬人民的真理、革命的责任心，每人都有革命的责任心"。面对实际工作中各种各样的问题，大家要有积极性、责任心，就可以把事情办好。

总之，做好人民的勤务员，领导干部要深入群众，了解服务对象，用好"望远镜"和"显微镜"；要依靠群众，不做"钦差大臣"，甘当"小学生"；更要注重改善工作作风，树立廉洁奉公和民主科学的作风，这样才能让群众满意，才能赢得群众对党和政府的信任和拥护。

# 三、"发动群众、走群众路线"

群众路线是中国共产党的生命线，是做好一切工作的根本工作方法。延安时期，林伯渠运用群众路线解决实际问题，形成了独到的见解。林伯渠在《放手发动群众彻底进行土改》一文中，对"怎样放手发动群众，走群众路线"做了系统而深刻的阐述。他认为，要走好群众路线，只要你不是在群众之上，而是融入群众之中，虚心向群众学习，交朋友，找知心，凡事商量，处处民主，是会一步一步摸出经验来的。具体来说，主要有以下几个方面：

## （一）立场要坚定正确

林伯渠认为，要以代表大多数群众利益的意见、态度为自己的意见和态度。不仅要帮助群众，而且要同群众一起，融入他们之中，作为他们之中的一员。在生活上、行动上，事无大小巨细，不论喜怒哀乐，都应以群众的观点立场为先。

## （二）有事和群众商量

林伯渠说，在实际工作中，遇到自己想不明白的问题，只要和群众商量，便可迎刃而解、豁然贯通。当然，这里所说的商量，"不仅是把工作者的意见提出向群众征求同意，而主要是善于听取群众中好的正确的意见，集中起来，坚持下去"。而且是集中"征得大多数人同意，为了大多数人利益"的意见，不是少数人的意见。只有和群众商量，群众在实践中就会逐渐形成民主作风，就会开动脑筋，自己发现问题，想办法解决问题。总之，和群众商量解决问题，群众是容易满意的。

## （三）善于启发和善待群众

林伯渠认为，启发群众就是思想上发动群众，但必须根据不同群众的不同需要出发。比如，有些群众可能存在顾虑，所以启发他们之前就要打破这种顾虑。而且群众思想的特点之一是"比较"地看问题，这就需要在启发时注意他们思想的规律。同时，还要善于等待群众。"在启发、教育、组织群众的过程中，一方面可以大胆放手让群众搞，一方面还要注意运动的方向和发展。真理必须坚持，但在群众的觉悟尚未提高到一定程度时，就不应急躁，而需要等待。"等待大多数群众和"落后"的群众，相信他们，耐心等待他们。当然，等待不是不管，而是细心研究，继续启发他们的觉悟。总之，启发与等待群众，都是为了群众的利益，使群众自觉自愿地行动起来。

### （四）正确引导群众自发斗争

林伯渠认为，在实践活动中，群众自发开展运动会使这一运动比较迅速地得到开展。"我们不是崇拜自发论，但群众的自发运动是群众觉悟起来的表现，我们对之不能压抑，不能制止，也不能旁观，而是要参加到群众之中，教育与引导群众，把自发的运动提高为群众自觉的运动。"实际上，在群众自发的斗争中，我们也会得到启发和教育，因此，我们要正确引导群众的自发斗争，密切注意并领导群众向前发展。

林伯渠总结到，"大胆放手走群众路线，才能发动群众。但放手不是放任，手越放得开，组织工作就更应细致周密。胆越放得大，领导就更须加强注意，研究掌握其规律，指导其前进。"群众路线是中国共产党的生命线和根本工作路线，是中国共产党不断取得胜利的一大法宝。延安时期，林伯渠担任陕甘宁边区政府主席，主持陕甘宁边区政府工作长达 12 年，他非常重视群众工作，并从理论和实践的角度进行过深入的思考，提出过许多重要而深刻的思想观点，形成了较为成熟的群众工作思想。这些群众工作思想及实践，不仅有效指导、促进了陕甘宁边区群众工作的发展，而且对新时代的群众工作具有宝贵的借鉴意义和指导意义。

**参考文献：**

[1] 毛泽东. 毛泽东选集（第二卷）[M]. 北京：人民出版社，1991.

[2] 毛泽东. 毛泽东选集（第三卷）[M]. 北京：人民出版社，1991.

[3] 王渔，等. 林伯渠传 [M]. 北京：红旗出版社，1986.

[4] 林伯渠文集 [M]. 北京：华艺出版社，1996.

[5] 陕甘宁边区政府文件选集 [M]. 北京：档案出版社，1987.

[6] 郭林，阎树生. 林伯渠与陕甘宁边区 [M]. 西安：陕西人民出版社，1996.

# 中国共产党百年风华正茂的密码

## —— 一以贯之的"人民性"

彭小青①

**摘　要**：中国共产党是马克思主义政党，继承了马克思主义政党最本质的特征——人民性。从《共产党宣言》、中国共产党第一个纲领，到苏区时期的探索实践，到社会主义的革命和建设，再到改革开放和社会主义的现代化建设，它的初心从未变过，贯穿其中一脉相承的"脉"便是共产党的人民性。中国共产党的人民性既是一脉相承的，又是与时俱进的，我们从各个时期的实践中都能看到它的具体体现。

**关键词**：中国共产党；人民性；中央苏区

"民惟邦本，本固邦宁"，这是中国古代最早有先见的智者提出的民本思想。但其实几千年来，作为农民阶级的最广大人民群众却从未真正掌握过政权，站在过政治权力的中心。中国共产党成立后，它以马克思主义思想为指导，实行人民民主专政。从《共产党宣言》、中国共产党第一个纲领，到苏区时期的探索实践，到社会主义的革命和建设，再到改革开放和社会主义的现代化建设，它的初心从未变过，贯穿其中一脉相承的"脉"便是中国共产党的人民性。中国共产党的人民性既是一脉相承的，又是与时俱进的，我们从各个时期的实践中都能看到它的具体体现。

---

① 作者简介：彭小青，瑞金市委党史办研究员，江西省委党校中共党史专业在读研究生，瑞金市作家协会副秘书长。研究方向为中央苏区史、红色与客家文化。

# 一、新民主主义革命时期中国共产党的人民性

## （一）马克思主义政党的"人民性"

马克思和恩格斯曾明确提出要以人民为中心，为最大多数人的利益和发展服务。《共产党宣言》中指出："过去的一切运动都是少数人的或者为少数人谋利益的运动。无产阶级的运动是绝大多数人的、为绝大多数人谋利益的独立的运动。"作为马克思主义政党，中国共产党继承了马克思主义政党最本质的特征——人民性，中国共产党第一次代表大会通过的党的纲领就明确表示：中国共产党是无产阶级的政党，是为无产阶级谋利益的；革命的途径是消灭剥削、消灭阶级；革命的目的是建立人民当家作主的国家。又把人民性这个本质特征写入《共产党章程》：中国共产党是中国工人阶级的先锋队，同时是中国人民和中华民族的先锋队……代表中国最广大人民的根本利益。以毛泽东为代表的中国共产党人，把马克思主义的基本原理创造性地同中国革命具体实际相结合，实现了马克思主义的中国化，开出了创新型的"人民性之花"，没有自己的私利，全心全意为人民服务。

## （二）中华苏维埃共和国"工农民主政权"的尝试

大革命失败后，中国共产党开始独立领导中国革命。痛定思痛，经过反思，调整方向，中国共产党探索出了一条工农武装割据、农村包围城市、武装夺取政权的革命道路。在这个正确理论的指导下，短短几年时间，党开辟了大大小小十几块农村革命根据地，建立了十几万的红军队伍。在江西瑞金建立了第一个全国性的红色政权——中华苏维埃共和国，开始了治国理政的伟大预演。它是中华人民共和国的"雏形"，"麻雀虽小，五脏俱全"。在《中华苏维埃共和国宪法大纲》这样写着："中华苏维埃政权所建设的是工人和农民的民主专政的国家。""苏维埃全部政权是属于工人、农民和红军士兵及一切劳苦民众的……所有工人、农民、红军士兵及一切劳苦民众都有权选派代表掌握政权的管理。"规定所有苏区的工人、农民、士兵及一切劳苦民众和他们

的家属，不分男女、种族、宗教，在 16 岁以上均有选举权和被选举权，各级苏维埃代表大会是苏维埃政权的权力机关，对工农劳苦群众，实行最广泛的民主。它采用自下而上的民主集中制的组织原则选举工农群众自己的代表参与国家各级政权的管理，并对他们享有监督、罢免和撤换权，"选举人无论何时，皆有撤回被选举人及实行新选举的权利。"这使人民群众真正掌握了自主权，政权的管理代表了人民的意志，保证了苏维埃政权广泛的人民性。

### （三）党的群众路线的形成与发展

在中央苏区时期，毛泽东进行了大量的调查研究，并撰写了一系列的调查文章，反复阐述了关心群众利益，改善群众生活的重要意义。他在中华苏维埃共和国第二次全国苏维埃代表大会的总结报告上着重强调了"关心群众生活，注意工作方法"，文中尖锐地指出："一切群众的实际生活问题，都是我们应当注意的问题。""我郑重地向大会提出，我应该深刻地注意群众生活的问题，从土地、劳动问题，到柴米油盐问题……一切这些群众生活上的问题，都应该把它提到自己的议事日程上。应该讨论，应该决定，应该实行，应该检查。要使广大群众认识到我们是代表他们的利益的，是和他们呼吸相通的。"这充分体现了党在政权建设中对群众工作的重视。在各级苏维埃大会上讨论解决村民春耕生产的种子、肥料、耕牛家具和劳动力等群众切身的具体问题。在中央苏区还留下了毛泽东、周恩来等领导人关心群众生活的经典故事，形成了"苏区干部好作风"，形成了党的群众路线：一切为了群众，一切依靠群众，从群众中来，到群众中去。这也成为党的优良传统，传承至今。

在 1945 年延安中国共产党第七次全国代表大会所作的政治报告中，毛泽东又指出："中国共产党人必须具有全心全意为中国人民服务的精神……每一个党员都必须理解党的利益与人民利益的一致性，对党负责与对人民负责的一致性。"从此，为人民服务被概括提炼为中国共产党的根本宗旨，并被写入党章。在延安时期，为改善人民生活，党大力发动边区群众的力量，继续建起各种"互助组""合作社"，调剂粮食，应对灾荒，流通商品。民主也成为延安时期的核心话语。实行"三三制"抗日民主政权，让社会各阶层选派代表共同参与社会治理，充分调动了人民群众的政治积极性。

## 二、社会主义革命和建设时期中国共产党的人民性

### （一）中华人民共和国成立初期"人民民主专政"制度建设

中华人民共和国的建立，使中国真正成为独立自主的国家，中国人民从此站起来了，成为国家的主人，真正开启了中国现代化进程。党开始以制度化的方式来保证人民性的实现，以及各项事业都能够以人民为中心。

中华人民共和国刚刚成立后的施政纲领《中国人民政治协商会议共同纲领》中明确中华人民共和国为"实行工人阶级领导的，以工农联盟为基础的、团结各民主阶级和国内各民族的人民民主专政"的国家。它是在苏维埃工农民主专政的基础上与时俱进发展而来的。1954年制定的《中华人民共和国宪法》，是一部社会主义类型的宪法，它进一步确立了我国社会主义社会的根本政治制度："中华人民共和国是工人阶级领导的、以工农联盟为基础的人民民主国家。""中华人民共和国的一切权力属于人民。人民行使权力的机关是全国人民代表大会和地方各级人民代表大会。""全国人民代表大会、地方各级人民代表大会和其他国家机关，一律实行民主集中制。"我们说看一个政党的人民性不仅要看它纲领性文件写了什么，更要看它在实践中的具体体现。中国共产党成为全国的执政党后，在巨大的胜利面前，仍保持清醒头脑，保持谦虚谨慎，保持同人民群众的血肉联系，迅速地在地方各级建立起了人民政权。

全国的人民民主政权建立后，党又领导全国人民立即进行土地改革，着手解决了几千年来农民的土地所有制问题。在党的领导下，自始至终坚决贯彻群众路线，保持人民性。组建土改工作队，深入贫雇农家中，充分宣传发动起来，在打倒地主阶级的斗争中觉悟起来，依靠自己的力量实现当家作主。到1952年底，土地改革在全国大陆基本完成，全国有约3亿无地少地的农民无偿地获得约7亿亩的土地，广大农民的生产积极性空前高涨，人民生活状态有了翻天覆地的变化，精神面貌焕然一新，整个社会都发生着深刻的变化。社会秩序获得前所未有的安定，人民的获得感、幸福感也是前所未有的。

## (二) 曲折发展中坚持为人民服务的底线

在社会主义建设的探索中，制定"备战、备荒、为人民"的"三五"计划，提出了社会主义建设的"四个现代化"目标，成为全党和全国各族人民的共同奋斗目标，使党和人民紧紧地凝聚在一起。尽管其中也走了一些弯路，但党一心为民的初心从未改变，人民群众对党的信任也从未改变。三年困难时期，党把困难坦诚地摆到人民面前，讲清道理，毛泽东等中央主要领导带头勒紧裤带过苦日子、渡难关，降低伙食标准，自降工资等。而广大人民群众看到国家困难，也表现出了很高的觉悟。比如当时经济困难，要精简那些从农村招工进城的工人和他们的亲属，从 1961 年初到 1963 年 6 月，全国共精简职工约 2000 万人、城镇人口 2600 万。广大职工、干部顾全大局，体谅国家困难，使得这项工作进行得很顺利。周恩来同志曾深有感触地说："在中国，没有哪个政权能够这样做，只有我们才有这样做的群众基础。"在党的心中，人民的事无小事，虽然社会主义建设还处于探究摸索阶段，但对于人民生产生活的事一直非常重视。

社会主义建设的后期，在为人民服务的初衷下，尽管在一些措施的实施过程中走了不少弯路，但党、人民政权、人民军队和整个社会的性质都没有改变。最终还是依靠党和人民的艰苦努力，使党和国家重新走上健康发展的轨道。也再次证明了党和人民的伟大，把人民放在心中的党，也终将获得人民强大力量的支持。

# 三、改革开放和社会主义现代化建设时期
# 中国共产党的人民性

## (一) 以"人民答不答应"为衡量标准

1978 年，党的十一届三中全会做出了改革开放的伟大决定。在改革开放政策的实施过程中，邓小平同志一再强调：要把人民拥护不拥护、赞成不赞成、高兴不高兴、答不答应作为制定方针政策的出发点和归宿，把是否有利于发展社会主义生产力、是否有利于增强社会主义国家综合国力，是否有利于提高人民的生活水平作为判断一切

工作是非得失的标准。并提出：社会主义的目的就是要全国人民共同富裕，不是两极分化。对标"人民性"，党把所开展各项工作实践的成功与否，最终检验的标准还是落在"人民性"上。江泽民同志强调中国共产党必须始终代表最广大人民的根本利益，胡锦涛同志强调必须把最广大人民的根本利益作为贯彻落实科学发展观的根本出发点和落脚点。提出新农村建设，注重"三农"问题，全面取消农业税，结束了中国农民绵延2600多年的"皇粮国税"，促进农民持续增收，同时也经受住了突如其来的"非典"的严峻考验，把人民的生命健康安全放在第一位。

## （二）"一切为了人民"的新时代价值取向

进入新时代，以习近平同志为核心的党中央不记初心、牢记使命，始终牢牢把握"为人民谋幸福"的人民性这个本质特征，贯彻落实到新时代中国特色社会主义建设的一切工作中，坚持在发展中保障和改善民生。党的十八大提出全面建成小康社会，党的十九大提出人的全面发展和全体人民共同富裕的命题，同时敏锐地体察到：中国社会的主要矛盾已由日益增长的物质文化生活需要与落后的生产力之间的矛盾转化为人民日益增长的美好生活需要和不平衡不充分的发展之间的矛盾。这是中国共产党执政为民，使发展成果更多、更公平地惠及全体人民的生动实践，是中国共产党人深厚人民情怀的生动体现。一代代的共产党人也将永葆初心，接续奋斗。

2020年，在脱贫攻坚奔小康的最紧要关头，又突遇新冠肺炎疫情的严峻考验。党紧急响应，迅速部署，举全国之力，把群众利益放在第一位，从一开始就提出把人民生命安全和身体健康放在第一位，所产生的医疗费用全部由国家支付。习近平指出："我们一开始就鲜明提出把人民生命安全和身体健康放在第一位。人民至上、生命至上，保护人民生命安全和身体健康可以不惜一切代价。"这一指导思想充分体现了马克思主义政党的人民性，在这场疫情大考验中，中国共产党的人民性本质得到淋漓尽致的展现。

在不同的历史时期，尽管党所提出的具体任务和策略各有侧重，但是蕴含在各个时期的发展要求与策略背后深层的为民初心从未改变。中国共产党自拟为时代的答卷人，人民群众才是阅卷人，取得的所有成绩要得到人民的认可，经得起历史的检验。我们要时刻警醒：始终保持"为人民谋幸福"的初心，站稳"人民立场"，保持人民性，保持同人民群众的血肉联系，依靠群众的力量，凝聚起群众磅礴的力量投入社会主义现代化国家建设的新征程中，继续赶考。正如习近平总书记在党的十九大报告中指出的："不忘初心，方得始终。中国共产党人的初心和使命，就是为中国人民谋幸福，为中华民族谋复兴。"回顾党的百年发展史，就是一部矢志不渝为人民谋幸福的历史。永葆党的初心不变，就是永葆党的"人民性"这个本质特征不变。这也正是党历经百年，依然风华正茂的密码。

**参考文献：**

[1] 马克思，恩格斯．马克思恩格斯选集（第一卷）[M]．北京：人民出版社，1972.

[2] 中共江西省委党史研究室．中央革命根据地历史资料文库：政权系统 [M]．南昌：江西人民出版社，2013.

[3] 毛泽东．毛泽东选集（第一卷）[M]．北京：人民出版社，1991.

[4] 中央档案馆．中共中央文件选集 [M]．北京：中共中央党校出版社，1987.

[5] 中共中央文献研究室．建国以来重要文献选编（第1册）[M]．北京：中央文献出版社，1992.

[6] 中共中央党史研究室．中国共产党的九十年 [M]．北京：中共党史出版社，2016.

[7] 谢春涛．历史的轨迹 [M]．北京：新世界出版社，2011.

[8] 十九届中共中央政治局常委同中外记者见面时习近平的讲话 [EB/OL]．人民网，2017-10-25.

[9] 习近平参加内蒙古代表团审议时的讲话 [EB/OL]．人民网，2022-05-22.

[10] 决胜全面建成小康社会　夺取新时代中国特色社会主义伟大胜利 [EB/OL]．人民网，2017-10-18.

# 党史教育下安源精神对传承红色基因、推进国家治理的借鉴①

王荣亮②

**摘　要：**习近平同志指出："精神是一个民族赖以长久生存的灵魂，唯有精神上达到一定的高度，这个民族才能在历史的洪流中屹立不倒、奋勇向前。"安源精神是诞生于党的初创时期的红色文化，是党成长壮大、走向胜利的基因密码，值得我们在新形势下去挖掘弘扬。本文通过对安源精神内涵进行研究，探索其在党史专题教育中的现实价值和时代意义，为传承红色基因、推进国家治理体系现代化将提供理论支持和精神指引。

**关键词：**党史教育；安源精神；红色基因；传承；借鉴

安源是中国共产党最初领导开展工人运动的重点地区，成为中国工运和秋收起义的主要策源地之一。毛泽东、刘少奇、李立三等老一辈无产阶级革命家都曾在这里从事革命活动，留下了丰富的革命火种，传承了党的红色基因，激励一代又一代中国共产党人为之接续奋斗，为后人树立了一座不朽的历史丰碑。

---

① 本文为扬州市红色文化研究推广中心资助项目。
② 作者简介：王荣亮，山东潍坊人，内蒙古大学博士，主要研究领域为党史军史与红色文化。

# 一、安源精神的基本内涵

## （一）义无反顾的牺牲奉献精神

在中国共产党诞生前，安源工人多次开展罢工、屡遭挫折失败，中国共产党依靠工人阶级领导安源路矿罢工取得了彻底胜利，使工农群众深刻认识到在党的领导下团结奋斗的重要性，提高了工人阶级的觉悟和组织纪律。牺牲奉献精神是安源精神的核心内容，在安源精神感召下，工人队伍中的大批先进分子走上革命道路。一些参加过安源罢工的工人骨干和共产党员坚定政治信念、怀揣革命理想，为了中华民族解放义无反顾地投入这场伟大革命洪流中去。在长期革命斗争过程中，安源人民义无反顾、不怕牺牲，坚定革命必胜的信念，发扬义无反顾的牺牲奉献精神，这是夺取中国革命胜利的伟大政治基础，也是安源精神的魂之所在。

## （二）团结奋斗的集体主义精神

自 1921 年秋开始，安源路矿工人运动兴起，中国共产党历时十年在此组织开展罢工斗争，团结奋斗的集体主义精神是取得这一辉煌成就的重要基础，这也对全国范围内的工人运动产生了重要影响。1922 年 9 月 14 日凌晨，安源路矿两局一万三千余工人发扬集体主义精神，团结并肩战斗，以增加工资待遇、改善生活条件和组织工会团体等为目标，在"从前是牛马，现在要做人"等斗争口号的鼓舞下开始了首次罢工。面对路矿当局和反动军警的威逼利诱，罢工工人向路矿当局提出每十分钟见一次刘少奇同志，这也体现了工人队伍团结奋斗的集体主义精神。刘少奇、李立三等罢工领导人沉着机智做好组织团结工作，经过五天的斗争迫使路矿当局签订十三条协议，取得了罢工的完全胜利。安源路矿工人在罢工中表现出了高度团结的集体主义精神，为安源工人运动长期发展奠定了坚实基础，由此集体主义成为安源精神的重要特色。

## （三）勇于开拓的不懈奋斗精神

安源路矿罢工是中国共产党最初领导工人运动的成功典型，代表了中国工人运动的正确方向。秋收起义后，中共党组织继续领导工人在安源路矿开展罢工斗争，积极发展党员，支援配合井冈山等革命根据地的创建发展，组织觉悟高的工人参加红军队伍，深入周边农村开展游击斗争，逐步走上了"农村包围城市，武装夺取政权"的工农武装割据道路。安源人民在中国共产党的领导下，勇于开拓，不怕牺牲，前仆后继，英勇奋斗，一直坚持斗争直至新中国成立。在安源工人运动史上，中国共产党人通过立足当地实际，坚持把马列主义基本原理同中国革命具体实际相结合，领导工人阶级团结农民、小资产阶级和其他各方进步势力，一直坚持到新民主主义革命胜利和新中国的建立。安源精神是党在代表、维护和实现最广大人民根本利益的基础上产生的，证明党和人民军队代表群众的根本利益，是坚持群众路线、全心全意为人民服务的忠实实践者。

### （四）敢为人先的革命创新精神

中国劳动组合书记部成立后集中精力从事组织工人运动，掀起中国工人运动的第一个高潮。在一年多的时间里，党在全国领导工人罢工一百多次，其中以安源路矿工人大罢工最具代表性，充分显示出中国共产党人的组织领导能力和工人阶级力量。在安源路矿，中国共产党人通过领导罢工开展工人运动，这在中国革命史上是一种伟大创新，为接下来的武装斗争积累了经验教训。中国共产党人将实现工人改善生活条件的斗争目标与中华民族伟大解放事业相结合，提高了工人阶级的政治觉悟，他们开始自觉接受中国共产党的领导，随时准备为革命理想牺牲自己的一切。安源路矿工人正是在中国共产党的领导下，走上了为中华民族独立和中国人民的解放事业而英勇奋斗的革命道路，这种伟大的革命创新精神是中国革命取得成功的强大动力。安源路矿工人革命运动从1921年秋天开始兴起，在中国共产党的有效组织领导下，一直持续斗争近十年，有力地指导影响了全国范围内的工人运动，支援了同时期的革命武装斗争。在第一次大革命时期，数千名安源工人深入农村发动组织农民运动，使湖南及湘赣边界农民运动得以迅速兴起发展。同时，上千名安源工人参加国民革命军，更多工人积极协助国民革命军北伐作战，配合了北伐战争的胜利进军，有力地推动了全国革命形势的好转。

# 二、中国共产党在党史教育中如何发扬安源精神、传承红色基因

安源精神展示了中国共产党这个新型革命政党的巨大魅力，丰富了无产阶级革命政党的施政模式，安源精神与其他红色文化有着共同的本质特征，奠定了其在中国革命精神谱系中的历史地位。

## （一）必须始终坚定理想信念，践行初心使命意识

李立三、陈潭秋、蔡和森等都曾在安源从事革命活动，引领大批工农群众走上救国救民的革命道路。当年，共产党人在安源路矿的艰苦环境下战胜艰难险阻，组织工人罢工，靠的就是心中坚守马克思主义信仰和共产主义理想信念。"二七惨案"后，全国工人运动陷入低潮，安源工人运动仍在继续发展，路矿工人俱乐部一直屹立不倒，为全国工人运动树立了一面光辉旗帜，成为中国共产党培养工运干部的重要基地。安源成为中国共产党复兴全国工运和组织全国总工会的希望，被誉为中国工运中心，成就这一奇迹的正是中国共产党人对理想信念的坚定执着。新时期，共产党人要想坚定理想信念，必须开展党史专题教育，全面把握历史发展规律，深刻理解和运用党的理论创新成果，始终倡导用安源精神固本强基，牢固树立"四个意识"，增强"四个自信"，努力做到"两个维护"，做到公私分明、大公无私、廉洁守法、以民为先，以实际行动践行初心使命。

## （二）必须坚定正确政治方向，践行一心为民宗旨

安源路矿工人罢工胜利标志着党发起工农斗争的领导能力和方式方法不断走向成熟，孕育出了义无反顾、团结奋斗、勇于开拓、敢为人先的安源精神。从艰苦卓绝的革命战争年代到轰轰烈烈的社会建设年代，再到波澜壮阔的改革开放时期，安源人民依靠这种不屈不挠、战斗不息的精神，勇于探索、攻坚克难，不断走向新的胜利。1922年，在实现马列主义同中国工人运动相结合的过程中，毛泽东、刘少奇、李立三

等中国共产党人来到安源，发扬敢为天下先的革命斗争精神，不怕牺牲、勇于担当，组织领导罢工斗争，争取民主权利自由，开启了中国工人运动的先河。年轻的中国共产党人做到信念坚定、意志坚决，把为广大劳工争取正当利益的斗争进行到底，实现了为共产主义奋斗终身的誓言，体现了共产党人无私奉献的价值追求和矢志不渝的理想信念。在新时代，重温安源历史、传承安源精神对于加强共产党人的党性修养、坚定理想信念、严守政治纪律、踏实谋事创业具有重要的现实意义。

### （三）必须坚持从严治党、管党，严守政治纪律规矩

在新时期弘扬安源精神，中国共产党人就要做到忠诚于党、严守政治纪律。中国早期工人运动孕育出的安源精神，蕴含着建党、管党、治党的最初思想来源。在初创时期，中国共产党要想在当时半殖民地半封建社会的险恶环境里组织发动一次工人运动并取得胜利，如果缺乏组织纪律和政治规矩，党组织就不会凝聚起伟大号召力，工人队伍也不会形成强大战斗力，革命胜利目标更是无法实现。随着国内工人运动高潮的兴起，为加强制度建设，安源路矿党支部和工人俱乐部制定出台了《安源路矿工人俱乐部办事细则》《安源路矿工人俱乐部总章》等制度性文件，通过制度治党，规范组织运行，开始了制度建党的尝试探索。安源党支部领导人及俱乐部工人领袖也都身体力行、率先垂范，发挥了榜样示范引领作用，这展示了中国共产党人在初创时期就形成了从严治党、制度管党的政治勇气。

# 三、安源精神对传承红色基因、推进国家治理体系的重要启示

安源精神随时代变迁和实践发展不断深化，"中国梦"、抗疫斗争等新的实践为安源精神不断注入新元素，赋予其丰富的内涵和强大的生命力。新形势下，大力宣传弘扬安源精神，对于中国共产党坚持"以人民为中心"的发展思想、推进全面从严治党和落实治国理政方略具有重要借鉴意义。

## （一）将"以人民为中心"始终作为中国共产党的执政出发点

安源路矿工人大罢工提出的口号是"从前是牛马，现在要做人"，这体现了中国共产党组织工人运动的指导思想。安源工运能取得胜利的主要原因是党始终以实现人民大众利益为出发点和落脚点，密切保持与人民群众的血肉联系。安源工运从一开始就明确了为"保护工人利益，减除工人的压迫与痛苦"的宗旨。安源工人俱乐部代表广大工人成功地开展了以争取工资待遇、维护工人权益、树立工人尊严、兴办教育事业等为主要内容的罢工斗争，安源工人空前团结，众志成城，参加俱乐部的人数从七百多人激增至一万多人。正是因为代表、实现和维护着最广大群众的根本利益，安源党支部得到了民众强有力的拥护和支持，工人群众热烈赞成、誓死保护工人俱乐部。一百年来，党之所以能够从小到大、由弱到强，战胜各种艰难险阻走向胜利，最根本的原因就是有人民群众的拥护和支持，始终保持党同人民群众的密切联系。只有坚持广泛性和主体性的统一，才能完整、准确地理解最广大人民群众的科学含义。

## （二）坚持党指挥枪，实现党对人民军队的绝对领导

在革命危急关头，中共安源党组织组织工农武装数千人进攻长沙，后又取得保卫安源的胜利，有力地策应了秋收起义。在秋收起义过程中，毛泽东曾在安源部署指挥起义、进行军事斗争准备，他将1300多名安源工人编入工农革命军第二团，构成这个团的基础，在全国首次举起工农革命军旗帜。第二团战绩最大，这也说明安源路矿工人队伍经过中国共产党的组织领导，政治觉悟普遍得到提高，纯洁了革命队伍，保证了战斗力的提高。在革命战争年代，中国共产党总结出了一套领导人民军队建设发展的成功经验，这一经验源于党运用马克思主义建军理论建设新型人民军队的伟大创造。毛泽东指出"革命战争，必须要创造新的革命军队""须知政权是由枪杆子中取得的"。"三湾改编"确立了支部建在连上，古田会议确立了思想建党、政治建军的原则，完善了党对人民军队的政治、思想和组织领导。中国共产党百年发展历程表明，坚持党对军队的绝对领导是中国共产党巩固执政地位、维护人民民主专政和保证社会主义制度不变质的重要基石。

## （三）全面从严治党，确保党同人民群众的血肉联系

安源路矿罢工胜利后不久，在中国共产党的争取发动下，路矿全体工人紧密团结

起来，形成了以中共党组织为领导核心、以工人俱乐部为组织形式的阶级队伍。安源工人俱乐部同粤汉铁路工人联合成立了粤汉铁路总工会，并发起成立了湖南全省工团联合会和汉冶萍总工会，又与湖北全省工团联合会建立了联系，最后铁路工会联合成立了全国铁路总工会筹备委员会，推动了全国工人阶级大联合，中国共产党从此与工农群众在革命斗争中结成了紧密的血肉联系。安源路矿工人大罢工在中国工运史上占有重要地位，这一成就的取得离不开中国共产党的精心组织和工农群众的支持。作风建设关系人心向背，党的十八大以来，我们党聚焦群众痛点和难点，夺取了反腐败斗争的压倒性胜利，坚定不移地把全面从严治党引向深入，始终是中国特色社会主义事业的领导核心，始终无愧于历史选择和人民重托。

当前，我们必须深入挖掘安源精神蕴含的哲学思想、人文精神、道德观念和时代价值，让安源精神融入国家文化生活，为在党史教育中传承红色基因、推进国家治理体系和治理能力现代化提供强大的精神动力支持。

**参考文献：**

[1] 习近平 . 习近平谈治国理政（第一卷）［M］. 北京：人民出版社，2014.

[2] 中国中共党史学会编 . 中国共产党历史系列辞典［M］. 北京：中共党史出版社，2019.

[3] 习近平 . 论中国共产党历史［M］. 北京：中央文献出版社，2021.

[4] 毛泽东 . 毛泽东选集［M］. 北京：人民出版社，1991.

[5] 张静如 . 中国共产党通志［M］. 北京：中央文献出版社，2001.

[6] 中共萍乡市委宣传部 . 安源工人运动［M］. 上海：上海人民出版社，1978.

[7] 习近平 . 习近平总书记系列重要讲话读本［M］. 北京：人民出版社，2016.

[8] 中央党史研究室 . 中国共产党的九十年——新民主主义革命时期［M］. 北京：中共党史出版社，2016.

[9] 中国大百科全书总编辑委员会 . 中国大百科全书（政治学）［M］. 北京：中国大百科全书出版社，2002.

[10] 中国军事百科全书：人民解放军战史［M］. 北京：中国大百科全书出版社，1997.

# 苏区精神对当代青年人的启示

王　凯①

**摘　要**：苏区精神是老一辈无产阶级革命家在苏区开展中国革命斗争与革命建设的探索过程中，孕育形成的良好社会风貌、崇高道德品质和正确价值导向。当前，年轻群体在不同程度上存在政治信仰迷茫、理想信念缺失以及价值取向扭曲等问题。因而在新时期，深入理解苏区精神的主要内涵对于如今高校的思政教育和红色基因传承仍然具有重要的启示和借鉴意义。

**关键词**：苏区精神；主要内涵；时代内涵；传承与发扬

## 一、苏区精神的内涵

### （一）主要内涵

苏区精神是我党在革命实践中逐步形成、完善的伟大精神意志。在同反革命集团的殊死斗争中，在摸索中国革命出路的曲折过程中，先辈们用自己的热血与信仰铸就了伟大而光荣的苏区精神。苏区的革命历程是中国共产党的百年奋斗征程中最为凶险的一段经历，但也正是在凶险的环境中才越发彰显了苏区精神的光辉与伟大。

在纪念中央革命根据地创建暨中华苏维埃共和国成立 80 周年座谈会上，习近平同

---

①　作者简介：王凯，江西上饶人，江西师范大学马克思主义学院硕士研究生，主要研究方向为马克思主义与当代中国经济社会发展。

志首次阐明了苏区精神的主要内涵，即坚定信念、求真务实、一心为民、清正廉洁、艰苦奋斗、争创一流、无私奉献。尽管现在距离苏区精神的形成时间已经过去了70余年，但苏区精神历久弥新，仍具有崭新的时代价值。

### （二）时代内涵

青年将从先辈手中接过时代所赋予的使命与职责，开拓出一条先辈们未曾走过的道路。苏区精神将时刻警醒青年牢记初心使命，引导他们走向光明的未来，而青年的实践探索也必将赋予苏区精神崭新的时代内涵。

苏区精神历久弥新，在时代浪潮的冲刷下越发显露出耀眼的真理之光。在充满机遇与挑战的21世纪，复杂多变的国际环境及全方位的国内变革推动着无数共产党人不断对苏区精神的内涵做出新的诠释，以此来适应时代的变化与发展。在此过程中，逐步形成了以凝聚精神力量、总结执政经验、加强党的建设、坚持反腐斗争为主要内容的时代内涵。其中蕴含的丰富的思想作风建设经验、党建经验和干部工作原则至今仍掷地有声，对党和国家在新时代的伟大征程中加强自身建设、培养新时代接班人具有深刻的启发意义。

## 二、苏区精神给年轻人的启示

历史的车轮滚滚向前，苏区的历史已与时代渐行渐远，但其强调的作风建设与制度建设的问题，依然有力地督促着广大党员干部自觉遵守党章规定，全心全意为人民服务。苏区精神仍然能够带给新时代的年轻人全新的启发，为青年人如何助力新时期党的建设伟大工程、推进党风廉政建设提供新的思路。

### （一）坚定信念，吃苦耐劳

"哎呀嘞——苏区干部好作风，自带干粮去办公，日着草鞋干革命，夜打灯笼访贫农。"这首《苏区干部好作风》的歌词虽然朴实无华，却将苏区干部们吃苦耐劳、艰苦奋斗、无私奉献、关爱人民的可贵品质体现得淋漓尽致，一个身披蓑衣，脚穿草鞋，手提灯笼，访贫问苦的苏区好干部形象跃然纸上。

在苏区时期，共产党人吃的是简单朴素的饭菜，穿的是单衣和草鞋，睡在向乡亲们借来的门板和稻草上，还要为解决当地百姓的困难四处奔走。在如此简陋的条件下，苏区干部仍然坚持发扬"到群众中去"的工作精神，全心全意为苏区人民服务，究其原因便在于苏区干部都坚信中国革命必将取得胜利，并且具备吃苦耐劳、艰苦奋斗、无私奉献、关爱人民的可贵品质。正是因为苏维埃的干部深入群众，十分关心群众生活疾苦，苏区的百姓才能真正了解什么是红色政权，并甘愿为保卫、建设红色政权付出一切。

坚定信念是苏区精神的灵魂，吃苦耐劳则是共产党人崇高的革命品质。如今的世界正在经历一场深刻的变革，错综复杂的矛盾与问题使越来越多的年轻人对未来感到忧虑与迷茫，社会上也充斥着对前路未卜的担忧及恐惧。正因如此，年轻人才更应该切身感受革命先辈坚定的政治理想和革命信念，不畏困难、艰苦奋斗，牢牢树立吃苦耐劳和艰苦奋斗的意识，为中华民族的复兴、为中国人民的幸福生活而奋斗。

### （二）坚持奋斗，自立自强

纵观整个苏区历史，党内曾经有一段时间盲目迷信共产国际的指挥和苏联革命成功的经验，将马克思主义理论教条化，将共产国际的指示和苏联的斗争经验神圣化，将上级机关的命令权威化，导致红军在同敌人的斗争中损失惨重，付出了血的代价。究其原因，在很大程度上源自党内的大多数同志盲目迷信共产国际权威，没有将马克思主义真理同中国革命形势的具体实际结合起来，没有独立思考进而形成自己的思想。

为了从根源上彻底改善这种情况，毛泽东同志选择深入苏区农村，到群众家里去，与农村各行各业的村民促膝长谈，做了大量实地调查研究，为党日后工作政策、路线和方针的制定提供了翔实的依据。正是在这个时期，毛泽东同志深刻指出"没有调查，没有发言权"的观点，在他的倡导下，苏区各级干部争相发扬求真务实、坚持奋斗的工作作风，不再盲目依赖他人的经验，不断创新革命工作的方式方法，那首被苏区人民传唱至今的《苏区干部好作风》便是以此作为创作背景，再现了当时苏区干部打着灯笼夜访贫困户、深入群众中做调研的感人事迹。

坚持奋斗正是历代共产党人永不褪色的崇高品质，自立自强则是党取得中国革命斗争最终胜利的关键。俗话虽说："前人栽树，后人乘凉"，但若一味躲藏在前人的树荫下，躺在过去的功劳簿上，只会变得不思进取、意志消沉。青年人朝气蓬勃，思想活跃，要肯下苦功，坚持为实现个人和国家理想而奋斗，推动实现中华民族伟大复兴，为成为国家的未来、民族的希望而不懈努力，这也是在新时代对苏区精神所作的最好诠释。

### （三）坚决反腐，克己奉公

由于苏区时期的经济主体是以个体农户耕种粮食为主的小农经济，工业水平欠发达，加之敌人针对苏区进行了一系列军事"围剿"行动和严密的经济封锁，导致苏区人民在国民党反动派政权的包围孤立下生存十分艰难，苏区的物资供应到了严重匮乏的地步，苏区人民的生存面临着巨大的考验。

面对敌人的封锁与军事打压，苏区军民同心协力，自立自强，在苏区进行了一系列建设，确保了苏区人民的基本生活需要，苏区干部也在工作过程中逐步树立起艰苦奋斗、廉洁奉公的优良作风。

所谓"得民心者得天下"，密切联系群众为党赢得了民心和声望，而贪污腐败则会使党员干部与人民群众越发疏远，如若任其发展必将导致民心向背，激起民怨民愤，对党的声望造成严重影响，动摇党的执政地位。青年人理应积极响应国家号召，时刻牢记入党的初心与使命，坚决同腐败分子和腐败行为做斗争，切实做到自律廉洁，克己奉公，为新时代中国共产党的党风廉政建设贡献自己的一份力量。

# 三、如何继承并发扬苏区精神

中国共产党已经走过百年的风雨征程，苏区的历史对于如今的年轻人来说似乎太过遥远，时代的更迭似乎将过往的一切都尘封在了老一辈人的记忆之中，逐渐被新的时代所淡忘。然而，正如泥沙永远无法掩盖金子的光芒，时间的流逝抑或时代的更迭也永远无法抹去真理的光辉。苏区精神在历史长河的冲刷下，不仅没有抹去其散发出的真理之光，反而在新的时期被赋予了新的时代内涵，从而实现历久弥新，光彩照人。

继承并发扬苏区精神，需要切实做到：

## （一）通晓历史，读懂内涵

苏区精神与当年围绕苏区展开的革命斗争的历史是密不可分的。要想传承并发扬苏区精神，第一步便是了解那段时期的历史，熟悉苏区精神形成的历史背景，找到苏区精神形成的源头，梳理苏区精神形成与发展的过程，从而对苏区精神形成全方位、立体的认识。在对苏区精神有了全面的了解以后，才能将弘扬苏区精神同弘扬以爱国主义为核心的民族精神结合起来，丰富中华民族精神的内容。

坚定信念、无私奉献在新时代对党的启示便是要凝聚全体中华儿女的精神力量，为实现中华民族的伟大复兴奉献自己的一生；求真务实、一心为民则告诫我党须深刻总结执政经验，时刻牢记党成立之初的初心与使命；争创一流启示党要加强自身的建设，为将党打造成代表人民利益的马克思主义强大政党提供奋斗方向；清正廉洁、艰苦奋斗则预示党坚持反腐斗争、坚持开展党风廉政建设的历史必然性。

青年人要加强理论知识学习，力争做到通晓苏区革命、斗争与建设的全部历史，系统掌握苏区精神的基本内涵，读懂苏区精神被时代赋予的新内涵，如此便迈出了传承与发扬苏区精神的第一步。

## （二）实地考察，注重实践

当今时代，青年人不仅要学好书本中的理论知识，更要多前往基层开展实地考察与调研，深入乡村、深入基层、深入群众，这样才能将理论知识同具体实际相结合，真正为解决现实问题提供新思路、新方法。

苏区精神的传承与发扬，最重要的一环便是实地的考察与调研，只有自己亲眼所见、亲耳所闻，才能体会到当地独有的历史厚重感，那些略显陌生的故事和故事中的主人公形象才会在脑海中逐渐变得丰满、立体，过去的历史才能从老一辈的记忆中苏醒过来，在年轻人的记忆里打上全新的烙印。从中华苏维埃第一次全国代表大会的开幕地瑞金到毛主席开展《寻乌调研》的所在地寻乌，再到走出过众多中华人民共和国开国将军的兴国，这些原本隶属于中央苏区的红色名城，无一例外都具有丰富的红色资源，只有到这些地方开展实地考察和深入调研，当地的红色资源才有被挖掘、开发的机会，这对于苏区精神的传承与苏区革命老区的振兴都具有重大的现实意义。

"实践出真知。"年轻人要想真正传承苏区精神，并将其发扬光大，只靠在书本中研究理论知识远远不够，只有多到实地考察，多做实地调研，才能对历史有更加真实的体会，在品味历史的过程中带入新时代特有的视角独立思考，方能加深青年人对苏区精神的认识与感悟，而这也意味着迈出了传承与发扬苏区精神过程中最为困难，也是至关重要的一步。青年人要多参与社会实践，多走一走、看一看，到基层去、到当地居民家中去，多与村民、村干部交流，这样才能发现书本中没有介绍过的现实问题，为将来走上工作岗位、助力乡村振兴贡献自己的思路和力量。

### （三）多元融合，创新发展

新事物之所以能战胜旧事物，是因为新事物既否定了旧事物当中消极的、落后于时代的东西，又保留了旧事物当中合理的、仍然符合新时代要求的因素，并添加了旧事物所不能容纳的新内容。同理，苏区精神的传承与发扬需要同当前时期我国发展所处的阶段相适应，主动摒弃已经落后于时代的理念，在新时代中吸纳全新的、适应中国特色社会主义发展道路的相关因素，将各个时期的优质内容保留下来并进行系统融合、梳理、凝练，形成21世纪的"苏区精神"。

"创新是发展的第一动力"，苏区精神的传承与发扬同样离不开创新的思路。苏区的历史已经远去，以当时的眼光审视如今的发展形势必然落伍，但从旧有的精神当中提炼出仍然适用于新时代的精华，以新的眼光重新审视这些精华，并加入新的想法与思路，走出一条多元融合、创新发展的道路，让苏区精神在21世纪迎来自己的"新生"。

## 四、结语

苏区精神是中国共产党人早期执政过程中总结、凝练出的执政经验，是党在革命征程中孕育形成的伟大革命精神的一部分，集中体现了中国共产党的先进性、纯洁性和革命性，对于当代中国共产党党风廉政建设及执政能力建设具有极大的参考价值，能够给予新时代的年轻人审视历史的不同视角，从而带给年轻人诸多感悟与心得体会，大力弘扬苏区精神也能够对党的建设新的伟大工程的实施与发展起到很好的推动作用。

青年人需要深入了解苏区精神的主要内涵，并在参与社会实践的过程当中不断丰富、完善苏区精神的时代内涵，在充分尊重前辈思想成果的基础上结合自身经历体验，以全新的视角、思路和方法对 21 世纪的苏区精神做出全新的阐述，为苏区精神的传承与发扬做出实质性的贡献，让苏区精神在历史长河中永远熠熠生辉！

**参考文献：**

［1］王鹏．弘扬苏区精神对当代大学生思想政治教育的意义［J］．党史文苑，2013（9）：73-74.

［2］石仲泉．苏区精神：伟大建党精神的璀璨明珠［N］．中国青年报，2021-07-27（03）.

［3］陈留弟．山歌《苏区干部好作风》的来龙去脉［EB/OL］．模范兴国，http：//xingguo. yun. jxntv. cn/p/28698. html，2020-06-24［2021-09-27］.

［4］凌步机．苏区干部好作风——苏区干部清正廉洁的故事［J］．当代江西，2013（10）：64-65.

［5］人民日报评论员．苏区精神要永远铭记、世代传承［N］．人民日报，2021-07-26（01）.

# 专题研讨三：苏区振兴

# 中央苏区红色文化当代传承与创新发展路径

黄艳平①

**摘　要**：中央苏区红色文化是中国共产党在中央苏区进行革命实践所形成的意识形态，具有重要的政治价值、文化价值、教育价值和经济价值。中国特色社会主义进入新时代，大力传承弘扬中央苏区红色文化有利于推进社会主义核心价值体系建设，增强社会价值认同，增强文化自信。要赋予中央苏区红色文化新的时代内涵，不断探索中央苏区红色文化精神和价值的传承路径，实现其创造性转化、创新性发展。

**关键词**：中央苏区；红色文化；传承；创新

## 一、中央苏区红色文化的发展历程与本质特征

红色文化是中国共产党以马克思主义为指导，带领中国人民在革命、建设和改革过程中创造的先进文化，是中国特色社会主义文化的重要组成部分。中国共产党红色文化的百年发展历史，是对中国思想史、文化史的丰富，逐渐形成了一条清晰的红色文化发展脉络和一个不断创新的红色文化体系，集中体现了中国共产党人的优良品格和价值追求。在中国共产党的百年发展历程里，中央苏区红色文化形成于新民主主义

---

①　作者简介：黄艳平，福建邵武人，福建社会科学院副研究员，主要研究方向为文化及文化产业。

革命中期，在中国红色革命文化的发展中起着承上启下的作用。作为中央苏区红色文化精髓的苏区精神，既是对井冈山精神的丰富和发展，也是长征精神的直接源泉，孕育了伟大的长征精神，与延安精神、西柏坡精神以及中国特色社会主义建设和改革过程中形成的红色精神一脉相承。

中央苏区红色文化既有力地传承了中国传统文化，又吸收了赣南、闽西地区客家文化的精髓，体现了苏区人民的革命精神和价值追求。苏区精神以"坚定信念、求真务实、一心为民、清正廉洁、艰苦奋斗、争创一流、无私奉献"等为主要内涵，是中国共产党在领导创建、发展和保卫苏区革命实践中培育形成的伟大革命精神，是中国共产党的价值追求和中华民族精神内涵最生动的体现。"星星之火，可以燎原"的坚定信念；"反对本本主义"的求真务实态度；"真心实意地为群众谋利益"的一心为民理念；"自带干粮办公"的清正廉洁品格；"创业艰难百战多"的艰苦奋斗精神；"创造第一等的工作"的争创一流作风以及"为主义而甘愿牺牲"的无私奉献情操，无不体现着中国共产党和无产阶级的高尚品格。其中，"坚定信念、艰苦奋斗、无私奉献"等内涵，体现了中国共产党人革命精神的共性，而"求真务实、一心为民、清正廉洁、争创一流"，则较显著地体现了苏区时期的原创特色和个性。

中央苏区红色文化是革命性的文化。中央苏区红色文化体现了"苏维埃"文化与传统封建文化的本质区别，体现了中央苏区文化建设的实践性和创新性。

中央苏区红色文化是爱国主义文化。中国共产党在中央苏区开展打倒帝国主义、打倒地主阶级、建立工农兵政府的宣传，具有鲜明的反帝反封建的爱国主义文化性质。

中央苏区红色文化是"人民性"的文化。中央苏区红色文化由广大人民群众积极参与。丰富多样的苏区文化表现形式，极大地满足了广大人民群众对精神文化的需求。

## 二、中央苏区红色文化的历史价值与时代意义

习近平总书记在党的十九大报告中强调："实现伟大梦想，必须进行伟大斗争。"正是因为有了中国共产党百年来的领导和斗争，中华民族才逐步从备受欺凌中挣脱出来，逐渐走向繁荣富强。当前世界形势复杂多变，在中国特色社会主义建设的关键时

期，在实现中华民族伟大复兴中国梦的征程中，前进道路不会是一片坦途，必然会面对各种重大挑战、重大风险、重大阻力、重大矛盾，必须进行许多具有新历史特点的伟大斗争。在新时期大力传承弘扬中央苏区红色文化具有十分重要的现实意义，有利于推进社会主义核心价值体系建设、弘扬主旋律，有利于增强社会价值认同、壮大主流思想，有利于增强文化自信，抵制意识形态领域中的历史虚无主义、价值虚无主义等错误思潮。

中央苏区红色文化是中国共产党执政文化的奠基石，具有重要的政治价值。中国共产党带领苏区军民在中央革命根据地英勇斗争，以"星星之火，可以燎原"的坚定信念开辟了一条具有中国特色的革命道路。苏区精神更是集中地反映了中国共产党的政治思想、执政理念与价值取向。中国共产党不仅从理论上认识到"真心实意地为群众谋利益"的重要性，而且非常关心群众的实际生产和生活。正因如此，中国共产党赢得了广大苏区人民群众真心实意的拥戴，拥有战胜强大敌人和各种困难的真正铜墙铁壁。

中央苏区红色文化提供了积极的价值导向和正向的道德支撑，具有重要的文化价值。在长期的革命建设历程中，马克思主义理想信念一直是支撑共产党人奋斗实践的精神动力；"艰苦奋斗"精神更是我们国家和民族的传家宝，支撑着中国共产党在最艰难的时期发展壮大。中央苏区时期红色戏剧、歌谣和诗歌等创作，扎根于传统、扎根于人民，彰显着人民的红色文化自觉与自信，为中国特色社会主义文化繁荣发展贡献了不竭的动力。

中央苏区时期开展各种类型的教育为提升人民思想觉悟、提高干部与群众的政治素养、增强革命的凝聚力和战斗力提供了强大的力量源泉，具有重要的教育价值，包括学校教育、干部教育、职业教育、扫盲教育、工农业余教育等在内的各种类型教育，具有革命性和群众性等特点，尤其是让苏区妇女接受文化教育，极大地体现了中央苏区红色文化教育的先进性和人民性。截至1934年3月，在中央苏区的江西、福建等地，共开办了列宁小学3199所，学生约达10万人；补习学校4562所，学生约达88000人；识字组23286个，仅江西省学员就约达12万人；俱乐部1927个，会员约93000人。

中央苏区红色文化资源蕴含着发展生产力的科学思想和实事求是的科学态度，具有重要的经济价值。文化本身是一种社会资源，具有资本的属性。中央苏区红色文化不仅激励和指引着中国共产党人在苏区时期开展各项生产建设，也为社会主义建设提供了强大的智力支持和精神动力。中央苏区红色文化遗产资源具有巨大的经济价值和品牌价值，把红色文化资源合理转化，将赋予中央苏区红色文化强劲的经济附加值，造福于苏区人民。

# 三、中央苏区红色文化传承与创新发展的路径

在全面建成小康社会、实现中华民族伟大复兴中国梦的新征程上，党的历史方位发生了深刻变化。站在新时代、新起点，要有新作为，要赋予中央苏区红色文化新的时代内涵，实现中央苏区红色文化精神和价值在当代的延续与传承，实现其创造性转化、创新性发展。

## （一）不断发掘红色文化时代内涵，凸显中央苏区红色文化的重要地位

党的十九大报告指出："中国特色社会主义文化，源自于中华民族五千多年文明历史所孕育的中华优秀传统文化，熔铸于人民在建设、改革中创造的社会主义先进文化，植根于中国特色社会主义伟大实践。"我们应充分认识到，作为中华优秀文化重要组成部分的中央苏区红色文化，是马克思主义基本原理同中国具体实际相结合的结晶，是对中华优秀传统文化和世界优秀文化的继承、发展与创新。它以旗帜鲜明的政治立场、一心为民的执政基础、崇高远大的价值理想、可歌可泣的艰苦奋斗精神，为实现中华民族伟大复兴提供强大精神动力。在新的历史时期，应加大对中央苏区红色文化的研究力度，不断发掘中央苏区红色文化的时代内涵，丰富时代诠释，凸显中央苏区红色文化的重要地位。

不忘初心、牢记使命，深入开展党史学习教育，重视发挥中央苏区红色文化在意识形态工作中的作用。紧扣"明理"这一增信、崇德、力行的前提，教育引导广大党员干部从党的辉煌成就、艰辛历程、历史经验、优良传统中深刻领悟中国共产党为什么能、马克思主义为什么行、中国特色社会主义为什么好等道理。红色文化百炼成钢，应加强党建工作，强化党员干部的党性教育、初心教育，牢记中央苏区时期革命先辈的艰苦奋斗史、流血牺牲史，深刻领悟坚持中国共产党领导的必然性、马克思主义及

其中国化创新理论的真理性、中国特色社会主义道路的正确性。切实把其作为抵御西方反动思想文化侵蚀、防止"和平演变"的思想利器。着力提高政治判断力、政治领悟力，增强科学把握形势变化、有效抵御风险挑战的能力。

### （二）拓展红色文化宣传平台，营造中央苏区红色文化的积极氛围

加强中央苏区红色文化的普及教育。习近平总书记在出席全民族抗战爆发 77 周年纪念活动中指出："历史是最好的教科书，也是最好的清醒剂。""学习党史、国史，是我们坚持和发展中国特色社会主义、把党和国家各项事业继续推向前进的必修课。"新时期要不断加强对全社会尤其是青年一代的红色文化宣传普及和教育引导，将红色文化纳入学校经典教育范畴，加强党史、新中国史、改革开放史、社会主义发展史教育，把"四史"教育作为思想政治教育的重要内容，总结历史经验、树立历史思维。在全国开展红色歌曲、红色书籍、红色故事、红色电影等宣传活动，向公众传递红色能量，用红色基因感染人、激励人、鼓舞人，把理想信念的火种、红色传统的基因一代代传下去，让革命事业薪火相传、血脉永续。

创新中央苏区红色文化的宣传平台和依托载体。中央苏区红色文化的宣传教育平台可以包括实体平台和网络平台两大阵营。传统的宣传载体主要依靠影视、戏曲创作和书籍等实体平台，宣传覆盖面有限。随着互联网技术的日新月异，以及智能终端的流行，红色文化的依托载体和传播路径也应与时俱进。充分利用新媒体、新技术，积极倡导和传播红色文化，扩大辐射面，推送丰富的、贴近群众生活的宣传教育内容。制作重大历史事件及其他红色文化资源的宣传片或微电影，通过微信、微博、电视频道以及公共数字平台等渠道大力宣传，提高中央苏区红色文化的传播力和影响力，营造积极的社会氛围。

### （三）发掘特色红色文化旅游，打造中央苏区红色文化品牌

红色文化是宝贵的不可再生资源。2014 年，习近平总书记在视察原南京军区机关时强调指出："要把红色资源利用好、把红色传统发扬好、把红色基因传承好。"大力发展红色旅游是创新传承与发展中央苏区红色文化、实现乡村全面振兴、全面建成小康社会的重要途径。以现代旅游为载体、红色文化精神为内涵，通过红色旅游推动红色文化资源转化，促进红色文化与经济融合发展，形成红色文化经济产业链，打造中

央苏区红色文化品牌。

中央苏区所涵盖的赣南、闽西等地区经济普遍欠发达，然而红色文化资源数量庞大、类型丰富、底蕴深厚，有瑞金中华苏维埃旧址群、龙岩古田会议遗址和中共粤闽赣边区党委机关旧址等著名的革命历史遗迹遗址，也有众多承载着革命战争历史的红色文物和红色故事。把这些红色文化资源优势转化为产业优势，打造具有地方特色的红色旅游精品路线，打造中央苏区红色文化党性教育主题品牌、博物馆、纪念馆品牌，既有利于弘扬和繁荣红色文化，真正发挥中央苏区红色文化在新时期的教育功能，又能为中央苏区培育新的经济增长点。

同时，应逐步改善各地区各自为战的状况，并逐渐打破地区行政隶属界限，实施整体布局，打造品牌。原中央苏区闽赣粤3省7市34个县（市、区）成立了中央苏区红色旅游联盟，以古田会址旅游区和长汀红色旅游区为主的连接江西瑞金、赣州、井冈山的"千里红色文化旅游长廊"也初显成效。未来，应在此基础上，进一步实现各红色文化产业区块在人才、信息、政策等要素上的共通互享，为中央苏区经济振兴增添新引擎。

## （四）发展红色文化创意产业，推动中央苏区红色文化创造性转化、创新性发展

传承是红色文化生存和发展的基础，创新则为其注入了不竭的动力。当前，利用文化创意产业来推动红色文化创造性转化、创新性发展，是红色文化发展的重要途径。着眼红色文化创意产品开发是推动红色文化产业结构优化、促进产业转型升级的战略选择。一方面在保持红色旅游产业优化发展的基础上，充分发展红色文化创意产业，给予红色文化创意产业在财政、土地、税收和人才等方面的政策扶持；另一方面把中央苏区红色基因融入文艺精品创作、影视业创作、红色读物出版发行、红色精神主题动漫制作等，深度开发红色系列文创产品以及相关衍生产品，极力打造原创IP设计品牌，实现红色文化的创新转化和活态传播传承。以现代科技为支撑，以品牌为重点，增加中央苏区红色经典文化的产品附加值，打造一条全方位的"上游开发、中游拓展、下游延伸"的红色文化产业发展链，促进中央苏区红色文化产业向高端化、数字化、集群化、创意化方向发展，带动中央苏区经济可持续发展。

**参考文献：**

[1] 纪念中央革命根据地创建暨中华苏维埃共和国成立 80 周年座谈会在京举行 [N]. 光明日报，2011-11-05，（003）.

[2] 毛泽东. 毛泽东选集（第一卷）[M]. 北京：人民出版社，1991.

[3] 关冠军，刘慧，王旭东. 红色文化塑造品牌：理论与实践 [M]. 北京：中国商务出版社，2019.

[4] 张文，王艳飞. 红色文化的当代价值及其实现路径 [J]. 人民论坛，2016（8）：126-127.

[5] 邱明华. 浅谈福建中央苏区红色文化的主要构建及保护传承 [J]. 福建党史月刊，2017（5）：53-56.

[6] 周云倩，刘园园，曹珍珍. 中央苏区的红色文化资源与产业发展研究 [J]. 探索带，2016（8）：248-249.

# 关于梅州市原中央苏区振兴发展
# 若干问题的探讨

连建文[①]

**摘　要：**国务院出台《关于新时代支持革命老区振兴发展的意见》，为梅州老区苏区发展注入了新的活力。梅州市各级各部门抢抓历史机遇，对照目标任务，逐条逐项吃透政策精神实质，围绕抓重点、补短板、强弱项的要求，推动老区苏区走高质量发展之路。本文从社会经济、基础设施、产业、生态环境等方面系统总结了近几年来梅州市贯彻落实中央苏区振兴发展政策对接落实情况及取得的成效，分析了存在的各种困难和问题，提出了进一步推动梅州苏区振兴发展的对策建议。

**关键词：**梅州；中央苏区；看法和建议

党的十八大以来，党中央、国务院先后出台了一系列支持革命老区和原中央苏区振兴发展的政策文件和规划，促进了老区苏区脱贫攻坚和全面建成小康社会目标的实现。特别是国务院专门印发的《关于新时代支持革命老区振兴发展的意见》，进一步明确了新发展阶段支持革命老区振兴的主要任务、重点领域和主要政策措施，提出了到2025年，革命老区居民收入增长幅度高于全国平均水平，到2035年，革命老区与全国同步基本实现社会主义现代化，居民收入水平显著提升的目标，这都体现了党中央、国务院对革命老区苏区振兴发展的高度重视。2021年8月19日，广东省专门召开了电视电话会议，对广东省老区苏区的振兴发展作了全面部署，提出了新的贯彻落实意见和具体工作措施，对广东省推进老区苏区振兴发展具有重要的现实意义。

---

① 作者简介：连建文，梅州市老区建设促进会副会长、梅州市乐善扶贫基金会会长、三河坝干部学院客座教授。

# 一、老区苏区政策的出台，推动了老区苏区的振兴发展

## （一）产业得到长足发展，实体经济稳中有增

建成国家和省现代农业产业园 15 个，累计培育省重点农业龙头企业 150 家，新增"一村一品、一镇一业"国家级示范村 13 个，省级专业村 158 个、专业镇 19 个，梅州柚、嘉应茶、客都米、平远橙、寿乡水等优势产业加快发展，获批 5 个国家级、3 个省级电子商务进农村综合示范县；先进制造业、高技术制造业增加值占规模以上工业增加值比重分别提高到 23.5% 和 16.6%，规模以上工业企业达 489 家，2020 年实现规模以上工业增加值 227.94 亿元；[①]"客都人家"文旅综合体一期建成开放，客家博物馆升格为国家一级博物馆，梅县区成功创建国家级全域旅游示范区；广药王老吉、采芝林等新项目顺利投产，"世界长寿之都"通过认证。

## （二）公共服务水平得到优化，群众幸福感不断提升

坚持把八成以上财力用于民生领域，不断增强人民群众的获得感、幸福感、安全感。2020 年，全市居民人均可支配收入为 23873 元，比上年增长 4.2%。圆满完成脱贫攻坚目标任务，14.5 万多名建档立卡相对贫困人口和 349 条省定相对贫困村全部脱贫出列，城乡低保等 6 项底线民生保障水平逐年提高，成功创建"广东省推进教育现代化先进市"，加快建设健康梅州，市中医医院成功创"三甲"，县级"二甲"中医医院、基层医疗卫生机构中医馆实现全覆盖。

## （三）打好红色招牌，生态文明建设效果显著

擦亮红色招牌，持续推进红色文化公园、中央苏区（广东）历史博物馆、广东梅州革命历史纪念馆、广东梅州革命烈士纪念馆等"一园三馆"和三河坝干部学院等项

---

① 资料来源：梅州市人民政府网站。

目建设，12个"红色村"党建示范工程建设达标，数量居全省第一，其中3个村入选中央委员会组织部"红色村"组织振兴试点村。通过大力弘扬红色文化，拍摄电影《生死坚守》，创作民族歌剧《血色三河》等一批优秀文艺作品，大力弘扬苏区精神。与此同时，把红色资源开发和生态保护结合起来，通过开展"绿满梅州"大行动，不断提高森林覆盖率，积极谋划山水林田湖草沙一体化保护和修复工程，积极做好碳中和工作，不断提升生态发展水平。

# 二、老区苏区振兴发展存在的问题

## （一）经济发展水平差距大

以梅州原中央苏区为例，经济社会发展水平远低于全国、全省平均水平以及周边和同类地区。2020年，全市GDP总量（1207.98亿元）仅占全省的1.1%，在全省倒数第五；在全国7个全境原中央苏区市中倒数第二，仅相当于赣州市（3645亿元）的33.1%、龙岩市（2871亿元）的42.1%、三明市（2702亿元）的44.7%；在全国13个革命老区重点城市中也是排在倒数第二，放到经济欠发达的贵州省也是排在倒数第三。人均GDP（27547元）长期处于全省末位，远低于全国、全省平均水平，仅为全国、全省平均水平的39%、29%，仅相当于赣州市（约42000元）的65.6%、龙岩市（约10万元）的27.5%、三明市（约107900元）的25.5%。居民人均可支配收入（23873元）仅占全国（32189元）的74.16%、全省（41029元）的58.18%，相当于龙岩市（30403元）的78.5%、三明市（30302元）的78.8%。从表1中邻近县的各项经济指标分析也表明梅州经济发展差距更大。

## （二）享受扶持政策差异大

赣州、龙岩享受的国家层面扶持政策远多于梅州。赣州享受财力转移支付、中央预算内投资执行西部政策、国家机关对口援助、企业所得税减按15%执行四大方面政策，执行西部地区政策基本到位；龙岩在中央预算内投资方面从参照执行到执行西部

表1 大埔县与周边县（区）主要经济指标情况

| 指标<br>单位 | 地区生产总值（GDP）<br>（亿元） | | | 人均GDP<br>（万元） | | | 规模以上工业增加值<br>（亿元） | | | 固定资产投资<br>（亿元） | | | 一般公共预算收入<br>（亿元） | | |
|---|---|---|---|---|---|---|---|---|---|---|---|---|---|---|---|
| | 2010年 | 2020年 | 增长<br>（%） | 2010年 | 2020年 | 增长<br>（%） | 2010年 | 2020年 | 增长<br>（%） | 2010年 | 2020年 | 增长<br>（%） | 2010年 | 2020年 | 增长<br>（%） |
| 梅州市 | 612.4 | 1208 | 97.3 | 14554 | 27096 | 86.2 | 166.0 | 227.9 | 37.3 | 196 | 632.3 | 222.6 | 39 | 88.2 | 126.4 |
| 大埔县 | 44.6 | 91.1 | 104.2 | 11888 | 23968 | 101.6 | 7.3 | 12.2 | 67.5 | 20.7 | 73.6 | 255.3 | 3.0 | 7.2 | 135.2 |
| 永定区 | 111.7 | 285.8 | 156.0 | 30786 | 73975 | 140.3 | 43.4 | / | / | 54 | / | / | 7.2 | 16.1 | 124.5 |
| 平和县 | 87 | 254.5 | 192.5 | 17599 | 53000 | 201.2 | 13.2 | 44.5 | 238.4 | 24.3 | 84.4 | 247.9 | 4.2 | 8.9 | 112.4 |

1. 2010年，大埔县GDP占全市的7.28%，全省的0.098%，人均GDP为全市的81.68%，全省的25.3%。2020年，大埔县GDP占全市的7.54%，全省的0.082%，人均GDP为全市的88.5%，全省的24.9%。

2. 2010年，永定区GDP是大埔县的2.5倍，人均GDP是大埔县的2.6倍；平和县GDP是大埔县的1.9倍，人均GDP是大埔县的1.5倍。2020年，永定区GDP是大埔县的3.1倍，人均GDP是大埔县的3.1倍；平和县GDP是大埔县的2.8倍，人均GDP是大埔县的2.2倍。

资料来源：梅州市人民政府网站、龙岩市人民政府网站、漳州市人民政府网站。

政策，而且在基础设施建设、农业农村、城市建设、环保用地、社会事业、社会保障等方面参照执行西部政策；而梅州享受国家层面政策仅限于在安排中央预算内投资资金方面参照执行西部政策，以及革命老区转移支付和原中央苏区财力补助政策。而且，在中央预算内投资参照执行西部政策方面，国家发展和改革委员会在安排中央预算内投资资金时对广东按东部地区下达项目资金，项目领域和切块资金比中部和西部地区少，相当一部分政策的扶持范围不包括广东。中央苏区财力补助和革命老区转移支付方面，赣州、龙岩每年每县获中央补助 4400 万元左右，梅州每年每县获中央补助仅1900 万元左右。对口帮扶方面，2021 年 4 月 21 日，国务院办公厅印发了《新时代中央国家机关及有关单位对口支援赣南等原中央苏区工作方案》，对口支援赣南等原中央苏区工作，对口支援单位包括 63 个中央国家机关及有关单位，受援地包括江西省赣州市、吉安市、抚州市和福建省龙岩市、三明市所辖共 43 个县（市、区），而梅州未享受此政策待遇。

### （三）干部使用不持续

作为对当地工作最熟悉的老区苏区干部，对推进老区苏区振兴发展发挥着巨大的推动作用。而保持老区苏区干部使用得相对稳定，事关老区苏区振兴发展目标的实现。据调查了解，某些地方曾出现一段时期内，党委或政府主要领导频繁调动的情况，这对当地老区苏区振兴发展工作的延续性较为不利。为了老区苏区振兴发展工作得以相对稳定和延续，保持老区苏区干部使用得相对稳定，应同时加强干部的培养和教育，提升干部的领导能力和协调能力，这对加快推动老区苏区振兴发展有着极为重要的现实意义。

## 三、对中央苏区政策若干问题的看法和建议

### （一）砥砺奋进前行，促进新时代老区苏区振兴发展

党的十八大以来，习近平总书记多次调研老区苏区，多次在重要会议、重要场合

作出重要指示，要求我们永远不要忘记老区苏区人民。2021 年 8 月 19 日，李希书记在全省推动老区苏区振兴发展会议上提出了三点意见，为今后的振兴工作指明了方向。我们要不忘初心、牢记使命，把总书记的亲切关心省委、省政府的厚爱转化为梅州苏区振兴发展的生动实践：一要善于横向比较总结经验。从综合分析来看，近年来，赣州、龙岩周边兄弟市通过争取原中央苏区政策、利用国家扶持，实现了经济社会的快速发展，这既提供了成功模式和宝贵经验，同时也带来了巨大压力，梅州必须抓紧"补课"、奋起直追，否则发展差距会越来越多。二要善于"跑部前进"争取政策。2021 年，国务院印发了《关于新时代支持革命老区振兴发展的意见》，但这并不代表政策优惠会自动上门，需要我们进一步主动出击对接、有的放矢争取、科学有效利用，否则对接成果将无法巩固和提升。"发展靠项目、项目靠资金、资金靠争取"。地方党政领导要亲自抓、带头跑，分析地方发展的痛点难点、特色优势，精准对接政策扶持重点，找高质量项目"进笼子"。

## （二）传承红色基因，打造苏区振兴的"金山银山"

按照李希书记"铭记光辉历史、传承红色基因"的要求，我们要与时俱进，大力焕发红色资源的新时代价值，把苏区精神发扬光大，用政治上的"绿水青山"创造苏区振兴的"金山银山"。一要全面挖掘苏区的重要人物、重要事件，积极开展党史学习教育，接受革命洗礼，坚定理想信念，全面提升党员干部的精气神，这是苏区振兴的根基。二要把握时代机遇，利用红色交通线题材电视剧热播契机，创作一批和本地历史事件相关联的红色题材文艺精品、打造一批红色村、修缮一批革命旧址，完善相应的文化、休闲、服务和标识等配套设施，串珠成链，打造一批红色旅游精品路线，让苏区文化精髓得到传承，让红色资源创造经济效益。

## （三）勇于担责担当，真抓实干促振兴发展

推动老区苏区振兴发展，关键是要抓重点、补短板、强弱项。笔者认为要做到以下几点：一要摸清家底。制约梅州发展的瓶颈是什么（如基础设施落后、实体经济不发达）？我们的优势是什么（如生态优势、红色资源丰富）？我们能够打造的主导产业、特色产业是什么（如旅游、特色农业）？老百姓最关心的是什么（如实现稳定增收、家门口就业）？这些都是必须先搞清楚的问题。二要吃透政策。梅州苏区现在能享受的政

策有哪些？这些政策在抓重点、补短板、强弱项方面如何运用？必须积极争取落地的政策又有哪些？国家发展和改革委员会非常重视梅州苏区振兴发展，为适应新形势、新任务、新要求，落实好对包括梅州市在内的赣闽粤原中央苏区"在安排中央预算内投资和国外优惠贷款等资金时，参照执行西部地区政策"。但是，广东作为赣闽粤原中央苏区三个省中的一个，执行的标准不相同，也考虑到广东是经济大省，使得税收政策和西部政策执行差别化。近年来，广东致力于打造粤港澳大湾区建设，梅州应声而起，全力支持，千方百计让梅州成为粤港澳大湾区建设的"菜篮子""米袋子""果盘子""茶罐子""水缸子"，实现"五子登科"。随着珠三角的快速发展，梅州和省内其他城市的经济差距越来越大，和江西、福建老区苏区的差距也不断拉开。因此，笔者建议要以"全省一盘棋"的思想统筹老区苏区振兴发展，把老区苏区在新发展阶段实现高质量发展放到全省的发展大局来一起考虑，把协调发展放在更加重要的位置，不断增强发展的整体性，让苏区人民过上更好的生活。三要狠抓落实。《关于新时代支持革命老区振兴发展的意见》在面向全国所有革命老区的支持政策中，支持梅州、赣南等原中央苏区和海陆丰革命老区的政策也有多项，有些政策支持目前还是原则性的。对此，要加强对此政策的研究，对接好国家重大区域发展战略，认真贯彻执行。在执行过程中省的层面不能解决的问题，要及时向上报告，争取国家层面更为具体的支持，真正把政策落到实处，促进区域协调发展，为梅州苏区做出更大的贡献。

### （四）完善激励机制，激发苏区干部办事热情

发展离不开人才。随着老区苏区振兴工作的不断开展，人才不足的情况日益凸显，人才的培养、引进存在短板和严重不足，老区苏区"求才若渴"。此事事关老区苏区振兴发展大局，成为亟须面对和解决的问题。一要完善引人、育人、用人政策，完善人才培养政策，健全人才引进机制，落实老区苏区县域内人才培养使用制度。对长期在欠发达老区苏区工作的干部、专业技术人才，要加强专门的业务培训，并对做出突出贡献的干部优先提拔使用等。二要完善人才交流机制。鼓励中央机关、企事业单位到老区苏区对口帮扶或交流挂职，省有关部门"三支一扶"计划招募人员应向老区苏区重点倾斜，不断充实老区苏区发展的原动力。三要注重"本地取才"。老区苏区振兴发展不是一朝一夕的，必须用心、用情、用功，才能更好地推进老区苏区振兴发展。在提拔使用干部时，组织要把更多的目光放在"本地取才"上，大胆提拔使用一批更熟

悉苏区情况，有激情、有情怀、能吃苦的干部，确保干部队伍的稳定性和工作的延续性，更有利于推动老区苏区振兴发展。

## （五）精准对口帮扶，提升苏区发展造血能力

根据《关于新时代支持革命老区振兴发展的意见》关于"优先支持将革命老区县列为国家乡村振兴重点帮扶县"的政策精神，建议将梅州苏区县列入省乡村振兴重点帮扶县，让老区苏区人民与全国人民共享全面小康成果。梅州是广东省内唯一一个全域属苏区的市，可以采取"组团式"帮扶团队，帮扶的方面可以是教育、文化、旅游等，实施精准对口帮扶，不仅能带来先进的工作思路，也能带来凝心聚气的工作作风和理念，提振梅州苏区发展的信心，让梅州有发展的后劲！

**参考文献：**

国家发展改革办公厅关于支持梅州苏区振兴发展有关情况的报告［Z］. 2018-08-28，http：//www. gov. cn/zhengce/content/2021-02/20/content-5587874. htm.

# 构建赣南等原中央苏区生态振兴之路[①]

黄仕佼　陈崇立　杨　鑫[②]

**摘　要：**根据国务院印发的《关于新时代支持革命老区振兴发展的意见》，党和政府着手发挥赣州"国家森林城市"的区位优势，切实推进赣南等原中央苏区的生态文明建设，实现原苏区的高质量发展。因此，赣南等原中央苏区可结合其他地市的先进经验，从建设生态园林城市、生态森林乡村、"生态+"绿色产业等方面出发，走出一条以生态发展为核心的振兴之路，以更高标准建设新时代革命老区的"赣州样板"。

**关键词：**赣南等原中央苏区；生态文明建设；赣州样板

## 一、引言

2021 年，正逢习近平总书记视察赣南两周年，也是赣州市"十四五"规划的开局之年。对赣南苏区，对赣州，习近平总书记一直念念不忘。他多次表示："党的十八大以来，我非常关注江西工作，关注老区，特别是赣南等原中央苏区的振兴发展，关注老区人民生活。"而赣州，作为"国家森林城市"，在生态领域的建设更是具有得天独厚的优势。因此，坚持绿色转型，适当借助其他地市的先进经验，助力赣南苏区走

① 基金项目：本文系江西省高校人文重点基地项目"赣南苏区红旅融合发展的驱动机制与创新路径研究"（JD21032）；江西省高校人文重点基地项目"大数据背景下地方政府数据治理体系的创新路径研究"（JD20073）的部分研究成果。

② 作者简介：黄仕佼，江西师范大学国际教育学院教师。陈崇立，江西师范大学商学院学生。杨鑫，江西师范大学商学院教师。

"生态"振兴这条创新路，正是不忘习近平总书记"在加快革命老区高质量发展上作示范"的殷切嘱托，也是对习近平总书记"绿水青山就是金山银山"理念的最好诠释。

# 二、赣南苏区生态振兴的条件分析

## （一）地理环境因素

赣州作为江西森林覆盖率最高的城市，被誉为"生态王国"，可谓我国南方地区的重要生态屏障之一，它也是东江流域生态保护与修复和赣粤闽边绿色发展的先行区。而打造新时代革命老区的"赣州样板"，离不开打造生态资源保护的"示范样板"。除此之外，赣州作为江西省面积最大、人口最多的城市，还是连接粤、闽、湘三地，实现四省通衢的重要枢纽，其区位优势可见一斑。

但就目前而言，赣州作为省域副中心城市的地位不够凸显，未能很好地结合城市丰富的生态资源，具体表现如下：

第一，生态价值转化程度不高。赣州本地区的翠微峰、峰山、阳明山三大国家森林公园存在创新化、系统化的生态资源保护、开发、利用程度不大等问题。

第二，地域辐射集聚作用有限。赣州作为四省通衢之地，与粤港澳大湾区"两小时经济生活圈"的融入程度不强，尤其在交通的互联互通上，未能很好地接受粤港澳大湾区的辐射，打造成为大湾区的最美"后花园"。

## （二）政策机制因素

根据国务院印发的《关于新时代支持革命老区振兴发展的意见》，到2025年，革命老区生态环境质量持续改善；到2035年，革命老区形成生态环境优美的发展新局面。政策支持赣革命老区因地制宜，促进绿色转型发展。而对于赣南苏区而言，最大的福祉莫过于通过生态保护补偿机制、产权激励机制等手段，守住生态"红线"，构筑起长江流域乃至整个南方地区的生态安全屏障。此外，政策很好地弥补了产业层次不高等问题。根据"产业生态化"和"生态产业化"的相关理念，支持发展以节能环保、清洁生产、清洁能源为核心的绿色产业，通过构建完整的绿色生态产业体系，为走出一条生态振兴路添砖加瓦。

另外，根据《赣州市国民经济和社会发展第十四个五年规划和二〇三五年远景目标纲要》，赣州计划打造对接融入粤港澳大湾区桥头堡和建设省域副中心城市，注重推进与粤港澳大湾区的产业协作，尤其注重"生态+产业"这一链条在绿色农产品对接上的深度融入，打造一批面向粤港澳的"菜篮子""果园子"基地。

### （三）人文环境因素

实现生态振兴，除了"天时地利"，更重要的是"人和"。这里的"人和"，不仅囊括了政策制度上的扶持支撑，还包括生态理念的落地落实，具体表现在以下三个方面：

第一，从生态观念的宣传上看，生态理念的形成目前还处于一个较为传统的阶段。尽管民众对"两山"理论已经有了初步的认识，也对目前国家实行的"垃圾分类""河长制"等制度能够普遍接受并执行，但论及程度并不乐观。以森林公园等自然保护区为例，目前人们对这类生态资源的概念还停留在传统的游览观光，尚未充分认识到森林等生态资源所蕴含的潜在价值。归根结底，"生态+"的理念并未深入人心。

第二，从环保材料的应用上看，大到行业、小到民众的使用情况仍不理想。目前，国家正在实行碳达峰行动计划，仅以赣州为例，从大街小巷里的较低"绿牌""出镜率"，到手边外卖和快递包装的较高塑料"使用率"，如是观之，根植环保的深厚土壤并非朝夕。另外，在农村产业发展滞后的现状下，城乡地区的环境污染问题仍然十分严重。因此，"无废"的城乡一体化建设任重而道远。

第三，从基础设施的建设上看，赣南苏区在"新基建"方面仍有不到位之处。红色文化作为当地的一面"金字招牌"，未能与其丰富的生态资源实现"战略性互补"，迸发"宜居宜业更宜游"的革命老区活力。而在"乡镇"一环，赣南苏区并未很好地根植其深厚的革命土壤，合理保存、规划、开发革命老区尤其是在乡镇地区的历史风貌，实现"两山"理念的合理转化。

# 三、福建各地市的先进实践经验的分析

## （一）福州的实践经验

福建福州，与赣州一道同为"国家森林城市"，在生态振兴之路上有着自己的"话语权"。在城市空间的利用层面，福州着力打造"生态城市"，坚持同一种市树——"榕树"的遍植方针，全面推广"林长制"，使满城的绿意看得见、留得住、管得着；合理规划国家森林公园的建设，充分发挥森林资源的价值，创新性地将生态与文旅相结合，打造了一批科学文化内涵丰富、观赏价值较高的植物园区，包括各类盆景观赏园、珍稀植物园、茶园、榕树景观区及森林博物馆等。

此外，福州政府部门联合相关行业"内外兼修"，出台一系列配套保障措施，打造城市的生态交通：其一，政府采取"以奖代补""贷款贴息"等方式，设立专款专用的环境保护技术研发专项基金，为相关企业提供资金支持和风险承担；由行业制订奖惩方案，对企业员工下达节能减排等有利于生态保护的考核指标；其二，政府通过完善配套设施的用地建设——如协调加气站、充电站的选址规划，落实输气管网、充电网络和场站等配套设施，以实现"油改气""气电混合"的发展。

## （二）武夷山的实践经验

福建武夷山在生态振兴之路的建设中，率先提出"三大创新"，即"武夷品牌、生态银行、水美经济"，于赣南苏区而言，有诸多可复制、可推广、可实践之处。

"武夷山的水品着喝"是其打出的一句广告词，更是其打出的一道"地方招牌"。仅由"武夷山的水"这一点，就能催生出一条较为完整的生态资源"价值线"：武夷山的水孕育了武夷山茶，催生出特色鲜明的武夷岩茶等茶业，茶业领域的龙头企业带动家庭农户，最终惠及当地百姓——通过建立茶叶等特色农产品电商平台，百姓足不出户，"钱袋子"就鼓了，生态也美了。

另外，在打造"生态银行"上，武夷山发挥其自然资源价值，创新性地发展出

"运动+""康养+"等生态服务业。环武夷山国家森林公园正是一个较为成功的例子。该公园大力发展世遗观光、旅行观光、体育休闲等互动性、体验性强的文旅融合项目，仅"体育休闲"一部分，该公园就已举办了武夷山国际马拉松赛、全国性龙舟赛、郊野钓鱼赛、大武夷超级山径赛等大型赛事。

### （三）长汀的实践经验

福建长汀，自古为闽、粤、赣三省边陲要冲，被誉为"福建省的西大门"，更是闽西苏区的核心城市、中央苏区的核心地区。它的生态振兴之路，可谓是打开了一扇通向康庄大道的大门。

第一，依托其丰富的林地资源、优良的生态环境，长汀因地制宜，走出了一条"生态产业化，产业生态化"的生态旅游之路。庵杰乡的汀江源国家自然保护区就是一个成功案例。该景点以"鲤跃龙门"为主题，充分利用汀江源变化多端的生态地形，打造由险滩、田园风光带、摩崖雕刻群等自然景观组成的"汀江源龙门漂流"路线，为打出"天下客家第一漂"这一生态旅游品牌奠定了坚实基础，更为保护"一江两岸"献出了绵薄之力。

第二，在水土流失的治理上，长汀也积攒了一套从生态保护到生态治理再到生态修复的"长汀经验"。长汀牢记习近平总书记对水土流失治理提出的"进则全胜，不进则退"的嘱托，确定了治山与治水、治理与保护、政府主导与群众主体、社会参与"三个结合"的治理思路；类比生态效益补偿机制，提出"谁治理、谁投资、谁受益"这一原则，鼓励当地农林业进行退耕还林，以"生态产业"这一小支点撬动"水土治理"这一大工程。这里的"林"，是指如油茶、板栗等经济农作物的树苗，既能减轻水土承载力，提高水土流失的治理效益，又能增加苏区人民的创收，走出了一条兼顾生态建设与经济发展的可持续发展之路。

# 四、赣南苏区打造新时代革命老区
# "赣州样板"的可行性探索

## （一）特色农业扩优势

森林资源丰富的赣南苏区通过培育一批具有特色优势的农业集群，打出独具特色的"赣南品牌"，照样能续写生态美好、百姓富裕的苏区故事。借鉴武夷山的"武夷品牌"策略，运用"龙头企业+合作社+职业农户"的组织模式，推进农产品的标准化生产；以绿色食品、有机农产品为宣传点，加强特色优势产品的认证，提高品牌影响力和公信力，真正让赣南的油菜走进千家万户、赣南的脐橙享誉中国大地。

## （二）传统工业速转型

第一，坚持以绿色为特色导向，积极争取和引导绿色技术创新企业"走进来"。围绕该类型企业的培育，重点扶持绿色产业的龙头企业，包括新材料、新能源汽车等新型制造业。以新能源汽车为例，赣南苏区可以充分借鉴福州的先进实例，在技术创新层面，加速发展氢燃料电动车等新能源汽车的发展。

第二，坚持"生态+科技"，推进中重稀土、钨等污染型产业的转型升级。以"节能降耗"为目标，覆盖"工厂—园区—供应链企业"各个环节，提高准入门槛，促使企业进行技术改造，打造一条低碳、循环、绿色化的生产链条；完善5G、工业互联网、物联网等新一代信息基础设施建设，借助引领工业的转型发展。

第三，坚持引进和培育创新型人才，助力传统工业的创新驱动发展。积极推动赣州地区的"苏区之光"人才计划、"赣才回归"工程、"赣州工匠"培育计划等人才引进计划；共建如中国科学院赣江创新研究院、国家钨与稀土产业计量测试中心等研究绿色高效利用的科技创新平台，以推进"中国稀金谷"的建设。

## （三）生态林业守红线

坚守"生态保护红线"这一前提是解决赣南苏区生态问题的关键。与此同时，也须化被动为主动，推陈出新，将"横向修复"与"竖向治理"有机结合，将生态林业建设与"美丽乡村"建设适当融合，打造山水林田湖草综合治理样板。

第一，注重乡村环境的整治与升级，把乡村建立成生态林业治理的"示范中心"。"美丽乡村""美"在哪？就"美"在其生态宜居，而目前存在的乡村环境"六乱"等"疑难杂症"，倘若没有"药到病除"，生态林业建设的脚步也会举步维艰。前文已经提及，福建武夷山发展"水美"经济的一个大前提，就是打造水美乡村。就污水治理，武夷山深入开展"清河行动"，推进乡镇污水管网全覆盖，梯次实施农村污水治理，打造水保示范园。因此，借鉴福建武夷山的成功经验，赣南苏区可以将"森林"这一林业资源进行生态效益的合理转换，着力发展以休闲游憩为核心的保健旅游，重点招徕森林休闲度假的中老年游客，积极引导、扶持一批"康养+"等生态服务业走进自然，如建立森林浴场、森林休疗所、健康步道等休闲设施和场所，将赣南苏区打造成全国知名的康养基地。

第二，打造乡村山水林田湖草综合治理样板，离不开乡村在规划开发中开出生态林业的"守护良方"。除了前文提到的，利用"生态+保健"等进行创新型治理，更需要深挖赣南苏区的红色文化，在"生态+红旅"这一特色导向上下足工夫。生态林业，亟须与赣南苏区的文化互利共赢地"守"。因此，做好乡村的"硬软件"建设，在补齐乡村基础设施短板的同时，保存历史风貌，划定乡村建设的历史文化保护线，合理规划开发古建筑遗址，完善乡村文旅服务，实现"生态林业"在结合"生态文旅"和"美丽乡村"后的价值最大化。

第三，赣南苏区书写生态林业路、生态振兴路的历程，归根结底，是革命老区人民书写奋斗史的历程。但这一"奋斗史"如何书写？需要动员老区人民自上而下、劲往一处使。因此，借鉴长汀"三个结合"的治理思路"三管齐下"：对于政府有关职能部门，建立生态环境保护与监察机制，对环境的监测管理信息做到实时透明全公开，并利用大数据平台及时进行前端预警与后端反馈；借鉴城镇的"污染者付费+第三方治理"，设置林权生态补偿制度，哪里的"青山"看不见了，哪里就由相关责任人负责补偿；另外，对于民众这一主体，一方面鼓励个人利用"舆论监督"这一"利器"间接参与生态林业的综合治理，另一方面鼓励社会团体利用生态保护修复的产权激励机制，通过租赁、置换、合作等方式规范流转集体林地，在筑牢生态林业建设的同时，实现生态屏障功能最大化。

**参考文献：**

［1］王忠君. 福州国家森林公园生态效益与自然环境旅游适宜性评价研究［D］. 北京林业大学硕士学位论文，2004.

［2］方雪娇. 城市新能源公交车辆发展策略研究——以福州为例［J］. 福建建筑，2015（10）：45-50.

［3］中央党校第 46 期中青一班学员调研课题组. 做好山水特色文章探索绿色发展新路——福建省南平市践行"两山"理论的探索与实践［J］. 发展研究，2019（10）：66-70.

［4］常言. 既要金山银山　更要绿水青山——长汀县持续推进水土流失治理与生态文明建设［J］. 福建党史月刊，2020（2）：14-18.

［5］席月. 生态文化嵌入森林康养产业融合发展策略研究［J］. 经济研究导刊，2021（21）：26-28.

# 夜市赋能老区经济发展的策略研究

## ——以南昌市为例

江　玲　汤珂珂①

**摘　要：**"夜间经济的繁荣能进一步提高服务业发展水平，提高服务业在产业中的比重，是推进经济结构调整、加快经济发展方式转变的重要推手。"越来越多的数据和事实也表明，夜间经济已成为新的消费增长点，在扩内需、促消费、稳就业等方面能够产生积极作用，本文以江西省南昌市为例，探讨南昌市发展夜间经济的潜力，并据此提出相应的对策。

**关键词：**夜市；经济；旅游

在如今新冠肺炎疫情常态化防控的情况下，"六保""六稳"问题仍旧是党和国家关心的大事。基于此，江西省积极探索相关解决方法，在已出台的《关于进一步激发文化和旅游消费潜力的实施意见》中提出要着力推进夜间经济发展，鼓励各地挖掘历史文化内涵，大力开发驻场演艺、公园夜游和沉浸式夜生活体验项目。以南昌市为例，南昌市在 2019 年 6 月出台《南昌市进一步促进夜间经济发展三年行动方案（2019—2021 年）》中明确南昌将用三年时间打造一座"不夜城"，把"夜游洪城""夜赏文创""夜品佳肴""夜购潮货""夜习科普""夜健体魄"作为打造南昌特色夜间经济活动的主要工作。

---

①　作者简介：江玲，江苏太仓，江西师范大学马克思主义学院、苏区振兴研究院硕士研究生，主要研究苏区经济。汤珂珂，河南固始，江西师范大学马克思主义学院硕士研究生，主要研究马克思主义发展史。

# 一、发展"夜间经济"消费潜力分析

## （一）居民消费能力逐年提升

居民可支配收入是衡量居民消费水平的重要指标。2020 年，江西省全省居民人均可支配收入 28017 元，比上年增长 6.7%，高于全国平均水平 0.2 个百分点。居民人均消费支出 17955 元，比上年增长 1.7%，高于全国平均水平 3.3 个百分点，居民消费能力日益提升。且相关数据显示，截至 2020 年江西省社会消费品零售总额突破 10000 亿元大关，达 10371.8 亿元，比上年增长 3.0%，社会购买力不断增强，消费对经济的贡献愈加突出；其中，2019 年餐饮业营业额突破千亿大关，达到 1095.4 亿元，同比增长 15.5%（见表 1），餐饮业零售额规模日渐扩大，更表明了江西省居民在消费方面的巨大潜力。

**表 1　2015~2020 年江西省餐饮业零售额情况**

| 年份 | 零售额（亿元） | 同比增长（%） |
|---|---|---|
| 2015 | 693.5 | 10.3 |
| 2016 | 743.2 | 16.8 |
| 2017 | 805.8 | 8.3 |
| 2018 | 951.8 | 15.9 |
| 2019 | 1095.4 | 15.5 |
| 2020 | 855.6 | 0.5 |

资料来源：江西省统计局。

## （二）年轻化的消费群体占据多数

吉利联合高德地图发布的《中国城市夜宵消费趋势大数据报告》的数据显示，我国夜宵消费的主要人群年龄整体偏年轻，其中 90 后更是占据了九成的比例，40 岁以上夜宵消费的只占 14.5%（见图 1）。

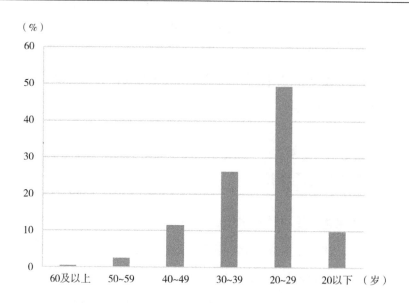

**图1　全国平均夜宵消费人员年龄分布**

资料来源：《中国城市夜宵消费趋势大数据报告》

从表2看出，江西省夜宵消费人员中，15～64岁的人口占了70.0%的比例，年轻指数排名居全国前列，在发展夜间经济方面拥有一定的年轻化消费人群。

**表2　我国各省份年龄分布**

| 省份 | 人口总数（万人） | 分年龄段人口比例数（100%） | | |
|---|---|---|---|---|
| | | 0～14岁 | 15～64岁 | 65岁及以上 |
| 江西 | 4648 | 20.3 | 70.0 | 9.7 |
| 湖南 | 6899 | 19.5 | 68.0 | 12.5 |
| 湖北 | 5917 | 15.4 | 72.2 | 12.4 |
| 安徽 | 6324 | 18.6 | 68.2 | 13.2 |
| 山西 | 3718 | 15.6 | 74.1 | 10.3 |
| 河南 | 9605 | 21.3 | 67.6 | 11.1 |
| 广东 | 11346 | 16.9 | 74.8 | 8.3 |
| 上海 | 2424 | 9.8 | 75.2 | 15.0 |
| 江苏 | 8051 | 13.7 | 72.0 | 14.3 |
| 浙江 | 5737 | 13.7 | 73.3 | 13.0 |
| 贵州 | 3600 | 22.2 | 66.4 | 11.3 |
| 重庆 | 3102 | 16.9 | 68.6 | 14.5 |
| 四川 | 8341 | 16.4 | 68.6 | 15.0 |
| 广西 | 4926 | 21.9 | 68.1 | 10.0 |

资料来源：国家统计局。

### （三）配套政策不断完善升级

以南昌市为例，青山湖区出台了《青山湖区进一步促进夜间经济发展三年行动（2019—2021 年）》，计划用三年时间重点培育、建设、提升一批夜间经济消费街区，打造风格各异、适合夜间消费的"零售网点"，充分挖掘夜间消费资源，调整夜间商业业态，形成夜间经济产业聚集，创造良好的夜间发展生态圈。计划从梦时代广场、京东天虹等综合商业体的辐射力不断扩大，青湖欢乐街、何兴商业街等特色街区的升级改造，到青山湖万达的闪亮登场，龙湖天街、绿滋肴庙街项目如火如荼的快速推进……通过一系列举措敲响"夜间经济"的大门，打造形成一批标志性特色商业街、城市综合体、夜间经济消费街区等品牌项目，让夜间休闲消费成为一种生活习惯，有力地推动青山湖区服务业高质量发展，从政策角度保障夜间经济的顺利推行。

## 二、发展"夜间经济"策略研究

### （一）打造城市级"夜间经济"的基础支撑

1. 商旅联手共同优化营商环境

夜间相比日间，劣势在于人流量少而分散，交通相对不够便利，以及商业运营成本上升。因此资源集中、人流集中是夜间经济发展的核心。这就需要商务部来规划夜间经济的商圈，以便能够减少夜间交通的运营线路，将夜间活动的人流、商户集中起来，减少商户的运营成本，提高销售额，并且能够最大化地丰富消费者的夜间消费体验。此外，旅游部门在规划旅游线路的时候可以将夜间经济商圈划分在内，最大限度地将人"引进来"，商务部所做就是将人"留下来"，这样一"引"一"留"就补充了夜间消费的关键因素——人。

2. 完善相应的公共交通配套设施

夜间经济发展的一大关键性因素便是交通便利的程度，四通八达的夜间公交系统有助于人民的出行。因此，可以通过增设夜间公共交通班车，实施交通管理夜间服务，在夜间特定时段将部分街道调整为分时制步行街；增设夜间分时停车位，优化夜间停车收费标准，鼓励单位和商务楼宇的自用停车场在夜间向社会开放，增设夜间公交路线等；同时可以借助共享单车、共享汽车等方式扩大公共交通方式的覆盖面，增加有关共享车的停靠点、充电桩等，提升共享车的使用便利性。

3. 加强"夜市"的夜间管理，确保其安全与环保

革命老区可以效仿国外的成功经验，建立"夜间区长"和"夜生活首席执行官"制度，由各区分管区长和具有夜间经济相关行业管理经验的人员分别担任。采取针对式、人性化的管理避免占道经营、露天排放油烟、随意丢放垃圾等情况的发生，以及因为夜市所造成交通堵塞和空气污染使当地居民生活苦不堪言的情况发生。

## （二）创新夜间经济的业态与内容

### 1. 增添专职消费区域，形成夜间经济生态圈

首先，充分利用如今的大数据等科技手段，准确判断夜间经济的消费人群，适当延伸餐饮业这种以白天活动为主的服务行业，延长营业时间，鼓励购物中心、大型商场延长营业时间，引导品牌商超建设 24 小时便利店，并鼓励开展夜间推广、打折让利活动。还可以鼓励开展酒吧、KTV 等活动时间以夜晚为主、白天为辅的服务行业，专为傍晚和深夜打造，吸引特定人群。其次，考虑到目前的亲子活动，还可以引进夜间动物园、马戏团、儿童餐厅、儿童电影院等亲子项目；在八一广场、秋水广场等开敞空间增设夜间开放的儿童游乐场。最后，在"夜食"街区方面，以南昌主城区为重点区域，各城区特色区域为支撑点，规划及发展深夜食堂特色餐饮街区，培育特色精品夜市。对现有的热点街区进行规范提质，如紫荆夜市、蛤蟆街特色小吃街区等夜宵集聚地，同时政府可以开辟特定场地为地摊经济铺路，支持有条件的街道开展夜间特定时段外摆位试点，鼓励开展地摊经济、有序经营，这种经济可拓宽就业渠道，使作为弱势群体的小摊贩以极低的成本维持生存，无疑也缓解了一部分就业问题。

### 2. 加强街道亮点，提升夜间消费温度

利用南昌已有的街区，加强街道亮点。如中山路民国风貌主题路是本土书局聚集地，拥有较为知名地标大东书局、江西书局、健行书局等。除此之外，还有两家全国知名书局的分局，开明书店南昌分店和世界书局南昌分局，本身就自带一定的文化氛

围，在此基础上，对建筑外立面进行风貌整治，并充分挖掘区域历史文化内涵和现有书局文化资源，进行文化提升，打造建设中山文化墙，增添街巷的历史文化韵味；还可以推出 24 小时书店为夜晚的行人打造一个温馨的读书室，举办相关"夜半读书时""亲子读书会"等主题活动，凸显文化氛围，为白天上班的父母提供一个与孩子互动、增长知识的亲子互动区域。

3. 引进首店经济，激活夜间消费人群

为吸引大批游客以及本地市民，相关商场等可引入首店经济，激活夜间消费人群。上海是中国率先明确打造"首店经济"的城市。上海发布的 2018 年全年首店数据让上海"购物城市"的城市形象更加深入人心，紧随其后的是北京、成都等城市。2019 年 4 月，成都发布《关于加快发展城市首店和特色小店的实施意见》，明确将发展"首店经济"作为城市目标，并很快交出了令人满意的答卷。正如商务部国家高级智库专家向欣所说："'首店经济'反映出一个城市消费市场的敏锐度和成熟度，折射出营商环境的舒适度和开放度，也成为研判消费者市场、零售商经营信心的重要参数。"因此，引入首店经济，将更好地推动老区夜间经济的繁荣发展。

4. 开展特色主题活动，增添夜间经济趣味性

可以相应地举办一些话剧、音乐剧等演出，以及艺术、时尚等主题展览。譬如秋水广场的音乐喷泉活动可以邀请知名乐队驻扎演唱，也可以请大学生舞团、音乐社团加入，为大学生表演提供一个固定的场地，使秋水广场的受众人群更加年轻化、多样化；开展"寻味赣菜""探寻江右商帮""夜游青山湖""品味耕读文化"等主题活动，鼓励博物馆、植物园、书店、社区开展夜游夜宿、读书分享、户外露营等亲子"奇妙夜"活动，扩大夜间经济消费人群，增添夜间趣味性。

## （三）多态化的运营推广、宣传推介

1. 给予政策优惠，增强示范效应

首先，政府可以分发一定量的消费券，调动消费者的消费欲望，同时也为夜间经济做了一定的宣传。其次，政府可以仿效南昌出台相应的网红打卡点推荐位的评选活动，在活动中设置一定的评选标准，评选具备代表性的消费新场景打卡点，并给予一定的证书奖励，以此激发商户发展夜间经济的动力，同时培育发展 100 个品牌化、标志性夜间经济示范点位，统一组织宣传推广，增强示范带动效应。

2. 借助新兴宣传方式，扩大夜间经济的知名度

可以借助直播等新兴网络模式，邀请知名主播直播寻味南昌的过程，打卡夜间经济的网红餐点等，也可以入驻流量较大的短视频播放平台，拍摄类似"人生一串"的短视频获取网络点击量，增添夜间经济摊位的曝光量，吸引来赣人士的打卡、消费，推进夜间经济数字化、点亮夜间经济地图，营造全天候、全时段、全领域的消费氛围。

**参考文献：**

[1] 黄琴.青年文化赋能夜市新经济的观察——以姑苏夜市为例[J].江南论坛，2021（8）：21-23.

[2] 刘相琳.夜间经济点亮竞争赛道[N].中国国门时报，2021-08-03（007）.

[3] 许非.以"后浪"创意燃动夜经济[N].沈阳日报，2021-07-27（001）.

[4] 孟婷，黄二琴.夜经济 有特色才有活力[N].山西日报，2021-07-05（009）.

[5] 田雨晴."地摊经济"视角下城市商业街道空间更新设计研究[D].江西财经大学硕士学位论文，2021.

[6] 鲍红英.后疫情时代，"夜市经济"还能走多远[N].舟山日报，2021-07-16（004）.

[7] 陆鹏，连浩男.天津"夜间经济"发展的路径选择——基于台湾夜市的经验[J].经营与管理，2021（6）：165-168.

[8] 初佳俊.旅游业与夜经济融合探索——以济南环联夜市为例[J].旅游与摄影，2021（12）：14-16.

[9] 黄婧靓."地摊经济"发展存在的问题和对策[J].老字号品牌营销，2021（5）：45-47.

[10] 齐天宝.持续推动夜间经济发展 天津"夜津城"品牌上新[N].中国商报，2021-04-16（004）.

[11] 郑潇蓉.后疫情时代的夜经济——以"夜内江"小镇为例[J].城乡建设，2020（22）：26-27.

# 梅州苏区红色资源的创新发展

黄溉键①

**摘　要：** 梅州是广东唯一全域属原中央苏区范围的地级市，是一片有着光荣革命传统的红色土地。红色资源数量多、价值大、底蕴深，形成了鲜明的梅州名片。但在保护开发利用过程中也存在一系列现实问题。进入新的历史发展期，梅州应充分认识创新发展红色资源的必要性，着力解决现实问题，抢抓国家和省市支持梅州发展的重要机遇，充分挖掘利用丰富的红色资源，加强红色资源的保护管理，传承红色基因，弘扬苏区精神，促进梅州原中央苏区经济社会全面振兴发展，再创原中央苏区新的辉煌。

**关键词：** 梅州；苏区；红色资源；创新发展

梅州市位于广东省东北部，被誉为"世界客都"，是叶剑英元帅的故乡、著名革命老区、广东唯一全域属原中央苏区范围的地级市。梅州这片具有光荣革命传统的红色土地，不仅孕育了叶剑英、李坚贞、罗明、古大存等无产阶级革命家，周恩来、朱德、陈毅等中央领导同志也在这里留下了光辉的足迹。梅州具有丰富的红色资源，叶剑英元帅纪念园、三河坝战役、中共南方工作委员会、大埔红色交通线、红十一军、红色歌谣、红色诗词等有形和无形资源是红色中国的最好印证，充分利用好红色资源对梅州各方面事业发展具有促进作用。进入新时代，梅州要对自身红色资源进行充分估计，了解红色资源开发利用现状，认识到创新发展红色资源的重要意义，找准创新发展红色资源的方式方法，抢抓国家和省市支持梅州发展的重要机遇，有效地助推梅州经济社会高质量发展。

---

①　作者简介：黄溉键，广东梅州人，江西师范大学马克思主义学院 2020 级硕士研究生，研究方向为思想政治教育。

# 一、梅州苏区红色资源概况及存在问题

## （一）概况

所谓红色资源，是指中国共产党在领导中国各族人民进行革命斗争和现代化建设实践中所形成的，能够为我们今天所开发并具有重要价值意义的各种精神及其物质载体的总和。

就物质形态来说，梅州市各级党史部门普查统计数据显示，全市共有在册的红色革命旧址、纪念设施 366 处，其中重要革命历史事件和重要机构旧址 157 处、重要革命历史人物活动纪念地 76 处、革命领导人故居 50 处。其中具有代表性、知名度高的有以下几类：一是革命遗址旧址。包括中共中央九月来信传达地——松源同怀别墅、有"粤东井冈山"之称的梅南九龙嶂革命根据地、平远马图红四军旧址、丰顺红十一军军部旧址、大埔中共南方委员会旧址等。二是革命纪念园。有梅州市叶剑英纪念园、梅州市革命历史纪念馆、平远红军纪念园、长沙镇革命烈士纪念园、三河坝战役纪念园等。三是革命人物故居。有叶剑英故居、古大存故居、罗屏汉故居、张瑾瑜故居、李坚贞故居等。

革命精神、红色歌谣、红色诗词、革命文献、革命故事等构成了红色资源的文化形态。主要有叶剑英元帅胸怀国家、心系民族、一心为民的革命精神，罗屏汉、张瑾瑜夫妇追求真理、无私奉献、视死如归的理想信念，以及各种革命宣传标语、革命歌谣、革命歌曲等。

## （二）存在问题

梅州在加大对红色资源的保护、开发力度下足了许多工夫，不断出台各项政策措施，但在保护开发利用中仍存在重视不足、制度安排缺失、经费使用缺位、深度挖掘不足等现实问题。

1. 重视不足

由于历史原因和自身特点，红色资源的物质形态所处位置相对偏僻，在发展社会主义市场经济的背景下，当地更多注重经济社会发展，对红色资源保护、利用的意识缺位，不具备较强的红色资源保护、利用的使命感和责任感，观念认识上的不足也就导致了红色资源开发、保护、利用具体实践操作上的滞后。

2. 制度安排缺失

尽管我国早已颁发了《中华人民共和国文物保护法》，国务院也颁发了相关保护条例，但因红色资源涉及党史、文化、宣传、组织等较多职能部门，一些地方和部门主体责任不明确，保护、利用工作缺乏法律法规依据，在规划、执行、监管等相关的制度性规定上缺少对红色资源保护与管理、开发与利用的整体性规划，导致红色资源保护、利用、开发建设受限，亟须形成制度安排，做出系统规划。

3. 经费使用缺位

专项资金缺口大、不到位、利用效率差是梅州红色资源开发、保护、利用面临的又一大现实性难题。红色资源开发、保护、利用多靠财政扶持为主，竞争和发展意识不强，难以形成产业效益。如果不能保障红色资源专项资金的正常运转，加大投入经费，一些革命遗址、旧址就会有保护、修缮难题，面临毁坏甚至消失的风险，一些红色精神文化也会面临失声、失语、失传问题。

4. 深度挖掘不足

梅州对于红色资源的研究较浅，相关工作只停留在红色资源的史料调查、收集、整理、归类上，对于红色资源背后孕育的特质、内涵、精神缺乏深层次的挖掘，未能有效融入服务乡村振兴、经济社会发展中，科研成果也未能转化为经济效益，历史价值、教育价值、经济价值还远未挖掘。

# 二、梅州苏区红色资源创新发展的必要性

## （一）提升梅州红色文化影响力的必然途径

直到 2013 年 7 月，梅州才被中央认定为原中央苏区范围。相比江西、延安等著名

革命老区，梅州红色文化资源开发、保护、利用起步时间晚，各项工作相对滞后，政策支持相对有限，在一定程度上影响了梅州全域红色文化资源的有效整合与深度挖掘，也缺乏与时俱进的观念与宣传创新的方法，红色文化资源只在本地及周边地区有一定影响力，缺少在全国的辐射效应。创新发展梅州红色资源，就是要高举原中央苏区这面鲜明的旗帜，在红色资源的保护、开发、利用、宣传上下足工夫、共同推进，擦亮梅州苏区品牌，将梅州红色文化更形象、更生动地展现在广大群众面前，加快对外交流步伐，着力提升梅州红色文化在全国的影响力。

### （二）助推梅州高质量发展的必然措施

梅州作为广东省北部生态发展区，受制于地理环境及相关因素，经济发展滞后。2020 年全市 GDP 仅为 1200 亿元，在广东 21 地市中排名倒数第五，与相邻的同是革命老区的赣州、龙岩等城市相比更是相差一截，享受到的政策支持也有限，经济发展面临较大压力，不容乐观。必须加快转变经济增长方式，以新发展理念引领经济高质量发展。先进的文化对经济发展起积极的促进作用，梅州天然的红色文化资源是经济发展的助推器、营养剂。创新发展梅州红色资源，就是要把红色资源开发、保护、利用作为梅州经济增长新的重要支撑点、关键点，谋求经济发展与红色文旅发展新的契合点，这是立足本地实际为经济发展提供的一条创新发展思路，将有效培育发展新动能、增添发展新活力，实现红色资源与经济社会发展新飞跃。

### （三）传承红色文化的必然要求

梅州这块红土地发生了数不清的革命故事，谱写了一曲又一曲革命赞歌，形成了独特的红色文化物质资源和厚重的革命精神，在中国革命发展历程中也占有举足轻重的地位。进入新时代，梅州肩负着把红色资源利用好、把红色传统发扬好、把红色基因传承好的光荣使命，需要乘着新时代的东风跟上步伐，实现红色资源的创新发展，展现红色资源的时代风貌。创新发展梅州红色资源，就要大力挖掘、传承和发扬其中丰富的革命精神力量，引导广大党员干部和人民群众从红色文化的历史启迪中坚定理想信念，从红色文化资源的优良传统中汲取精神营养，把红色资源和革命传统转化为干事创业的重要动力，用好红色资源、讲好红色故事、传承红色文化。

# 三、梅州苏区红色资源发展的机遇与对策

梅州红色资源要想得到又好又快发展，必须着力解决现实问题，抓住发展的大好机遇，积极探索一条体现时代特征、具有地方特色的创新发展之路，使红色资源发展焕发出新的生机活力。

## （一）健全制度体系，用好政策红利

红色资源是进行爱国主义和革命传统教育最直观、最生动的教材，是不可再生的文化资源，必须采取有效措施，用心呵护、科学保护。2019 年 6 月，广东省委、省政府印发《关于进一步推动我省革命老区和原中央苏区振兴发展的意见》；2019 年 8 月，广东省委宣传部等部门联合实施《广东省红色革命资源保护利用三年提升行动计划（2019—2021）》；2021 年 1 月，《梅州市红色资源保护条例》正式实施；2021 年 2 月，国务院出台《关于新时代支持革命老区振兴发展的意见》，点名支持梅州等革命老区发展，广东省委、省政府专门召开会议贯彻落实这一重大政策。梅州需要充分利用好政策红利，深入学习解读政策，逐一落实责任单位，研究制定对接落实举措，认真谋划项目，盘活红色资源，使红色资源保护利用机制更加健全，红色革命文化发掘研究更加深入系统，红色革命遗址得到有效修缮保护，红色旅游开发更加充分，专项资金使用更有保障，红色革命文化资源的整体保护利用和传承弘扬更加有效，切实让政策红利转化成老区苏区的发展成果。

## （二）加强红色资源理论研究和对外宣传

红色资源是历史，也是现实，更是未来，既要继承红色资源，更要具备与时俱进的观念，展现红色资源的时代价值。近年来，梅州相继举办大埔县工农革命政府公安局历史定位研讨会和精神实质提炼研讨会、纪念古大存同志诞辰 120 周年大会、纪念"八一"起义军三河坝战役 90 周年学术研讨会、中央九月来信首次传达贯彻学术研讨会、拍摄制作了大型文献纪录片《从三河坝到井冈山》、电影《生死坚守》等一批红

色影视作品，编排了民族歌剧《血色三河》等一批优秀红色剧目，编写了《古大存军长》《梅州巾帼英雄谱》《梅县红色堡垒》等具有梅州特色的学习参考资料，开发了众多具有红色文化元素的创意产品，把红色资源搬上了荧幕和舞台，成为宣传梅州红色文化的又一重要阵地，提高了梅州红色文化的知名度和影响力。这些措施既是挖掘红色资源历史价值与时代价值的具体行动，也是活化利用红色资源、谋划苏区振兴发展的生动实践，实现了资政育人、文化传承、经济发展的统一。

### （三）"三色"融合发展，打造特色品牌

在广东省区域发展格局中，梅州被定位为粤东西北生态发展区，良好的生态是梅州发展的天然禀赋和独特优势。梅州作为国家历史文化名城，客家文化厚重，人文底蕴深厚。又因其红色资源的特性，红色旅游发展和生态环境保护具有天然的耦合性。这三大天然优势叠加在一起，为梅州走出一条"绿色+古色+红色"的融合发展之路提供了现实基础。《广东省红色旅游发展实施方案（2018—2021年）》《梅州市红色旅游发展规划（2018—2035）》等相关文件的出台，更为梅州发展红色旅游提供了政策支持。

要把红色资源保护利用和开展红色旅游结合起来，抓住发展红色旅游的有利时机，加强整合和包装，重点打造以"叶剑英元帅纪念园、三河坝战役纪念园、青溪红色交通线"为代表的红色记忆旅游。另外，要通过对现有的旅游资源进行挖掘整合，结合以"雁南飞、雁山湖"为代表的绿色休闲旅游，以"中国历史文化名镇、中国传统村落"为代表的古色遗迹旅游，形成"三色"旅游同步发展新格局，打响"红色梅州、绿色崛起"品牌。同时，要加快推进基础设施建设，完善旅游配套服务建设，深入挖掘和充分展现景区的历史内涵，充实布展内容、创新展示形式。

### （四）积极融入粤港澳大湾区建设，抓住发展机遇

2019年2月，中共中央、国务院印发了《粤港澳大湾区发展规划纲要》，为梅州红色资源发展提供了重要机遇。融入粤港澳大湾区建设，既是梅州经济社会文化自身发展的内在需要，也是提升梅州红色资源活力、拓展影响力的重要探索。梅州绝不能做旁观者，要深刻认识到机遇的来之不易，积极主动地融入服务粤港澳大湾区建设，发挥自身优势、潜力所在。2019年3月22日，梅州市委常委召开会议，指出梅州要为粤

港澳大湾区建设提供优质生态产品的要求，为粤港澳大湾区建设提供优质的生活、居住、产业、养老、旅游等服务，打造粤港澳大湾区最美"后花园"。梅州是中央苏区的核心区，境内拥有极其丰富的红色文化资源。将梅州红色文化旅游开发与粤港澳大湾区的建设结合起来，充分挖掘、整理、开发红色文化资源，面对粤港澳大湾区推出旅游专线，以学习为目的，以旅游为手段，既能创造经济效益，又能寓思想道德教育于其中，给人们以心灵洗涤、精神激励和思想启迪，为粤港澳大湾区建设提供强大的精神动力，使梅州红色资源活起来、"走出去"。

# 四 、 结 语

2021 年是中国共产党成立 100 周年，也是中华苏维埃政府成立 90 周年，站在新的历史起点上，梅州不仅大有可为，而且大有作为。习近平总书记在庆祝中国共产党成立 100 周年大会上强调"要继续弘扬光荣传统、赓续红色血脉"，这一号召令人鼓舞、催人奋进。梅州要发挥全域属原中央苏区范围的优势，认真研究和做好相关政策的对接工作，以高度的责任感和使命感振奋精神，锐意进取，充分挖掘利用丰富的红色资源，加强红色资源的保护管理，传承红色基因，弘扬苏区精神，促进梅州原中央苏区经济社会全面振兴发展，再创原中央苏区新的辉煌。

**参考文献：**

[1] 陈世润. 中国特色社会主义道路与红色资源开发利用研究 [M]. 北京：人民出版社，2015：282.

[2] 钟宇亮，廖梦绮. 守住革命苏区的"形"与"魂"——《梅州市红色资源保护条例》出台记事 [J]. 人民之声，2021（6）：34.

[3] 习近平. 在庆祝中国共产党成立 100 周年大会上的讲话 [N]. 人民日报，2021-07-02（002）.

# 文旅融合背景下红色文化旅游
# 高质量发展的路径研究
## ——以赣南等原中央苏区为例

祁　娟①

**摘　要**：近年来，随着全国各地对红色文化教育重视程度的不断提升，红色文化旅游产业发展迎来了良好契机。赣南等原中苏区有着独特而深厚的红色文化资源，具备开展红色文化旅游的坚实基础与良好条件。从发掘红色文化的深厚底蕴、强化技术平台的高效利用、催生红绿古客的蓬勃业态、促进先进经验的辩证借鉴四方面发力，能够在一定程度上推动赣南等原中央苏区红色文化旅游的高质量发展。

**关键词**：文旅融合；赣南；红色文化旅游；高质量；路径选择

# 一、引 言

为贯彻和落实党的十九大关于深化机构改革的决策部署，国家文化和旅游部正式挂牌。文化与旅游融合发展逐渐成为旅游产业时代发展的新方向，备受重视。文化旅游融合发展始终以新发展理念为根本遵循，已成为当下社会经济发展的大势所趋，而红色文化旅游高质量发展是文化旅游融合发展的重要内容。从全国来看，随着各地各部门对红色文化教育重视程度的不断增强，也极大地激发了红色文化旅游的活力。无

---

①　作者简介：祁娟，湖北黄冈人，江西师范大学马克思主义学院、苏区振兴研究院硕士研究生，研究方向为马克思主义与当代中国经济社会发展。

论是在经济效益的提升上，还是在社会效益的取得上，都能让人明显地感受到一场属于红色文化旅游的新热潮正在全国各地迅速掀起。在文旅融合背景下，推动赣南等原中央苏区红色文化旅游的高质量发展既是增加欠发达地区旅游收入、推动欠发达地区经济结构转型、实现欠发达地区经济跨越式发展的必由之路，又是传承革命老区红色文化、增强历史认同感与国家认同感的时代载体。如何实现赣南等原中央苏区红色文化旅游的高质量发展是值得学界进行深入研究的重要理论与现实问题。基于此，本文以赣南等原中央苏区这一区域为研究样本，分析文旅融合契机下红色文化旅游高质量发展的路径选择。

# 二、赣南等原中央苏区发展红色文化旅游的资源禀赋

## （一）革命遗址数量众多

在进行伟大革命的光荣历程中，赣南等原中央苏区的党员干部和广大群众为中国革命做出了巨大奉献和牺牲，他们曾并肩作战过的地方成为今天备受后人敬仰的革命遗址，这些革命遗址是最宝贵的红色文化资源。迄今为止，赣州市共拥有革命遗址1080处，革命旧居旧址中，有重要旧址与活动地545处，革命领导人旧居85处，革命烈士墓26处，革命纪念设施119处，主要分布在瑞金、于都、宁都、兴国等县（市）。馆藏文物45366件。可以说，赣南几乎是"县县有红色故事，县县有革命旧址"。①

## （二）红色精神影响深远

习近平总书记强调，我们要向革命先烈表示崇高的敬意，我们永远怀念他们，牢记他们，传承好他们的红色基因。而对革命先烈最好的纪念方式就是继承他们的遗愿，弘扬他们的奋斗精神，完成他们未竟的事业。"苏区精神""长征精神"是革命先烈奋

---

① 中共赣州市委党史研究室.《赣州市革命遗址保护条例》6月1日起实施［EB/OL］. http://www.gzdw.gov.cn/n289/n435/n671/c23517529/content.html，2019-06-02；客家新闻网. 赣州：保护革命遗址 擦亮红色品牌［EB/OL］. 2020年1月12日，https：//baijiahao.baidu.com/s？id=1655494448120747530&for=pc，2020-01-12.

斗精神在赣南等原中央苏区的具体体现，是中国共产党人精神谱系的重要组成部分，是苏区人民坚定政治立场、强化理想信念的重要基石。要传承和弘扬赣南等原中央苏区的红色精神，赓续中国共产党人的精神血脉，凝聚起迈进新征程、奋进新时代的强大精神力量。

### （三）景区发展机遇良好

赣州市有瑞金共和国摇篮、于都长征第一渡、兴国将军园等著名红色景区。其中，瑞金共和国摇篮景区是中国共产党中央委员会宣传部首批公布的全国爱国主义教育示范基地，也是中国红色旅游经典景区之一、中国旅游观光、培育爱国情感和民族精神的重要基地，2015 年 7 月被列为国家 AAAAA 级旅游景区。作为中央苏区的核心，赣州不仅被列为全国 12 大重点红色旅游区，还是 30 条红色旅游精品线路和 100 个红色旅游经典景区之一，发展前景一片大好。

### （四）政策支持力度加大

2012 年国务院出台实施了《国务院关于支持赣南等原中央苏区振兴发展的若干意见》，提出大力发展红色旅游，将赣南等原中央苏区红色旅游列入国家旅游发展战略，支持红色旅游基础设施建设。2021 出台并实施了《国务院关于新时代支持革命老区振兴发展的意见》，提出大力传承弘扬红色文化，促进赣南等原中央苏区红色文化与旅游融合的高质量发展。

### （五）生态环境质量更优

赣州市森林覆盖率位列江西省之首，是我国南方地区重要生态屏障和 18 个重点集体林区之一，赣江、北江、东江"三江"均源于此。优质生态环境在为红色文化旅游赋能的同时，"红绿"发展相得益彰、双轮驱动，也为实现赣南等原中央苏区的高质量发展注入了文化精神原动力和生态产业支撑力。

# 三、赣南等原中央苏区红色文化旅游发展现状及成因分析

## （一）红色文化旅游资源开发范围较广，部分地区开发层次较浅

虽然赣州市将瑞金市、兴国县等七县纳入赣州红色旅游区全域旅游规划范围，"1+2+N，十字一环线"空间格局纵横交错，开发范围广阔，但部分地区的开发层次较浅。一是产品供给形式单一。红色文化旅游资源的开发主要体现在对红色旅游的开发上，而红色旅游的开发又多以对革命旧址的开发为主，内涵挖掘有待深入。二是粗放盲目式开发现象明显。由于保护性开发意识淡薄，不少地区都遭到了一定程度的破坏。部分地区没有准确把握当地特色，盲目套用一些经验做法，造成多种资源的严重浪费。三是教育功能发挥不足。红色文化旅游是以红色资源为载体的一种旅游形式，红色资源的教育能力体现在思想导引、政治驾驭、道德示范等方面，需避免单一观光游览和直白讲解的形式，否则难以通过实物化场所唤醒游客内在的情感互动。

## （二）红色文化旅游区位优势极为明显，资源布局相对较为分散

从地理位置上看，赣南与粤、闽、湘交界，连接多省，与广州、深圳、南昌、长沙、武汉等大城市形成"五小时都市圈"，整体交通通达程度较高。自《关于支持赣州打造对接融入粤港澳大湾区桥头堡的若干政策措施》出台以来，赣州市主动对接、全面融入，在基础设施建设、开放平台对接等方面取得的阶段性成效显著。赣南地区多为山区丘陵，群山环抱的怡人景色虽然令人身心舒适，但景点与景点之间遥远路途使人望而生怯，尤其是对江西省外及车程较远的游客更加缺乏吸引力。各个景点的知名度虽然都非常高，但尚未梳理出一条"叫得响"的主线，将所有的"珍珠"都串联起来。此外，休闲配套设施的不完善也降低了游客出行的需求。

## （三）红色文化旅游的知名品牌数量多，品牌利用率有待提高

1928～1937 年留下的建筑是赣南等原中央苏区红色文化旅游品牌所包含的主要资

源，包括多种文化艺术形式和精神内涵在内的 300 余处红色旅游资源。位于红色旅游区的七个县红色旅游品牌知名度较大，但尚未尝试凝聚打造如才溪乡的"九军十八师"般的核心红色 IP，散落在其他县区的红色资源则相对被边缘化，资源发掘程度的两极分化现象较为严重。可见，赣南许多红色文化旅游的品牌利用率的提升空间较大。

### （四）红色文化旅游项目建设程度不够，同质化现象较为普遍

在赣南红色旅游区中，除瑞金、兴国、于都等县市对中央苏区有关历史进行了一定程度的挖掘之外，其余县市对红色资源的利用较为单一，一些知名度不高的旧址年久失修，项目建设程度有待深入推进。在红色文化旅游行业中，传统红色文化旅游产品往往容易陷入同质化境地，导致大多数知名度较低的红色旅游景点运营不畅。这一现象在赣南也较为普遍，主要表现为观光旅游路线的同质化、消费场景联动性不强，这就导致项目特色的同质化。

## 四、赣南等原中央苏区红色文化旅游高质量发展的路径选择

### （一）深入发掘红色文化的深厚底蕴，实现中央苏区社会善治的精神支持

发展红色文化旅游这项政治、文化工程，要始终擦亮红色底色、不断深化文化内涵。在把准方向的前提下，深入发掘红色文化底蕴对发挥红色文化的社会治理功能有着极为重要的现实意义。红色文化是我国文化软实力的重要组成部分，传承弘扬红色文化更是强化我国人民历史认同、政党认同、国家认同的有效途径。文化同时具备着精神培育和人格培养的双重功能，凝聚集体的力量与智慧，从而促进社会善治的有效实现。苏区人民的艰苦卓绝的奋斗历史体现了伟大"苏区精神"的发展轨迹，苏区红色文化承续着革命先辈为了初心使命而不懈奋斗的伟大精神。因此，在促进红色文化

旅游高质量发展的过程中，通过立足赣南红色圣地、向公众讲好红色故事，从意识层面对社会个体的日常行为进行规范，促进整体国民精神的有效建构，从而为社会善治的实现提供内在的精神动力源泉。

## （二）不断强化技术平台的高效利用，提升中央苏区行业发展的规模效应

"与时俱进"是红色文化旅游在一些地区深受年轻人喜爱的原因，因此，要不断突破传统思维桎梏，用当下喜闻乐见的呈现方式，创新红色文化旅游的服务体验，提升红色文旅行业的规模效应，可从四个关键点着手：一是实现"线上直播+线下打卡"的双向驱动。线上直播主要是依托新媒体直播平台的技术优势，吸引游客对红色景区的关注，线下打卡是当下比较受年轻群体青睐的一种生活方式，在运用这种方式时要注重创新红色文化的展现形式。二是"新媒体平台+'学习强国'平台"的双重推介。一方面，灵活运用微信公众号、微博等宣传载体，紧跟当下热点潮流，增强与知名博主的双向互动，扩大红色文化旅游的线上影响力。另一方面，以文字或短视频的传播形式在"学习强国"平台进行推介，能够使推介内容更加受观众信任，达到良好的宣传效果。三是技术"圈粉"。通过乘借运用5G、VR、AR等现代技术的"东风"，积极提升宣传体验、文化教育体验和历史场景体验，让更多游客成功"圈粉"。四是智慧服务。根据老区的区域特点，制订科学可行的旅游规划，大力发展红色文旅电子政务、电子革命商务，提供机（车）票、酒店住宿等网上查询预定结算等服务，形成上下联动、左右互通的宣传态势和服务机制。

## （三）促进催生红绿古客的蓬勃业态，打造中央苏区文旅融合的综合品牌

大力发展红色旅游为龙头，引领和带动绿色、古色旅游快速发展，促进经济社会全面发展，已经成为促进红色旅游高质量发展的主流趋势之一。要推动赣南红色观光与生态休闲旅游产品、古村落文化旅游休闲产品、古遗址文化旅游产品、客家文化产品融合开发，促进红色文化旅游、民俗游、健康游等业态的深度融合发展，致力于打造"多彩苏区，红色摇篮"的文旅融合综合品牌，"多彩苏区"象征多类资源汇聚于

赣南等原中央苏区，"红色摇篮"象征着红色资源如百花齐放般簇拥在赣南后花园。最后，要多方位整合森林康养、乡土体验、农耕研学等新型形态，将自然优势、乡村文化优势转化为促进发展的资源优势。

### （四）增进其他先进经验的辩证借鉴，释放中央苏区红色文化的独特魅力

许多陷入赣南乡村产业振兴"恐慌症"困境的基层干部常走的误区是盲目地借鉴其他地区看似先进的经验做法，在进行红色文化旅游资源开发时生硬套用，建设大量不符合当地特色的项目。而乡村产业振兴要想走出这一困境，应在立足自身基础上博采众长，从当地红色文化资源的突出特质、相关的历史文献或民间红色故事、具体红色景区的社会表征等方面出发，拓展其旅游阐释空间，重新赋予其深厚的人文内涵，并在结合游客需求取向的基础上，将该内涵融入产业规划、空间规划、旅游产品设计等关键环节之中，让游客在游览过程中对中央苏区的红色文化产生更为深入的人文理解和情感认同，真正实现先进经验的辩证借鉴和因地制宜的有效开发。

## 五、展望

在文旅融合背景下，要始终把红色资源利用好，把红色传统发扬好，把红色基因传承好，整合推动红色文化旅游发展的多方面要素有机融合，通过打造全国融合发展示范区、做实赣南红色文化旅游共同体建设、推进红色文化旅游精品线路建设、深化国际区域融合发展等举措不断加快实现区域之间的融合创新，打破赣南等原中央苏区分散、独立发展的格局，形成全域旅游产业链的强大合力，赋予革命老区相对传统的红色文化旅游产业全新的发展动力与市场潜能，以红色文化旅游产业高质量发展促进革命老区群众就业增收，巩固拓展脱贫攻坚成果，更好地服务乡村振兴，让革命老区人民过上更加幸福的美好生活。

**参考文献：**

[1] 王雄青，胡长生. 文旅融合背景下红色文化旅游高质量发展路径研究——基于江西的视角 [J]. 企业经济，2020，39（11）：100-107.

[2] 傅才武. 论文化和旅游融合的内在逻辑 [J]. 武汉大学学报（哲学社会科学版），2020，73（2）：89-100.

[3] 刘琳，李延柠. 文旅融合背景下赣南地区红色旅游发展探索 [J]. 现代营销（下旬刊），2020（3）：139-140.

[4] 李霞，曾长秋. 论红色资源的教育功能及其拓展 [J]. 湖南师范大学社会科学学报，2011，40（6）：60-63.

[5] 刘娅姝. 赣南红色旅游品牌 IP 化运用研究 [D]. 南昌大学硕士学位论文，2019.

[6] 安东尼·奥罗姆. 政治社会学导论 [M]. 上海：上海人民出版社，2006：88.

[7] 马静. 论红色文化社会治理功能及其实现机理 [J]. 广西社会科学，2016（8）：182-186.

# 建设科技创新平台，助力
# 赣南老区高质量发展

石小茹①

**摘　要：**随着现代科技的发展，以赣州国际企业中心为代表的综合类创新平台、以中国赣南脐橙产业园为代表的行业类创新平台、以江西荧光磁业为代表的企业类技术创新平台等成为赣南老区高质量发展的重要推手。这些平台显著成效，一是搭建服务平台，助力企业成长；二是产学研结合，推动老区综合发展；三是科技引领，带动品牌价值飞跃。平台发展过程中建立科技创新平台建设的协同机制、明确各类创新平台的建设目标、形成完整的科技创新平台体系、拓展合作、吸引人才转化成果等经验值得借鉴。

**关键词：**科技创新；平台建设；赣南老区；高质量发展

## 一、引言

创新依托平台，平台是科技创新要素的集聚与共享桥梁。平台可聚集科技创新要素，也可提供良好的创新设施和环境条件以吸引、稳定、培养众多高水平人才。平台内多个彼此相关又拥有独立经济利益的主体整合为一个系统，可以共享创新资源及创

---

　　① 作者简介：石小茹，贵州安顺人，江西师范大学马克思主义学院、苏区振兴研究院 2020 级硕士研究生，主要研究方向为马克思主义与当代中国经济社会发展。

新成果，获得整体大于局部之和的结果。此外，平台的建设使资源的配置更加优化、使用更加高效。根据不同地区产业特色和资源优势，针对产业发展面临的关键、共性技术难题，建立各利益相关者共享的创新平台，可以有效地避免创新资源的重复配置，提高创新资源的对接效率。依托科技创新平台是赣南老区高质量发展的重要驱动力。

# 二、赣州科技创新平台建设现状

赣州市科技创新平台分为三种类型：一是以赣州国际企业中心为代表的综合类创新平台；二是以中国赣南脐橙产业园为代表的行业类创新平台；三是以江西荧光磁业为代表的企业类技术创新平台。

## （一）综合类创新平台

综合类创新平台主要是为中小企业创新创业、开展研发提供基础设施，同时为企业发展搭建服务的平台。平台可为企业开展法律、管理、知识产权等方面的咨询和代理服务，是引进和培育高科技人才、孵化高新技术项目、促进科技成果转化、转移转化高校和科研院所科技成果的重要基地。

赣州国际企业中心于2013年引进赣州经济技术开发区，该项目由江西恒科东方实业有限公司投资建设，面向总部经济、科技型企业、服务外包、文化创意、金融服务、酒店式公寓、法律服务、设计咨询、信息服务、科技孵化等现代服务领域。该中心于2014年底正式运营，是赣州市首批国家级科技企业孵化器，运营以来已孵化企业100余家，吸引了无数青年到此创业、就业。

作为赣州首个集"产、学、研"于一体的总部经济产业园，园区以培育中小企业为核心先导，依托具有独立知识产权的"云科技共享中心"。按照"全国青年创业示范园区"的软硬件标准，目前已获得"国家级科技企业孵化器""国家级众创空间""国家小型微型企业创业创新示范基地""国家高新技术企业""江西省青年创业基地""江西省知识产权（专利）孵化中心"等荣誉称号，该中心员工创新创业服务站入选江西省首批4个"江西省职工创新创业服务站"之一。

## （二）行业类创新平台

行业创新平台是整合集聚相关创新资源，支撑行业自主创新与科技进步的重大公共科技创新平台，是区域创新体系的重要组成部分。平台建设主要依托企业、高校和科研院所，为本领域广大中小企业和科研人员提供研发、中试转化、检测、设计、咨询、培训等服务，对行业共性和关键技术问题组织联合攻关，形成从科研开发到成果转化再到产业化一条龙的产学研战略联盟和区域创新集群。

中国赣南脐橙产业园（农夫山泉信丰脐橙工业旅游区）项目位于信丰县安西镇，属于国家现代农业产业园核心区，项目包括高标准脐橙种植示范园、脐橙文化博物馆、脐橙产业博士后工作站、苗木科研中心、苗圃园、品种展示园、母亲树溯根园、网室种植园等。

园区规划建设有瞭望台、赣南脐橙博览馆、苗圃科研园、脐橙加工基地。瞭望台可以观览整个产业园核心区布局和景象。赣南脐橙博览馆是目前全国首家以"脐橙"为主题的大型参观展馆。苗圃科研园即产研结合的结晶，科研园组建专业科研团队，围绕脐橙种植的各项难题进行有针对性研究，致力于为赣南脐橙产业的蓬勃发展做好坚实的防护。脐橙加工基地的工厂集脐橙分选、榨汁、终端品灌装生产线于一体。

## （三）企业类技术创新平台

企业技术创新平台是企业技术创新体系的重要组成部分，是隶属于企业的具有高层次、高水平的研究与开发机构，中心任务是为本企业的技术进步服务，为企业的产品更新换代和生产技术水平提升提供技术和技术储备，为企业可持续发展提供技术支撑。

江西荧光磁业有限公司位于赣州经济技术开发区，自成立以来一直专于烧结钕铁硼磁体研发、生产、销售，是国家高新技术企业，具有坯料生产、机械加工及表面处理能力，是国内主要的稀土永磁材料供应商之一。

公司先后通过了 ISO9001：2015 认证、IATF16949：2016 国际汽车质量管理体系认证、职业健康安全管理体系等认证，产品屡次通过 TUV NORD、SGS、中国计量科学研究院、华测检测等国际、国内权威机构的检测，2016 年获江西省"标准化良好行为" AAA 级企业荣誉认定；生产方面公司运用精细化生产管理模式，导入 IATF16949 质量管理体系工具以及 TPM、TQC 和 6Sigma 等工具，对生产现场进行 6S 管理，目前已形成系统、科学的精益管理体系，从而保障了产品品质和交期，同时达到对生产成本的精细控制。

# 三、赣州科技创新平台建设的成效

## （一）搭建服务平台，助力企业成长

赣州国际企业中心通过园区创新的八大服务平台来助力企业得到更好的发展，搭建了"大众创业、万众创新"的良好平台。

（1）商务政策对接服务平台。园区可免费为企业对接便利注册、产业政策、人才政策、税收政策和以苏区振兴为特色的地方特别优惠政策等。

（2）金融创新服务平台。园区凭借专业的金融服务助力入园企业打通小微企业融资难的"最后一公里"，对应开设了全方位的金融创新服务。

（3）"互联网+"服务平台。将恒科东方园区在互联网领域的创新成果——云科技共享中心、云数字共享中心免费融合于企业孵化、创业各个阶段，并产生了行业示范的效应。

（4）工业设计服务平台。园区作为江西省首家省级工业设计基地，通过与赣州市工业和信息化局、江西理工大学合作共建，以"设计引领、产业带动、提升工业发展"为目标，引导更多的企业重视工业设计，并以工业设计、材质的优化提升产品价值，帮助工业设计企业创业发展，加速企业成果转化。

（5）创业导师团服务平台。园区建立健全的创业辅导模式，成立由院士工作站、拥有丰富经验和创业资源的企业家、天使投资人、清华大学经济管理学院专家学者组成的创业导师团，全面提供企业管理、战略咨询、项目申报、研发测试、人力资源、产学研整合等创业服务，并创新模式举办创意沙龙、创业大讲堂、创业训练营以及创业导师团小分队走进入园企业等活动。

（6）共享配套服务平台。根据企业发展需求，节约企业创业成本，园区特设10人、30人、50人、100人、500人区间的大中小型会议室、会客厅、多功能厅等免费共享配套及会务接待，企业提前与 VIP 服务经理预约确认后即可使用。

（7）知识产权转化服务平台。园区为首批江西省知识产权（专利）孵化中心，通过设立科技成果展示区，利用专属平台保护和推广知识产权，让企业的专利与知识产权得到更好的保护，为投资人找到更好的创意，为企业找到更优质的合作商，让知识产权成果的交易、转化、交流、投资更顺畅。

（8）企业文化建设服务平台。园区特设专业策划设计团队为入园企业提供全面的企业文化建设服务。每月组织企业开展丰富多彩的文化、康体、公益等不同主题活动，丰富企业生活、激发员工积极性，增强企业凝聚力。平台根据企业行业性质更为入园企业免费提供公司名称拟定、LOGO 设计、协助企业设置组织架构，企业文化、公司章程内容梳理等服务，帮助企业快速建立自己的企业文化。

## （二）"产学研"结合，推动革命老区综合发展

中国赣南脐橙产业园项目按 AAAA 级景区标准建设，依托景区内工厂生产线、中国赣南脐橙博览馆、玻璃温室、脐橙种植基地等景点，以信丰工厂脐橙造型厂房、一条自动化全生产线和近 5000 亩脐橙种植基地为核心资源，以脐橙采摘、工厂参观、文化博览、科技体验、研学教育、集散服务为主导功能，将中国赣南脐橙产业园打造成为集"种植、生产、研究、体验"于一体的农工旅三产融合型景区，实现企业产品品牌到游客心理认知品牌再到脐橙文化品牌的三大品牌提升，2018 年成功创建国家AAAA 级景区旅游品牌，成为信丰县旅游产业新地标、赣南脐橙产业及文化新代表、农夫山泉集团旅游版图开拓新标杆。

## （三）科技引领，带动品牌价值飞跃

江西荧光磁业有限公司拥有目前国内一流的钕铁硼坯料和自动化机械加工设备以及代表国内领先水平的无氧生产工艺，能够保证钕铁硼产品生产的高稳定性和一致性，同时成熟的"晶界扩散"和"表面处理之新型复合材料工艺"已批量用于生产中，在稀土资源日趋紧张的国际环境下，实现了不可再生资源的高效利用和企业的可持续发展。公司产品具有"高矫顽力、高一致性、高热稳定性、高耐腐蚀性"等特点，主要被应用于新能源汽车、节能变频家电、节能电梯、风力发电机、空气压缩机等领域。公司积极贯彻技术创新发展战略，依靠科技创新，掌握了稀土永磁材料核心关键技术，

并通过持续改进生产工艺、技术及自动化设备，使产品品质达到国内领先水平，品牌价值一度飞跃。

# 四、赣州科技创新平台建设的经验启示

科技创新平台是区域创新体系建设的一项基础性工程，对促进经济转型升级起着十分重要的作用。当前，赣州市科技创新平台已取得一定成效，其中一些建设的经验值得借鉴。

## （一）构建科技创新支撑平台

加快科技创新平台建设，对集聚创新要素、激活创新资源、培养创新人才、转化创新成果具有十分重要的作用。赣州市于2003年成立科学技术局。多年来，科学技术局坚持"有所为，有所不为"的方针，坚持改革创新，求真务实的精神，努力开拓科技工作新局面，为赣州市经济社会可持续发展提供有力的科技支撑。为进一步贯彻落实创新驱动发展战略，加快推动科技创新平台高质量发展，构建高效创新体系，提升区域创新能力，支撑引领江西经济高质量发展。2018年，赣州市科学技术局出台《关于加快科技创新平台高质量发展十二条措施》，助推科技创新平台高质量发展。

## （二）形成完整的科技创新平台体系

建设科技创新平台，有效整合科技资源，使有限的资源集中用于重点行业、专业领域的科技攻关和服务，最大限度地发挥现有创新要素的作用。另外，还需加大财政投入力度，抓好科技专项资金整合。赣州市建立市、县财政科技投入逐年稳定增长机制，鼓励有条件的县（市、区）出台科技创新券等科技经费后补助措施。赣州市财政统筹安排相关科技专项资金，用于培育科技创新平台、开展重大研发攻关、组建科技协同创新体和产业技术创新战略联盟等。近年来，赣州市科技投入力度逐年加大。2020年江西省科技经费投入统计公报显示，赣州市研究与试验发展

（R&D）经费投入位列江西省第二，占江西省研究与试验发展（R&D）经费的比重为13.3%；在2020年地方财政科学技术支出统计中，赣州市支出为29.6亿元，比2019年增长7.6%，占公共财政支出的比重为3.03%。① 另一方面，强化管理，创新机制，强化科技创新平台对企业的服务功能。探索建立有利于促进资源优化配置和高效运行的管理模式和运行机制，做到平台运行机制市场化、服务对象社会化、绩效评估科学化。赣州市进一步完善科创中心功能，加强对在孵企业支撑服务体系建设。赣州市引进、发挥各类中介机构的作用，提供包括技术、专利、融资、财务、人才等服务，形成了一个多功能的服务体系，降低孵化企业的创业风险和创业成本，提高孵化成功率。

### （三）拓展合作，吸引人才转化成果

积极引进大院名校，联合共建高层次的科技创新平台，推动赣州市自主创新能力和水平的提高。《赣州市人民政府关于进一步加强与高校、科研院所合作的意见》出台，提出通过市校合作，使赣州市的自主创新能力和产业竞争力明显增强，高校、科研院对地方经济社会发展的服务能力明显提高，攻克一批制约该市主导产业和高新技术产业发展的关键技术、核心技术和共性技术，获取一批自主知识产权，形成自主品牌，推进赣州市年专利申请数突破1万件，高新技术企业数量实现"翻番"；推动高校、科研院所参与建设一批科技创新平台；在各工业园区以及有条件的产业集群中，建成一批高校、科研院所的科技成果转化和产业化基地；联合培养一大批高素质的工程技术人才和科技创新人才，促进产业集群发展。持续推进平台建设、人才交流培养、成果转移转化、决策咨询服务等各项合作。

**参考文献：**

[1] 陈志辉. 科技创新平台内涵特征与发展思考 [J]. 科技管理研究，2013（17）：34-37.

[2] 李帆. 平台建设与项目建设并举加速建设蚌埠科技创新服务体系 [J]. 安徽科技，2014（10）：19-21.

---

① 江西省科学技术厅. 2020年江西省科技经费投入统计公报 [EB/OL]. http：//kjt. jiangci. gov. cn/art/2021/11/5/art_ 27059_ 3710074. html，2021-11-05.

［3］赣州市人力资源和社会保障局．再添"国字号"，赣州国际企业中心创业园获批第五批全国创业孵化示范基地［EB/OL］．http：//rsj. ganzhou. gov. cn/c100232/202106/a9d25729d14543b68c57091d390514a8. shtml，2021-06-25.

［4］应向伟．浙江省行业和区域创新平台的建设及其途径［J］．科技通报，2011（5）：803-809.

# 赣南革命老区融入粤港澳大湾区
# 发展的机遇、挑战及对策

曾超稳①

**摘　要**：赣州市毗邻粤港澳大湾区，是江西省对接融入粤港澳大湾区的最前沿，也是粤港澳大湾区联动内陆发展的直接腹地，融入粤港澳大湾区发展，赣州具有得天独厚的地理优势。当前，赣南革命老区对接融入粤港澳大湾区发展既有国家和江西省两级层面的高度重视和未来能够促进赣州产业转型升级、推动服务业的发展等机遇，同时也面临来自内部和外部的许多挑战。因此，"十四五"时期赣州市融入粤港澳大湾区发展可以从进一步加强两地党政领导的沟通与协调，找到最大公约数，画出同心圆，寻找双方利益的交汇点；进一步完善交通网络设施；打造优质营商环境，更大力度吸引粤港澳大湾区产业转移；立足本土资源优势，因地制宜，做强做大本土产业；对外引才与对内培才相结合，以建设产业人才集聚洼地等方面为抓手，全面对接融入粤港澳大湾区发展，从而推动赣州市经济高质量发展。

**关键词**：赣州；粤港澳大湾区；机遇；挑战；对策

# 一、引　言

从地理概念上看，湾区是由一个海湾或相连的若干个海湾、港湾、邻近岛屿共同

---

① 作者简介：曾超稳，广东肇庆人，江西师范大学马克思主义学院、苏区振兴研究院 2020 级硕士研究生，主要研究方向为马克思主义与当代中国经济社会发展。

组成的区域。当前世界上最著名的湾区当属东京湾区、纽约湾区和旧金山湾区，这三大湾区的发展不仅带动了日本和美国的经济社会发展，而且引领全球技术创新与发展，推动世界经济迅速增长。当今，世界风云变幻，国内外发展环境正经历深刻、复杂的变化。在国内，我国正大步迈进建设社会主义现代化国家的征程，面临各种风险挑战，需着力解决发展不平衡不充分的问题，以实现经济高质量发展。国际上，近年来一些国家保护主义、单边主义上升，"去全球化"贸易保护主义模式仍存在；同时，美国、英国、澳大利亚、印度等世界大国经济遭遇严重发展瓶颈，阻碍世界经济的进一步发展。基于此，推动粤港澳大湾区建设是我国进一步增强经济发展动力、厚植发展基础、培养出新的经济增长点重要平台。

粤港澳大湾区的建设是新时代推动形成全面开放新格局的新举措，既有利于深化内地和港澳地区的交流合作，也有利于邻近内陆地区与粤港澳大湾区接轨，推动内陆地区融入"一带一路"建设。赣州市毗邻粤港澳大湾区，是江西省对接融入粤港澳大湾区的最前沿，也是粤港澳大湾区联动内陆发展的直接腹地。显然，推动赣南革命老区对接融入粤港澳大湾区发展，有助于推动赣州市建设省域副中心城市和建设革命老区高质量发展示范。"十四五"时期，赣州市的发展既充满机遇也充满挑战。本文就赣州市"十四五"时期融入粤港澳大湾区所面临的发展机遇、挑战展开探讨，并提出相关对策建议，以期赣州市更好地融入粤港澳大湾区，从而推动经济高质量发展。

## 二、赣州市融入粤港澳大湾区发展的机遇

融入粤港澳大湾区发展，赣州具有得天独厚的地理优势。赣州市地处赣江上游，是江西南大门、赣粤闽湘四省通衢的区域性现代化中心城市，南毗广东省梅州市、韶关市，距香港特别行政区、广州、深圳等地交通便利，是珠三角的直接腹地。当前，赣州融入粤港澳大湾区发展具有重大的机遇。

## （一）国家和江西省高度重视大湾区

### 1. 国家高定位粤港澳大湾区，充满机遇

2019 年 2 月 18 日，中共中央、国务院正式印发了《粤港澳大湾区发展规划纲要》（以下简称《纲要》），对粤港澳大湾区的战略定位、发展目标、空间布局等方面做了全面规划，明确粤港澳大湾区的定位是世界级湾区，建成后将与美国纽约湾区、旧金山湾区和日本东京湾区并肩，成为世界四大湾区之一。高起点与高标准定位、谋划和推动粤港澳大湾区的建设，其重要性不言而喻。

### 2. 江西高位推动赣州融入粤港澳大湾区发展

江西省政府高度重视赣州融入粤港澳大湾区发展。江西省政府印发了《江西对接粤港澳大湾区建设行动方案》，要求把江西建成粤港澳大湾区产业转移首选区，提出"要把赣州打造成对接融入'一带一路'粤港澳大湾区建设的桥头堡"。2020 年 6 月 4 日，江西省政府正式印发《关于支持赣州打造对接融入粤港澳大湾区桥头堡的若干政策措施》，明确要求各部门要认真贯彻执行。

## （二）推动赣州经济高质量发展

### 1. 推进产业结构转型升级

《纲要》提出推动粤港澳大湾区构建具有国际竞争力的现代产业体系，打造一批产业链条完善、辐射带动力强、具有国际竞争力的战略性新兴产业集群，大力发展特色金融产业，有序推进金融市场互联互通，等等，这为赣州推动产业结构转型升级提供了巨大机遇。一方面，粤港澳大湾区可为赣州加快打造全国稀有金属产业基地、先进制造业基地和特色农产品深加工基地，构建特色现代产业体系提供积极帮助；另一方面，通过承接与自身资源优势、产业特色、配套能力相符的粤港澳大湾区的产业转移来实现资源配置的优化，能够促进赣州本地区产业结构的专业化和合理化。

### 2. 促进现代服务业大发展

赣州是红色旅游区、客家文化旅游区和生态休闲度假区，融入粤港澳大湾区发展能够极大地推动赣州现代服务业的发展。努力将赣州打造成粤港澳大湾区康养旅游的优质后花园，利用赣州是客家民系的发祥地和客家人的主要聚居地等自身优势吸引粤港澳大湾区居民到赣州进行休闲旅游、居住，可以带动批发和零售业、住宿和餐饮业、

文体娱乐业等行业的发展。

3. 推动赣州提升国际化水平

未来，粤港澳大湾区将成为充满活力的世界级城市群、"一带一路"建设的重要支撑，这极大地密切了粤港澳大湾区与世界的联系，促使粤港澳大湾区进一步融入世界的发展。赣州是粤港澳大湾区的直接腹地，在地理位置上具有很大的优势，赣州融入粤港澳大湾区发展势必会进一步扩大开放，提升赣州与国际接轨的水平，推动赣州外向型经济发展。

# 三、赣州市融入粤港澳大湾区发展的挑战

赣州市融入粤港澳大湾区发展，既充满机遇，也面临内部和外部的许多挑战。

## （一）来自外部的挑战

融入粤港澳大湾区竞争激烈，周边的城市都在积极融入粤港澳大湾区，其中以广东省内的清远、梅州、汕头、汕尾等城市尤为主动，如清远被纳入粤港澳大湾区与广州共建"特别合作区"，梅州举全市之力打造成粤港澳大湾区的后花园，深汕特别合作区推动汕尾加快融入粤港澳大湾区的发展，等等，各城市融入粤港澳大湾区发展的力度之大前所未有，赣州对接融入粤港澳大湾区的发展，直面来自这些地区的竞争。

## （二）来自内部的挑战

1. 基础设施有待健全

路通方能财通，赣州对接融入粤港澳大湾区发展，首要的就是解决好交通问题。而目前快速连接粤港澳大湾区各城市的交通有限，同时在赣州市内区（县）之间的交通也不够便捷，缺乏城际轨道，这制约着各区（县）企业之间上下游产业的协作，同时各重点产业园区之间的交通仍需进一步完善。

2. 创新发展能力比较低

与粤港澳大湾区城市群相比，当前支撑赣州市产业进一步发展的重大发展平台承

载力较弱，创新能力不够。中国科学院赣江创新研究院在 2020 年 7 月成立，目前处于发展的起步期；中国稀金（赣州）新材料研究院、国家稀土功能创新中心仍在不断完善中，各种创新要素和各类资源的深度对接和优化配置仍需进一步的推动，等等，这些在一定程度上制约着赣州对接融入粤港澳大湾区的发展。

3. 产业竞争力较为薄弱

根据《赣州市对接融入粤港澳大湾区建设实施方案》，章贡区、赣州经济技术开发区、南康区、信丰县、龙南县、定南县、全南县以及安远县的首位产业规划布局均是电子信息产业，崇义县和大余县的首位产业是钨产业，宁都县和于都县的首位产业则分别是轻纺服装产业和纺织服装产业，赣州各区（县）之间尽管存在首位产业发展相同的状况，但是相互之间合作较少，尚未形成能够带来强大经济效益的产业集群。新一代信息技术产业、高端装备制造产业、新材料和新能源等战略性新兴产业才刚起步，产业发展竞争力较为薄弱。

4. 营商环境有待进一步优化

粤港澳大湾区对标对表东京湾区、纽约湾区、旧金山湾区，打造优质的营商环境，在招商引资政策、人才引进待遇、基础配套设施等方面都是一流的水平。赣州要更好地融入粤港澳大湾区发展，还需对标对表粤港澳大湾区各种优惠政策，打造更为优质的营商环境，推动各种资源要素向赣州充分涌流。

# 四、赣州市融入粤港澳大湾区发展的对策建议

"十四五"时期是我国开启全面建设社会主义现代化国家新征程、向第二个百年奋斗目标进军的第一个五年。赣州市在"十四五"时期起好步、开好局至关重要，要抢抓国家大力建设粤港澳大湾区历史性机遇，推动高质量发展。

第一，聚焦围绕产业发展，坚持政府引导，市场主导原则。赣州市对接融入粤港澳大湾区"桥头堡"，建设承接粤港澳大湾区产业转移创新区，既需要政府引导，也要发挥市场主导作用，注重市场驱动。赣州应围绕电子信息产业、有色金属产业、医药产业等本土重点发展产业，进一步加强与粤港澳大湾区各城市的沟通与协调，寻求双

方利益共同点，进一步拓展合作空间，共谋大发展。

第二，打造优质营商环境，吸引粤港澳大湾区产业转移。一方面，围绕电子信息产业、新能源、生物医药、稀土、钨等赣州市重点发展的首位产业，在招商引资政策、人才引进待遇等方面对标对表粤港澳大湾区各城市，打造一流的营商环境。另一方面，应注重健全金融体制机制，提升金融服务实体经济发展的能力。围绕战略性新兴产业发展需求，既要积极引入银行、保险、证券等各类金融机构、准金融机构及金融配套服务机构，也要开展常态化产融对接活动，加大对战略性新兴产业项目的信贷投放等金融支持力度，解决引入企业的后顾之忧，充分吸引粤港澳大湾区相关产业向赣州转移。

第三，进一步完善融入粤港澳大湾区发展的交通网络。"路通才能财通"，赣深高铁通车后，赣州发展将进入一个崭新时代，但同时也要不断完善赣深高铁途中赣州西站、信丰西站、龙南东站、定南南站等赣州市内站点周边的道路、产业园区等基础设施建设，厚植进一步发展的基础。此外，要加快谋划推进瑞梅铁路建设，完善赣州与粤港澳大湾区城市群之间的公路交通网络，全方位打通赣州进一步对接融入粤港澳大湾区发展的交通要道。

第四，立足本土资源优势，因地制宜，做强做大本土产业。一是完善现代农业产业链，推动赣州成为粤港澳大湾区优质农产品供应地。加快标准化、现代化粤港澳大湾区"菜篮子"基地建设，积极打造"赣南脐橙""赣南茶油"等富硒农业品牌，推动建设智慧农业云平台，提高农业智能化管理程度。二是与粤港澳大湾区城市合作开发赣南旅游资源。乘着赣深高铁的"东风"，重点围绕红色旅游区、宋城文化旅游核心区、客家文化旅游区和生态休闲旅游区谋划开发赣州—广东旅游线路，大力拓宽市场，充分吸引粤港澳大湾区游客入赣州。三是提高稀土、钨、矿等珍贵矿产资源的综合开发效率，延长矿产资源开发产业链。瞄准大湾区各城市产业发展方向，加强与粤港澳大湾区科研院所的合作，提高稀缺矿产资源的价值，延长产业链和价值链。

第五，对外引才与对内培才相结合，建设产业人才集聚洼地。一方面，要立足赣州产业发展方向，精准引才。主动发布赣州急需紧缺人才目录，对标对表粤港澳大湾区人才引进待遇，完善人才引育政策体系，同时也要注意鼓励企业建立自身人才培养体系。另一方面，高位推动职业教育发展，重视培养本地人才。以赣州市内高校和各类职业教育学校为基地，通过与产业园区企业进行"校企合作"，围绕赣州重点产业发展方向，瞄准产业的新需求，重点培育重要领域的紧缺型人才，科学制定学校办学目标、办学计划、课程内容，采取"理论+实地""项目+技术"的培训方式，让职业教育与产业发展同频共振。

**参考文献：**

[1]《赣州融入粤港澳大湾区》课题组，王泽明，边俊杰．以工业产业对接承接为突破口，将赣州打造成为融入粤港澳大湾区协同发展的重要城市——江西省赣州市抢先主动融入粤港澳大湾区路径探析［J］．经济师，2019（9）：168-170．

［2］王泽明．推动赣州融入粤港澳大湾区［N］．江西日报，2019-04-01（010）．

［3］王泽明．粤港澳大湾区辐射引领周边经济社会发展的若干思考——探索江西赣州革命老区依托发达地区的创新发展模式［J］．经济师，2018（6）：163-165，168．

［4］刘晓莲，孟新新．赣州与粤港澳大湾区产业结构相似性与互补性分析［J］．时代金融，2020（35）：135-137．

［5］范玲俐．赣州市融入粤港澳大湾区路径研究［J］．经济研究导刊，2020（34）：107-108．

［6］江西省人民政府印发关于支持赣州打造对接融入粤港澳大湾区桥头堡若干政策措施的通知［Z］．江西省人民政府公报，2020（12）：15-22．

［7］杨瑞．粤港澳大湾区建设背景下江西承接电子信息产业转移的影响因素研究［D］．江西理工大学硕士学位论文．

［8］彭继增，王幼娟，李爽．赣州对接融入粤港澳大湾区的可行性研究——基于承接产业转移的视角［J］．金融与经济，2020（5）：89-96．

［9］梅元生，刘光磊．加快融入粤港澳大湾区［N］．赣南日报，2019-12-08（003）．

# 以战略和全局角度开启新时代革命老区振兴发展新篇章

王艳乔①

**摘　要：**为适应革命老区振兴发展的新形势，2021 年，《国务院关于新时代支持革命老区振兴发展的意见》（以下简称《意见》）出台。《意见》准确把握新发展阶段，深入贯彻创新、协调、绿色、开放、共享的新发展理念，紧抓落实，推动革命老区构建振兴发展新格局，领航老区建设发展新征程。

**关键词：**《国务院关于新时代支持革命老区振兴发展的意见》；革命老区；新发展理念

## 一、引言

实现革命老区振兴发展不仅是社会主义的本质要求，而且是实现社会主义现代化强国的应有之义。这就要求我们要坚持以人民为中心，坚持目标和问题导向，遵循统筹规划、因地制宜、各扬所长的基本原则，培育革命老区振兴发展新动能，激发内生动力，开启革命老区振兴发展新篇章。

---

① 作者简介：王艳乔，江西吉安人，江西师范大学马克思主义学院、苏区振兴研究院研究生，研究方向为马克思主义与当代中国经济社会发展。

# 二、革命老区不老，发展势头正好

革命老区作为一个特殊地域，在国内具有十分重要的政治意义和历史意义。在战争年代，老区人民为革命的胜利做出了极大的贡献。从白山黑水到南陲海角，从西北黄土到东海之滨，在这广袤的热土上，到处都留下了革命英雄的足迹。但由于种种原因，大部分革命老区经济社会发展较为滞后，因此我们有责任、有义务补上这块短板。

党的十八大以来，党中央将革命老区振兴发展放在突出位置，举全党、全社会之力，取得了脱贫事业历史性成就。2012 年，国务院出台《国务院关于支持赣南等原中央苏区振兴发展的若干意见》。在党中央、国务院的关心支持下，革命老区如期打赢了脱贫攻坚战，开启了社会主义现代化建设的新征程。

新时代革命老区正迎来民生之变、产业之变、发展之变。为更好地推动老区走出一条振兴发展的新路，《国务院关于新时代支持革命老区振兴发展的意见》出台实施。这是一份在新发展阶段，特别是"十四五"时期支持全国革命老区振兴发展的纲领性文件，旨在系统地、综合地解决革命老区发展中的共性问题，使其在国家发展总体格局中的地位进一步凸显，让革命老区人民逐步实现共同富裕。

# 三、构建新时代革命老区振兴新发展格局

革命老区的振兴发展必须是科学的振兴发展，必须坚定不移贯彻创新、协调、绿色、开放、共享的发展理念。《国务院关于新时代支持革命老区振兴发展的意见》是以习近平新时代中国特色社会主义思想为指导，将全面巩固革命老区脱贫攻坚成果、与全国同步基本实现社会主义现代化作为主要目标。这充分显现了社会主义制度优势，表明了党和政府推动革命老区高质量发展的决心与使命感。

### （一） 创新发展理念推动新时代革命老区振兴发展新篇章

创新发展理念恰好继承和拓展了马克思主义关于生产力的论述，能更好地引领革命老区解放和发展生产力，是新时代革命老区振兴发展的必然选择。

《意见》把创新作为引领发展的第一动力。积极推动中西部老区企业、科研院校与东部地区开展科技资源供需对接。联合共建科技创新平台、园区，建立完善科研与技术合作机制，加大人才培养和引进力度，在革命老区布局建设一批国家级高新区、创新研发基地，推介技术成果。

《意见》要求各有关部门推动革命老区理念创新、管理创新、体制机制创新，不等不靠，先行先试，从创新中释放发展红利，不断增强革命老区经济社会发展活力。各革命老区需立足资源禀赋，发挥比较优势，以产业发展需求为导向，积极拓展符合市场需求的高质量特色产业，推动新时代革命老区发展转入创新驱动轨道。

### （二） 协调发展理念引领新时代革命老区振兴发展

区域协调发展战略作为新时代国家重大战略之一，是马克思主义区域协调发展思想中国化的最新成果。《意见》作为支持全国革命老区振兴发展的纲领性文件，针对新时代革命老区发展的新特征，依据当地资源条件和发展环境，因地制宜，明确了有效具体的区域规划定位，提高了区域政策的精准性。

同时，《意见》支持革命老区的大中小城市协调发展，形成中心城区辐射、县城带动、小城镇支撑、乡村振兴的城乡融合发展格局。第一，坚持"人民城市人民建、人民城市为人民"的人本逻辑，打造智慧城市，提高城市管理和社会治理水平，建设区域性中心城市和综合交通枢纽城市。第二，支持革命老区县城建设和县域经济发展，促进城乡要素双向流动和高效配置，增强服务农业农村能力。第三，同步推进经济发达的乡镇行政管理体制改革，推动新型城镇化和乡村振兴相互促进、融合发展。

### （三） 绿色发展理念引领新时代革命老区振兴发展

绿色发展理念的实质是坚持绿色价值取向。新时代绿色与发展的理念结合，拓展了中国特色社会主义理论体系关于发展理论的新意蕴，标志着我们对发展规律的认识和把握达到了一个崭新高度。《意见》把加强流域生态环境保护与推进能源革命、推动经济转型发展统筹起来，把生态保护、经济发展和民生保障有机结合，旨在推动革命老区人与自然和谐共生的新局面。

一是统筹推进革命老区山水林田湖草一体化保护和修复。重点加强长江、黄河等大江大河的源头治理，建立重要流域的生态安全屏障，总结已有的修复经验，建立健全流域上下游横向生态保护补偿机制。支持革命老区开展生态保护修复的产权激励机制试点，鼓励继续探索、复制推广有效的经验做法。

二是鼓励革命老区的能源资源产业绿色发展。支持地方开发资源，就地转化，合理利用。推动绿色矿山建设，对于历史遗留工业矿产资源，积极开展尾矿库综合治理，将部分大型厂矿旧址、遗址打造成为工业遗产。

## （四）开放发展理念引领新时代革命老区振兴发展

开放带来进步，合作才能共赢。以开放促改革、促发展，是我国不断取得新成就的重要法宝。推动革命老区高水平开放、高质量发展，要用开阔的思路，立足本地实际，抓住发展机遇。

《意见》支持位于内陆省份的革命老区深入实施大开放战略，主动融入、长江经济带发展、粤港澳大湾区等国家重大战略建设。设立内陆开放型经济试验区，与粤港澳市场互联互通。地方要推动各类开放平台的政策红利加快释放。加强开放口岸、通道与平台建设，着力解决对外运输和贸易服务成本高、效率低等问题，推动开放型经济提速提质发展。增强区域发展战略与高水平对外开放的相互促进。

同时，对于海陆丰、琼崖、左右江等位于沿海沿边革命老区，《意见》鼓励其在开放中发挥自身区位优势。支持海陆丰深度参与粤港澳大湾区建设鼓励左右江开展全方位开放合作、琼崖在海南自由贸易港建设中发挥独特作用。更好地利用国际国内两个市场、两种资源，最终形成革命老区更强劲的可持续的新发展趋势。

## （五）共享发展理念引领新时代革命老区振兴发展

坚持共享发展，是中国特色社会主义的本质要求，是中国式现代化的重要特征，新时代共享发展要更加注重解决社会公平正义问题。

新时代实现共享发展，需聚焦重点区域、重点领域、重点人群。首先，《意见》提出要在一定时期内保持脱贫攻坚政策和财政投入力度总体稳定，完善监测和帮扶机制，接续推进脱贫地区发展。其次，《意见》提出要坚持扶志扶智相结合，加大对低收入群体就业技能培训和外出务工的扶持力度。最后，《意见》提出要做好一系列帮扶工作，加大对中低收入群体社会保障和"兜底"帮扶。

为让改革发展成就更好地惠及革命老区人民，《意见》支持革命老区提升公共服务质量。在结合当地实际的基础上，建立基本公共服务标准，提高基本公共服务水平，切实解决子女上学、医疗卫生、养老等方面的"后顾之忧"，最大限度地保障和改善民生。此外，《意见》鼓励革命老区深入挖掘和利用地方特色文化资源，弘扬传承革命老区红色文化，让更多的文化成果惠及人民群众。

# 四、健全老区振兴发展的政策体系和长效机制

为贯彻落实国家关于支持革命老区发展的战略部署，激发革命老区振兴发展内生动力，健全长效普惠性的扶持机制和精准有效的差别化支持机制，《意见》提出革命老区振兴要坚持目标导向和问题导向，健全有利于革命老区振兴发展的政策体系和长效机制。

## （一）加强党的全面领导

《意见》指出，要加强党的全面领导，把党的领导始终贯穿革命老区振兴发展全过程和各领域各方面各环节，弘扬老区精神，凝聚正向能量，努力营造全社会参与支持老区振兴发展的良好氛围。

为加大革命老区工作统筹协调力度，《意见》支持革命老区建立部际联席会议制度、省部会商和省际协商机制，继续组织对口支援工作，研究建立对口合作机制，开展干部双向挂职交流。同时，支持地方传承红色血脉，办好干部学院，开展理想信念和党性教育。

## （二）完善政策体系，构建长效机制

完善政策体系和构建长效机制是推动革命老区振兴发展的基础工作和至关重要的

第一步，是解决革命老区高质量发展中堵点、卡点和难点问题的关键。

第一，《意见》指出需加大对革命老区的财政金融支持力度。首先，加大财政保障力度。立足实际，在安排转移支付、地方政府专项债券时，中央财政应对革命老区所在省份予以倾斜支持，探索制定转移支付绩效评估和奖惩激励办法，研究安排专项资金，支持革命老区产业转型升级平台建设。其次，以金融之力助推老区振兴发展。《意见》鼓励政策性金融机构结合职能定位和业务范围，加大对革命老区支持力度，鼓励商业性金融机构通过市场化方式积极参与革命老区振兴发展，支持符合条件的革命老区重点企业上市融资。

第二，《意见》指出需优化革命老区的土地资源配置，加强各项工作的组织实施。首先，支持革命老区强化土地资源配置。开展城镇低效用地再开发，探索乡村产业发展用地新做法。其次，支持革命老区加强各项政策的组织实施。相关省（自治区、直辖市）要将革命老区振兴发展列为本地区重点工作，完善工作机制，明确责任分工，制定配套政策。健全对革命老区的差别化绩效评估体系。国家发展和改革委员会要加强对革命老区振兴发展各项工作的协调，制定重点任务分工和年度工作要点，重大事项及时向国务院报告。

### （三）紧抓贯彻落实，凝聚发展动力

为贯彻落实党中央、国务院决策部署，国家发展和改革委员会同有关部门和地方，组织起草并若干支持老区开发建设的规划和政策，加快构建新时代支持革命老区振兴发展的"1+N+X"政策体系，强化上下联动，形成工作合力，共同推动《意见》各项重点任务落地见效。

国家发展和改革委员会印发了《〈国务院关于新时代支持革命老区振兴发展的意见〉重点任务分工方案》（以下简称《分工方案》），明确了三个方面50项重点任务，并逐项明确了牵头单位和参与单位。

《分工方案》强调，有关省级人民政府和中央国家机关有关部门要制定本地区、本部门具体贯彻落实意见。要积极将《意见》明确的重点任务、重点项目、重大政策纳入"十四五"相关规划，加快研究制订"十四五"支持革命老区巩固拓展脱贫攻坚成果、基础设施建设、生态环境保护修复、红色旅游等重点领域实施方案，结合具体实际实化细化相关配套政策和重大工程项目。

根据《意见》，财政部、国家乡村振兴局联合印发了《中央专项彩票公益金支持欠发达革命老区乡村振兴项目资金管理办法》。中央财政安排项目资金对欠发达革命老区乡村振兴示范区建设进行补助。中国民用航空局印发《新时代支持革命老区振兴发展工作方案》，将以供给侧结构性改革为重点，进一步提升老区民航基础设施综合保障能力。计划到 2025 年，革命老区机场布局网络进一步完善，机场综合保障能力进一步提高，机场通达性和出行便捷性进一步提升，有效地支撑新发展阶段革命老区对外交通条件改善、红色旅游资源开发、经济社会发展以及应急救援、生态环境保护等各方面需求。

## 五、结 语

《国务院关于新时代支持革命老区振兴发展的意见》为助力革命老区巩固拓展脱贫攻坚成果，为老区人民过上更好的生活，擘画出一条康庄大道，共同推动赣闽粤、陕甘宁、大别山、川陕、左右江、湘鄂渝黔、湘赣边、海陆丰、琼崖、浙西南、沂蒙、太行等革命老区在社会主义现代化建设新征程中不断取得新成效、开启新篇章。

**参考文献：**

[1] 马克思恩格斯全集（第 3 卷）[M]．北京：人民出版社，1960：33.

[2] 杨柳．习近平开放发展理念与中国开放道路的总结展望 [J]．探索，2016（5）：17-24.

[3] 习近平．在省部级主要领导干部学习贯彻党的十八届五中全会精神专题研讨班上的讲话 [N]．人民日报，2016-05-10（002）.

[4] 习近平．决胜全面建成小康社会 夺取新时代中国特色社会主义伟大胜利 [N]．人民日报，2017-10-28（001）.

[5] 韩广富，刘心蕊．改革开放以来革命老区扶贫脱贫的历史进程及经验启示 [J]．当代中国史研究，2019，26（1）：101-115，159.

[6] 国务院关于新时代支持革命老区振兴发展的意见 [Z]．中华人民共和国国务

院公报，2021（07）：34-39.

[7] 黄茂兴，叶琪. 马克思主义绿色发展观与当代中国的绿色发展——兼评环境与发展不相容论 [J]. 经济研究，2017，52（6）：17-30.

[8] 梁勇，李志萌. 坚持新发展理念　推动江西高质量跨越式发展 [J]. 当代江西，2019（2）：12-13，16.

[9] 高国力. 加强区域重大战略、区域协调发展战略、主体功能区战略协同实施 [J]. 人民论坛·学术前沿，2021（14）：116-121.

[10] 孙久文. 从高速度的经济增长到高质量、平衡的区域发展 [J]. 区域经济评论，2018（1）：1-4.

# 巩固脱贫攻坚成果同乡村振兴
# 有效衔接的路径研究
## ——以兴国县为例

李 娜①

**摘 要**：2020 年我国已如期实现脱贫攻坚的目标，当前，处在巩固脱贫攻坚成果与乡村振兴衔接的过渡期，如何从集中资源支持脱贫攻坚转向全面推进乡村振兴，是"十四五"时期"三农"工作的重心，已成为重大的时代课题。赣南作为全国著名的革命老区，抓好脱贫攻坚具有重要政治意义；加快革命老区振兴发展，让革命老区人民过上富裕幸福的生活，同样具有重要政治意义。经过多年接续奋斗，赣南老区脱贫攻坚目标任务如期顺利高质量完成，也积累了大量典型经验做法。本文通过研究赣州市兴国县脱贫攻坚衔接乡村振兴的路径，有利于进一步持续做好稳就业和提升基础设施建设水平，助力赣南老区高质量振兴发展。

**关键词**：巩固脱贫攻坚成果；乡村振兴；脱贫攻坚；衔接；高质量

从《中共中央 国务院关于实施乡村振兴战略的意见》提出"做好实施乡村振兴战略与打好精准脱贫攻坚战的有机衔接"到《中共中央 国务院关于打赢脱贫攻坚战三年行动的指导意见》再次提出"统筹衔接脱贫攻坚与乡村振兴"的要求，再到党的十九届五中全会审议通过《中共中央关于制定国民经济和社会发展第十四个五年规划和二〇三五年远景目标的建议》，首次明确提出要"实现巩固拓展脱贫攻坚成果同乡村振兴有效衔接"，2021 中央一号文件再次提出"全面推进乡村振兴，加快农业农村现

---

① 作者简介：李娜，江西赣州人，江西师范大学马克思主义学院硕士研究生，苏区振兴研究院硕士研究生，研究方向为马克思主义理论与当代中国经济社会发展。

代化"。这些政策规划厘清了脱贫攻坚与乡村振兴有效衔接的思路、方式和着力点，为全面消除农村绝对贫困、巩固脱贫攻坚成果指明了方向。那么在"十四五"开初之年，如何在巩固拓展脱贫攻坚成果的基础上做好乡村振兴这篇大文章呢？赣州市兴国县正在一步步地探索着、实践着、尝试着进行"无缝链接"。

# 一、脱贫攻坚与乡村振兴有效衔接的兴国实践

## （一）以产业兴旺为核心，推动产业提质扩面

（1）"135"农业产业迅速发展。围绕"135"现代农业产业发展定位，加快推进农业产业提档升级。重点支持首位蔬菜产业发展，截至2021年底，建成50亩以上规模基地98个、面积2.41万亩；其中大棚基地93个、占地面积2.32万亩。将芦笋确定为蔬菜主导品种，结合富硒土壤分布，划定"一核两翼"芦笋生产核心区，全县芦笋种植面积达2322亩。持续抓好生猪复产增养，全力推进加大集团20万头生猪养殖及100万头生猪屠宰深加工项目建设因地制宜发展特色产业，打造兴国灰鹅"一县一品"特色产业，培育年出笼万羽以上的灰鹅养殖基地或大户51个。[1]

（2）新型经营主体不断壮大。2021年，兴国县市级以上农业产业化龙头企业达到16家（其中省级6家）、农民合作社1177家、家庭农场354户。新增认证富硒农产品51种（累计认证67种），申报富硒示范基地10处；百丈泉、红天下公司获得"赣鄱正品"首批认证品牌；完成绿色有机农产品申报16种，并已获得认证7种。积极融入粤港澳大湾区农产品供应链，4处农业基地的6种单品成功入选粤港澳大湾区"菜篮子"生产基地。[2]

---

[1][2] "135"农业产业解析：一个中心，即以主导产业为中心；三大体系，即构建项目支撑体系、构建技术服务体系、构建平台服务体系；五种模式，即果园（农业）托管、生产要素入股、定制农业引领、产业+就业、集体经济发展搭载；兴国县人民政府官网. 全县巩固拓展脱贫攻坚成果工作调度会召开［EB/OL］. http://www.xingguo.gov.cn/xgxxxgk/c116836/202105/a9c5a2bb16ef491c89c75ab4e648a71e.shtml，2021-05-24.

## （二）以生态宜居为重点，提升农村人居环境质量

（1）持续抓好人居环境整治。持续开展村庄整治"五部曲"和农户"五净一规范"集中攻坚整治，全方位推进乡村人居环境整治。每年投入 6700 万元财政资金用于购买实施农村环卫一体化服务，加大第三方环卫公司监管力度，做到生活垃圾日产日清。2020 年来，共清理农村生活垃圾 10.2 万吨、乱堆乱放 5733 处、乱搭乱建 1.2 万平方米、沟渠 41.6 千米。①

（2）全力以赴开展乡村建设。2021 年，兴国县累计整合涉农资金 1.8 亿元用于乡村建设，结合乡村振兴村级建设重点打造 25 个示范村庄和 3 条精品干道，全面推进 244 个新农村点建设。深入推进厕所革命，全面摸排农村户厕情况，建立问题台账，扎实推动整改。截至 2021 年底，兴国全县摸排户厕 20.05 万户，共排查问题厕所 29751 个，已整改 3825 户；兴国县累计新建 82 座公厕（其中在建 30 座），改建 11 座公厕。②

（3）扎实抓好环境污染防治。截至 2021 年底，兴国县全年累计引进第三方试点实施东村乡小洞村等废弃矿山生态修复项目，建成国家级绿色矿山 2 个、省级绿色矿山 4 个，完成矿山修复 537.17 亩，治理流域水土流失面积 1200 余亩，新增农用地面积 327 亩。实施崩岗治理水土保持，山地植被覆盖率由原来的 28.8% 提升到 88.2%。2021 年，兴国县做好耕地土壤环境质量类别划定并通过了江西省厅专家评审，引入第三方公司做好 7923 亩受污染耕地安全利用，并做好 1249 亩严格管控区的监管巡查，确保不种植食用农作物。③

## （三）以乡风文明为保障，凝聚乡村振兴正能量

（1）加强农村传统文化保护与传承。兴莲乡官田村、梅窖镇三僚村、社富乡东韶村已纳入中国传统村落建设；建成兴国县非物质文化遗产专题博览馆，正在建设兴国县非物质文化遗产陈列馆；兴国提线木偶、兴国端戏、全堂吹纳入抢救性保护项目。同时，以兴国山歌为抓手，积极打造非遗重点项目和特色文化，努力培育兴国非遗名

---

①②③ "135" 农业产业解析：一个中心，即以主导产业为中心；三大体系，即构建项目支撑体系、构建技术服务体系、构建平台服务体系；五种模式，即果园（农业）托管、生产要素入股、定制农业引领、产业+就业、集体经济发展搭载；兴国县人民政府官网. 全县巩固拓展脱贫攻坚成果工作调度会召开 [EB/OL]. http://www.xingguo.gov.cn/xgxxxgk/c116836/202105/a9c5a2bb16ef491c89c75ab4e648a71e.shtml, 2021-05-24.

片，全力促进兴国文化繁荣发展。

（2）推进新时代文明实践中心建设。截至2021年底，兴国县成立了31支志愿者服务队伍，注册志愿者人数4万余人，采取"点单+派单+接单+评单"模式，每月开展各类志愿服务活动次数300余次。组织各村、组（屋场）每季度集中开展一次"扶德扶志、感恩教育"活动，2021年累计开展"扶德扶志、感恩教育"活动1045场次，覆盖群众2.63万余人次。同时，创新建立家庭积分制。积极开展"文明幸福卡"家庭积分制试点工作，同时在兴国县279个新时代文明实践站设立"亲情聊天吧"，为留守群体与在外人员开展亲情连线，2021年累计开展"亲情连线"活动5000余场。①

### （四）以治理有效为基础，健全农村治理体系

（1）建强基层党组织。2021年兴国县有序推进村（社区）"两委"换届选举，换届后，村（社区）"两委"班子成员来源结构、性别比例、年龄结构、学历层次等指标进一步优化，综合排名位列赣州市第一，村干部队伍质量有了较大提升。开展了新任职村（社区）党组织书记培训、村（社区）党组织书记和村（居）委会主任培训、村级纪检委员培训班等各类业务培训，尤其是针对抓党建促乡村振兴工作，组织了35名村有关负责同志赴浙江省海宁市开展专题培训，通过强化培训，切实提高干部综合素质。

（2）深化农业农村改革。深化农村集体产权制度改革，已完成村集体经济组织赋码登记、颁证、开户等工作，并有序推进村级组织"账务分开"。选取埠头乡为农业农村"三改合一"试点乡镇，整合、盘活闲置房产等资源，发展壮大村集体经济；稳慎推进农村宅基地管理制度改革试点工作，在每个乡镇选择一个村进行宅基地改革试点，有序开展夯实宅基地管理基础、完善宅基地资格认定、创新宅基地有偿使用机制、退出机制，用活"增减挂"政策等，边探索、边总结、边提炼，务求改革实效，全面完成农业综合行政执法改革。

---

① "135"农业产业解析：一个中心，即以主导产业为中心；三大体系，即构建项目支撑体系、构建技术服务体系、构建平台服务体系；五种模式，即果园（农业）托管、生产要素入股、定制农业引领、产业+就业、集体经济发展搭载；兴国县人民政府官网．全县巩固拓展脱贫攻坚成果工作调度会召开［EB/OL］. http：//www.xingguo.gov.cn/xgxxxgk/c116836/202105/a9c5a2bb16ef491c89c75ab4e648a71e.shtml，2021-05-24.

### （五）以生活富裕为根本，提高乡村民生保障水平

（1）抓牢防止返贫动态监测帮扶机制。将人均可支配收入6000元/年设定为返贫致贫风险户识别收入警戒线，建立"每月监测会商、每月信息比对、每月研判处置"工作机制，确保实现应纳尽纳、应帮尽帮、能消则消。坚持精准施策，根据"三类人员"风险类别、发展需求等落实"1+N"综合性帮扶措施，按照"缺什么补什么"的原则开展针对性帮扶，建立"一户一册"走访帮扶台账。

（2）强化政策落实。巩固拓展"两不愁三保障"和饮水安全成果，落实教育、医疗、住房、饮水等帮扶政策，实现问题动态清零。深入开展农村饮水安全巩固提升"百日攻坚行动"，持续对农村供水水质进行抽检，确保农村供水水质达标。

（3）巩固拓展脱贫成果。加大龙头企业、农民专业合作社、家庭农场、种养基地、创业致富带头人等经营主体扶持力度。巩固"百企帮百村"成果，全面启动实施"万企兴万村"行动，加强对接服务，引导企业不减帮扶力度，增强"造血"能力。进一步加强易地搬迁后续扶持工作，创新安置"点长"工作机制，在兴国县29个集中安置点，安排1名县领导或乡镇领导担任"点长"，实现搬迁群众帮扶全覆盖。

## 二、脱贫攻坚与乡村振兴有效衔接存在的问题

基础设施建设存在不平衡。脱贫攻坚期间对"十三五"脱贫村的项目、资金投入有所倾斜，虽然统筹投入了非脱贫村一定资金，但部分困难村在乡村建设、基础设施完善上投入仍存在短板。

产业规模化程度较低。由于产业基础、地域条件等影响，总体来看，兴国的产业还存在基地规模化程度低、区域分布较散、产业链条较短等问题，产业发展质量和效益有待提升。农技服务体系滞后。县乡农技队伍普遍面临老龄化较严重、年轻力量补充不上的难题，且缺乏在生产一线示范推广农业生产技术的实用人才，导致基层农技服务滞后。

# 三、巩固拓展脱贫攻坚成果同乡村振兴有效衔接的推进路径

## （一）夯实政策体制，持续释放政策叠加效应

第一，在财政上推进涉农资金统筹整合，探索建立覆盖各类涉农资金的"大专项＋任务清单"模式管理，实现政策目标和任务清单相对应，着力搭建目标一致、规划统一、权责匹配、上下联动的涉农资金统筹机制，优化财政支农投入供给，加快补上"三农"领域突出短板，提升农业农村治理的能力和水平。第二，完善农村金融资金回流机制，加大对乡村振兴重点领域和薄弱环节的金融倾斜力度，满足建档立卡贫困户创业、就业、就学等多元需求；建立农村金融风险缓释机制，加大对社会资本融资担保支持力度，更好地满足乡村振兴多样化、多层次的金融需求，推动城乡融合发展。

## （二）抓好产业帮扶衔接，激发内生发展动能

产业兴旺是乡村振兴的重要基础。第一，兴国县应持续优化顶层设计，做好产业发展规划。乡村产业振兴要厘清产业发展思路，依托当地资源禀赋、优势条件，因势利导，在产业发展方向上进行科学研判，并制订科学的产业发展规划，做到乡村振兴建设有遵循、有抓手。第二，稳定巩固产业基础，提升可持续发展能力。加强晚稻田间管理，有序推进以油菜种植为主的冬季农业生产工作，确保高质量完成全年粮食生产目标任务。聚焦蔬菜首位产业，强化基地管理，大力培育基本菜农。第三，加快产业融合发展，延伸产业链和价值链。加大农业招商力度，着力引进农业加工企业，并加快推进100万头生猪屠宰深加工项目建设，逐步补齐农业加工短板。加快建设富硒产业示范基地，加大富硒农产品等品牌创建力度。积极认证粤港澳大湾区"菜篮子"基地，抢占粤港澳大湾区农产品直供市场份额，打通兴国县农产品生产、加工、销售各个环节，加快推进一二三产业融合发展。

### （三）推进人才衔接，不断厚植人才发展沃土

人才是实施乡村振兴战略的关键要素。应加快推进"人才扶贫"与"人才振兴"的有效衔接。第一，推动新乡贤回嵌乡土参与乡村振兴，实现个人价值与乡村价值的有机统一。新乡贤是以乡情乡愁为纽带、以嘉德懿行为特质、以奉献乡里为追求的贤人志士，既保留了最厚重、最质朴的传统美德，又有与时俱进的现代文明，是新时代推进乡村振兴的重要力量。第二，打造本土优秀人才队伍，激发乡村振兴的内生动力。接续推进兴国县乡村全面振兴，不仅要做好引进精尖的农业技术和管理人才的"筑巢引凤"工作，更要做好"本土孵化"，因地制宜地发掘和培养一批带领技艺传承、带强产业发展、带动群众致富的乡土人才。

### （四）点燃强劲"红色引擎"，做强振兴品牌

兴国县作为全国著名的苏区模范县，应立足本地资源禀赋，依托丰富红色文化资源，积极开展乡村振兴有效探索。第一，以红色旅游融合产业发展，助推乡村产业兴旺。打造精品旅游线路，大力发展红色培训和红色研学。着力丰富旅游业态，围绕"吃住行游购娱"旅游六要素，统筹推进红色旅游与特色餐饮、乡村民宿、休闲采摘等业态的融合。第二，以红色基因强化培根铸魂，促进乡风文明建设。通过讲好红色故事，挖掘红色文化，创作红色作品，撰写红色书籍，拍摄红色电影等形式，增强群众红色文化认同感、归属感和自豪感，培育良好家风、淳朴民风。第三，以红色名村助力组织建设，实现乡村治理有效。将全县红色名村全部列入重点帮扶村行列，着力进行打造提升。探索实施"1+N"党性锻炼机制，强化基层党组织战斗堡垒作用，提升治理能力和治理水平。

**参考文献：**

[1] 中共中央国务院关于实施乡村振兴战略的意见 [N]. 人民日报, 2018-02-05 (001).

[2] 中共中央国务院关于打赢脱贫攻坚战三年行动的指导意见 [N]. 人民日报, 2018-08-20 (001).

[3] 中共中央关于制定国民经济和社会发展第十四个五年规划和二〇三五年远景

目标的建议［N］．人民日报，2020-11-04（001）．

［4］邹春梅．乡村振兴背景下新时代乡村文明实践中心建设现状及路径研究——基于 H 区的调研［J］．农村经济与科技，2021，32（19）：278-281.

［5］芦千文．新时代发展农业生产性服务业的新要求［J］．农业经济与管理，2019（3）：33-41.

［6］曹中秋．打造人才引擎助力乡村振兴［J］．人民论坛，2019（23）：70-71.

［7］习近平在河南考察时强调　坚定信心埋头苦干奋勇争先　谱写新时代中原更加出彩的绚丽篇章［J］．人大建设，2019（10）：3-6.

［8］李平．精准扶贫对西南民族关系的影响研究——以贵州 L 县为例［J］．西昌学院学报（社会科学版），2018，30（4）：39-45，51.

# 乡村振兴背景下赣南苏区基层党建研究

黄　亮[①]

**摘　要**：党的十九届五中全会提出，优先发展农业农村，全面推进乡村振兴。农村基层党建是党在农村领导和执政的组织基础。当前，农村基层党建工作面临着诸多挑战和难题。因此，创新农村基层党建工作、总结农村基层党建成功经验尤为重要。赣南苏区充分发挥革命老区优势，整合资源，以群众需求为导向，统筹规划，在制度设计和工作方法上不断创新，探索出农村基层党建的一些经验做法。为深入宣传习近平新时代中国特色社会主义思想，进一步推动农业全面升级、农村全面进步、农民全面发展提供了重要遵循。

**关键词**：基层党建；赣南苏区；乡村振兴

# 一、引言

党的十九届五中全会提出，优先发展农业农村，全面推进乡村振兴，这一论述与党的十九大报告中"实施乡村振兴战略"一脉相承，又与时俱进。"全面"二字内涵丰富，既体现了乡村振兴已取得阶段性成果，又指向下一阶段将往扩面提质方向发力。实施乡村振兴战略是党的十九大做出的重大决策部署，也是中国特色社会主义进入新时代破解农村发展困境的又一根本性举措。全面建成小康社会和全面建设社会主义现

---

① 作者简介：黄亮，江西抚州人，江西师范大学马克思主义学院、苏区振兴研究院 2020 级硕士研究生，研究方向为马克思主义与当代中国经济社会发展。

代化强国，最艰巨、最繁重的任务在农村，最广泛、最深厚的基础在农村，最大的潜力和后劲也在农村。农村基层党组织是党在农村全部工作的基础，是推进乡村振兴战略的核心力量和重要抓手。2019年5月20日，习近平总书记到赣州视察调研，充分肯定赣南苏区振兴发展取得的成绩，提出建设革命老区高质量发展示范区的殷切期望。赣南苏区出台开展基层党建质量提升行动实施意见，全面推动基层党建质量整体提升，以高质量党建引领保障革命老区高质量发展。分析赣南苏区基层党建引领乡村振兴发展的探索实践，总结提炼其中的先进做法和成熟经验，有助于赣南苏区在加快革命老区高质量发展上勇争先提供参考借鉴。

# 二、坚持党建引领实施五大举措

传承红色基因，加强凝聚力。赣南人民牢牢把政治建设摆在首位，坚定不移跟党走、听党话，坚决做到"两个维护"。一是市委书记带头上党课，县乡村三级党组织负责人跟进，讲共产党人的初心使命，增强党员干部维护核心的思想自觉和行动自觉。二是常态开展"五红"活动——读红色家书、讲红色故事、唱红色歌曲、观红色影视、看红色展馆。三是实施"集中学习日"制度，推行党组织生活"3+X"学习模式——集体诵读一段党章、一篇习近平总书记重要讲话、讲一个初心故事，安排若干名党员发言，不断激发党员对党的内在认同。四是严把干部选拔政治关口，对考察对象进行德的考核反向测评、家访考察，坚决把"两面人"挡在门外。强化党员日常行为检视，实行"积分预警"管理，每年至少开展一次党员"党性体检"。

实施"头雁工程"，增强领导力。一是拓宽视野"选"，以提升组织力为重点，建立村级后备干部队伍，注重把年富力强、有奉献精神、公道正派的党员群众充实到支部班子和村组。二是多管齐下"育"，推进红色资源优势最大化转变为教育培训优势，打造红色教育培训基地。同时与中国井冈山干部学院签订全面深度合作协议，借助其雄厚师资帮助开发打造精品教学点、培训教学人员，每年选派重点班次到赣南开展现场教学，形成一群带动一片的"雁阵效应"。三是宽严相济"促"，把党建工作成效与干部使用结合起来，既正向激励，又反向倒逼。将能否适应乡村振兴工作需要作为选举村"两委"干部、选派驻村第一书记的重要标准。

全面深入调研，提升精准力。一是带着问题清单调研，赣南苏区在制定政策前，专门召集组织部门、市直各党（工）委等听取党建工作情况汇报，梳理赣州市党建基本情况、列出调研问题清单，带着问题随机深入机关、国企、学校、社区等开展调查研究，与基层党员干部群众面对面，发放调查问卷、征集意见建议，多层次、多方位、多渠道了解基层党建工作真实情况。二是组建专业指导组，市县两级分别组建党建工作专业调研指导组，长年沉到基层，一个一个支部"过筛"，面对面帮助基层查摆问题、整改提升，推动各地先进支部率达到20%以上、后进支部率控制在2%以下。特别是针对突出问题和薄弱环节，进行集中攻坚，补强弱项。

紧抓工作落实，提升战斗力。一是对赣南苏区各单位贯彻落实"党建12条措施"情况实行"清单式"管理，"常态化"督促落实。不仅定期召开党建工作调度会，解决贯彻落实过程中存在的问题，还将贯彻落实"党建12条措施"情况列入市直单位党组（党委）书记抓党建述职评议考核的重要内容。二是按照专业人抓专业工作的思路，市县两级分别组建由懂党建的领导干部任组长、经验丰富的专职党务干部为成员的组织工作巡察调研队伍，按照"一把尺子量到底"的要求，专门对每一条措施的落实情况，常态化进行跟踪问效。对巡察调研发现问题较多、推进不力的党组（党委）进行约谈提醒，责成整改到位，推动工作抓在日常、落到实处。

强化宣传推广，扩大影响力。一是赣南苏区针对"基础业务工作抓得比较实，基层党建创新意识较强，但经验做法总结提升和面上推广做得不够"的实际情况，坚持加强工作经验总结、理论探索，突出提升理论性、增强实践性、扩大覆盖面、提高影响力。二是开展"每个领域梳理总结提炼1个以上基层好经验好做法"行动，每年组织党务干部参加党务技能大赛，加强基层典型经验做法的推广力度。三是组织有经验的专职党务人员，对基层的探索实践做法进行总结提升，上升为基层党建规定性任务，在赣州市进行推广。四是采取党建宣传月、党建博览会、党建流动现场会等措施，引导基层守正创新，唱响党建好声音。赣南苏区创品牌，总结经验做法，强化宣传推广，树立鲜明工作导向，最大化释放基层党建样板的示范引领效应。

# 三、党建引领显成效，苏区振兴大发展

培养一批有能力的乡村振兴带头人。充分利用赣南苏区红色资源，打造红色教育培训基地，在加强党员干部党性教育上积累了一定经验。赣南苏区强化精品意识，采取靠大联强模式，与中国井冈山干部学院签订全面深度合作协议，借助其雄厚师资帮助开发打造精品教学点、培训教学人员，巩固拓展成果。牵头与遵义、延安组建"红色教育培训联盟"，打造红色教育精品教学线路，互相输送红色教育培训学员，持续提升红色教育培训影响力。

树立了一系列赣南苏区党建示范样板。南康区东山街道坳圳村党支部在集体经济发展中发挥主导作用却不大包大揽，坚持市场化运作，立足自身"家具村"的优势，瞄准家具产业发展需求，积极探索消防、环卫、就业等有偿服务，成为资源变资本、服务增效益的一个经典实例。宁都县结合大棚蔬菜主导产业，探索出了"县出资、乡建设、村管理、户种植"发展模式，通过建设出租1.2万亩村集体大棚，100个村来经营管理，提高农户收入。

巩固了基层党组织在乡村振兴中的主导地位。赣南苏区全面实施党建阵地改造提升工程，村委会全部按照"七室两中心"设置要求，完成新建、整修和靓化工作，使"有党建标识的地方，就能找到党支部"。在强化服务功能的同时，拉近了群众和党组织的距离，增强了群众对党组织的信任和依靠。建设新时代文明实践站点。以党建之风引领文明新风，通过抓实党建，结合新时代文明实践站建设，把党的理论政策宣传作为新时代文明实践站工作开展的主要出发点，在部分村实践站设置"党建书屋"，引导党员群众把学习融入日常经常，推动党的组织从"有形"覆盖向"有效"覆盖转变。

# 四、赣南苏区党建引领乡村振兴发展的经验启示

赣南苏区在推进设乡村振兴实践过程中，持续深入贯彻习近平总书记视察江西和赣州重要讲话精神，认真落实江西省委、省政府和中共江西省委组织部决策部署，坚持加强和改进党对"三农"工作的领导，切实把新时代党的建设总要求和新时代党的组织路线贯穿到乡村振兴工作的方方面面，成功谱写了"产业兴旺、生态宜居、乡风文明、治理有效、生活富裕"的新时代乐章，引领和推动乡村振兴战略落地见效。党建引领苏区振兴发展的生动实践，给党建引领基层社会治理带来了全方位的深远影响，为推动基层党建工作落地、建好新时代"伟大工程"提供了有益启示。

干部工作要学懂理论、敢于创新。实现乡村全面振兴这一新时代伟大任务，离不开科学思想的指引。赣南苏区坚持以习近平总书记关于"三农"工作的重要论述为指导，依托赣南苏区丰富的红色资源坚定不移在苏区振兴上下功夫、开新局，走出了一条苏区特色的乡村振兴之路。赣南苏区的生动实践证明，只有始终坚持以习近平新时代中国特色社会主义思想为指导，才能准确把握实施乡村振兴战略的基本要求和重点任务，因地制宜、精准施策、集中力量、攻坚克难，奋力推动乡村实现全面振兴。坚持以创新为动力，将红色资源转化为破除束缚实现农业农村现代化的体制机制问题的利器。"一把钥匙开不了千把锁"，赣南苏区每一个村的发展没有"万能公式"可套。

出台政策要调查研究、找准问题。赣南苏区坚持把调研作为制定出台政策必修课，在出台政策措施之前，不草率简单做判断、下结论、发文件，而是深入基层了解党建工作的实际情况，把准党建工作存在的问题，针对问题提出对策措施。相关政策制定出台后，之所以能在短时间内取得这么好的效果，关键在于"脉搏把得准、药方下得对"。

制定措施要抓住要害、务实管用。一项好的措施关键要管用、有用，制定出台政策必须紧扣基层实际，发现问题不回避、不遮掩、不护短，逐个解剖分析，提出针对性强、操作性强、可执行的对策措施。针对党建工作不重视、责任不落实的问题，明确各党（工）委分领域制定党建工作责任清单；对党务干部动力不足、"不愿干事"

的问题，把党建工作成效与干部使用结合起来，一方面树立鲜明用人导向，另一方面抓实党组（党委）书记年度党建述职评议工作；针对党务干部配备不足、"无人干事"的问题，在机关推行党务与人事部门合署办公、交叉任职。在解决问题过程中，抓住问题关键要害，不搞"一锅煮"，等等。赣南苏区"党建12条措施"是在综合汇总县（市、区）组织部门及相关职能单位提出的40多条解决措施的基础上逐条进行研究讨论并精减提炼出的，项项直面解决问题，有针对性地解决最大的、最急切的、需要解决的问题，达到"牵一发而动全身"的效果，确保措施高效落地。

推进落实要牢记责任、强化监督。一分部署，九分落实。出台政策措施最终目的在于成果转化、推动工作，不抓督查检查考核，落实就容易走偏甚至落空。赣南苏区"党建12条措施"出台后，把跟踪问效贯穿于全过程，强化日常监督，出台党建巡察制度，建立动态调度机制，采取一个支部一个支部过、一项一项抓的办法，按照"一把尺子量到底"的要求，专门对每一条措施的落实情况，常态化进行跟踪问效，确保了"党建12条措施"落地生根、开花结果。实践告诉我们，文件写到了纸上，还不是真功夫，只有让这些措施传导到各级党委（党组）书记中才能保证措施落地。

# 五、结语

乡村振兴对于中国整体发展与治理水平的提升来说意义显著，如何有效推进乡村振兴考验着中国共产党的执政能力与智慧。乡村振兴是一项长期的、复杂的、系统性的工程，农村基层党建是有效推进的一个抓手。建设强有力的农村基层党组织在推进乡村振兴过程中具有基础性地位。乡村振兴具有复杂的任务内容体系，强有力基层党组织的在场有利于提升乡村振兴的实效。赣南苏区通过打造红色教育基地与培育基层党建带头人来壮大乡村振兴所需的组织力量；建设新时代文明实践站点重塑农村基层党组织的权威与公信力来促进农民主体的参与和配合等一系列有效措施，使基层党建也成为实施乡村振兴战略的引擎。相信在党中央发展农村优先性政策支持的基础上，充分发挥农村基层党组织战斗堡垒作用，我们的乡村必定全面振兴，农业强、农村美、农民富必定全面实现。

**参考文献：**

［1］董江爱，张瑞飞．联村党支部：乡村振兴背景下农村基层党建方式创新［J］.中共福建省委党校（福建行政学院）学报，2020（2）：60-66.

［2］邓凌月．传承红色文化推动乡村振兴［N］.经济日报，2020（001）.

［3］王礼鹏．党建引领乡村振兴发展的地方实践与经验启示［J］.国家治理，2018（15）：42-48.

［4］聂继红，吴春梅．乡村振兴战略背景下的农村基层党组织带头人队伍建设［J］.江淮论坛，2018（5）：39-43.

［5］马莉．新时代乡村治理体系中的德治研究［D］.兰州大学硕士学位论文，2019.

［6］毕文锐．以加强基层党组织建设推动乡村振兴［N］.经济日报，2020，11-24（001）.

# 江西省"红色+旅游"高质量发展路径研究

杜怡怡①

**摘　要**：我国红色文化旅游发展在近几年取得了一定的成效。江西红色文化旅游资源丰富，旅游发展成效显著。但是，江西红色文化旅游发展仍存在红色资源分散、开发能力不足、产品市场定位模糊、产业品牌意识淡薄、产业整体创新能力较差等问题。应将加强"三色融合"转换资源、塑造和强化江西红色旅游文化品牌、加强红色文化产品创新与文化市场拓展相结合促进红色文化旅游高质量发展。

**关键词**：江西；高质量发展；红色文化；旅游

## 一、引言

如何以红色文化旅游高质量发展促进产业结构调整、实现经济转型发展，是值得研究的重要理论问题和现实问题。文化旅游融合发展是新发展理念的必然要求，成为经济社会发展的大势所趋，而红色文化旅游高质量发展是其中的重要内容。尤其是在当下我国面临出口受阻的国际大背景下，大力促进红色文化旅游的高质量发展对于扩大国内文化旅游消费、畅通国内大循环、形成以国内大循环为主体与国内国际双循环相互促进的新发展格局，有着十分重要的意义。

江西红色文化资源丰富，红色文化旅游的基础和条件较好，红色文化旅游发展的

---

① 作者简介：杜怡怡，江西赣州人，江西师范大学马克思主义学院 2020 级马克思主义理论硕士研究生，研究方向为马克思主义与当代中国经济社会发展。

潜力巨大。发掘江西红色文化承载的政治、经济、文化、历史等多重价值，向世人展示江西崭新的时代风貌，是弘扬红色文化、彰显革命精神的举措。本文以江西为样本，分析"红色+旅游"的高质量发展路径。

# 二、研究综述

## （一）相关概念与内涵

沈成飞、连文妹（2018）认为，红色文化指的是中国共产党在领导全国人民实现民族独立与国家富强的历史进程中不断凝练起来的，并且以马克思主义中国化为核心要义的红色精神及遗存。

## （二）关于红色旅游的价值意蕴

发展红色旅游对于推进马克思主义中国化具有重要意义，因为红色资源是党领导中国人民经过多年的浴血奋战形成的物质与精神财富，是我国特有的。王雄青（2020）指出红色旅游具有一定的公共性和公益性，其目标是弘扬光荣的革命精神、伟大的民族精神和爱国主义传统，在此意义上，红色旅游是政治工程、文化工程、教育工程。毛日清（2002）认为"红色旅游"是追求丰富多彩文化生活的体现，也是建设社会主义先进文化的重要内容。

## （三）关于红色旅游资源的挖掘

梅宏（2010）认为只有发掘和整理红色文化资源，红色旅游业才能有灵魂，从而提升其品位。王雄青（2020）认为应当针对各地不同的旅游资源产品类型进行因地制宜的开发，利用各种形式和手段充分挖掘现有旅游资源的文化内涵，对旅游资源进行适当开发与再造，从而展现自身的特色与优势。饶志华、彭恩仁（2013）认为江西应当结合国家背景，以扩大红色文化产业为出发点，进一步开发和利用江西红色文化资源，树立江西红色文化品牌，促进以红色文化为主的江西旅游业发展，并推动其成为经济发展的支柱性产业。

综上所述，国内大部分学者主要从专题立项研究、价值精神、资源建设层面来解读红色文化的旅游发生机制和过程、经验、启示等，或者从实施相关保障措施入手来厘清目前困境，全面、客观地探索了推进红色文化旅游"文旅融合"之路，为本文提供了借鉴，奠定了研究基础。但现有文献在分析制约红色文化旅游高质量发展的瓶颈、找准发展定位、推进红色文化旅游高质量发展的路径选择等方面，仍然存在不同程度的不足，需要我们持续深入探究。

## 二、江西"红色+旅游"的发展现状与存在的问题

### （一）江西"红色+旅游"的发展现状

截至 2021 年 8 月，江西红色旅游景区建有 3 个 AAAAA 级、17 个 AAAA 级、25 个 AAA 级和 2 个 AA 级。各 A 级红色旅游景区完成了"一路（景区公路）三道（栈道、索道、游步道）一平台（观景平台）"等配套基础设施建设，形成了红色景区集群化打造、瑞金整合包装发展、井冈山红色培训、旅游者权益保护等一批可复制的、可推广的红色旅游全国性样板发展模式。江西有国家级爱国主义教育基地 204 个，占革命遗址总数的 8.4%；省级爱国主义教育基地 70 个，占革命遗址总数的 2.8%；市级爱国主义教育基地 96 个，占革命遗址总数的 4%；县级爱国主义教育基地 270 个，占革命遗址总数的 11.1%。据中国共产党中央委员会宣传部命名公布的国家级爱国主义教育示范基地，江西有 14 个。[①]

根据 2019 年相关数据，全年国家红色文化旅游综合收入超 3000 亿元，人均消费则达到 260 多元。与此同时，江西红色旅游综合收入超过 1100 亿元，人均消费超过 800 元。至 2021 年 8 月，江西年游客接待量超过百万次的红色景区达到 7 个，超过 500

---

① 人民文旅网. 全国人大代表朱虹：江西红色旅游应有更大作为［EB/OL］. https：//www. peopletrip. cn/details/mzbu6cQJg. html，2021-03-10；江西省文化和旅游厅. 省文化和旅游厅关于省政协第十二届四次会议第 0365 号提案会办意见的函［EB/OL］. http：//dct. jiangxi. gov. cn/art/2021/5/19/art_ 14526_ 3364697. html，2021-05-19.

万人次的有 4 个。[①]

然而，目前江西文化产业整体实力还较为薄弱。虽然江西红色旅游业总体发展呈上升趋势，但与国内红色文化旅游的许多热点地区相比，还存在较大差距。

## （二）江西"红色+旅游"存在的问题

### 1. 红色资源分散，开发能力不足

江西省地域广阔，红色文化旅游景点分散在各个不同县市，地形以山地丘陵居多，在城市基础设施建设上缺乏全局性思维，在市、区、县之间没有规模化的文化旅游路线规划，红色文化旅游景点休闲配套设施不完善，再加上交通状况相对落后，尤其是高铁、磁悬浮列车、地铁、民用航空交通等现代交通工具发展不够快速，游客体验满意度不高，景点对江西省外及其较远地区的游客缺乏吸引力。目前各级政府成为江西红色文化资源开发的主体，但开发主体单一，且缺乏对于红色文化资源开发利用过程的监督，易形成地方政府主导内部开发的局面，缺乏联合开发意识，造成资源浪费、景点分散、经费不足等各种问题。

### 2. 红色文化产品市场定位模糊，红色文化产业品牌意识淡薄

在江西红色文化资源的开发过程中，许多具有潜在市场价值的红色文化产品得到了开发。但是，我们应当清醒地看到，这些产品由于市场定位的模糊，拓展不力，在市场竞争中处于弱势地位，市场份额不足。

另外，江西的红色文化产业品牌意识也比较淡薄。江西红色文化资源大多处于偏僻地区，缺乏红色文化产业发展的营销人才。红色文化产品的生产者也非专业人士，缺乏统一的组织和策划，这在一定程度上削弱了江西红色文化产品的竞争力，不能有效地打造江西红色文化产业品牌。

### 3. 红色文化产业整体创新能力较差

红色文化资源还没有作为一个系统工程来加以研究利用，大多数地方政府仅把红色文化资源单纯地作为旅游资源或历史文化资源加以开发利用，没有充分发挥江西红

① 人民文旅网．全国人大代表朱虹：江西红色旅游应有更大作为［EB/OL］．https：//www．peopletrip．cn/details/mzbu6cQJg．html，2021－03－10；江西省文化和旅游厅．省文化和旅游厅关于省政协第十二届四次会议第 0365 号提案会办意见的函［EB/OL］．http：//dct．jiangxi．gov．cn/art/2021/5/19/art_ 14526_ 3364697．html，2021－05－19．

色文化资源的合力。江西省各地方政府大力挖掘红色文化旅游资源，却未充分发挥红色文化资源的整体效益。当前，红色旅游资源开发形式简单，以静态观光的内容居多，大多采用博物馆陈列、橱窗展示，内容较空泛，展示方式较单一，表现手段较落后，单纯以文字图片为主的平面介绍枯燥乏味，不符合现代审美观念和游客的消费心理，难以对游客产生强烈吸引力，与市场需求差距较大，同时当地政府在红色文化产业打造上缺乏积极进取和创新精神。

# 三、江西"红色+旅游"高质量发展路径

## （一）"三色融合"转换资源

江西省要大力发展红色旅游为龙头，引领和带动绿色、古色旅游快速发展，促进经济社会全面发展，这已经成为促进红色旅游高质量发展的主流趋势之一，江西省应积极推进古色生态、绿色生态与红色文化旅游的"三色融合"。

江西省应大力推动红色观光与农家文化休闲旅游产品、古村落文化旅游休闲产品、古遗址文化旅游产品融合开发；促进红色文化旅游和民俗游、健康游、生态游、乡村游、休闲游等业态的深度融合发展，致力于打造"多彩苏区、红色故都"的文旅融合综合品牌。例如，江西南昌以南昌八一起义纪念馆为中心，梅岭、梅湖、东湖、赣江、天香园等绿色生态景观交相辉映，形成以周边原有景点助力的红色旅游观光品牌，展现丰富的地域文化资源优势，优化整合田园康养、乡野民宿、乡土体验、农耕研学、生态露营等新型形态，将自然生态优势转化为促进发展的资源优势。

江西省应推进区域间互联互通，打破各地分散独立发展的格局，加强区域间、不同景区间的互联互通，形成全域旅游合力，促进红色旅游发展的精确性、科学性管理，走个性化、品牌化发展方向，实现区域间、景区间、特色旅游资源间的有效整合，完善建设一批区域合作红色文化旅游示范区。

## （二）塑造和强化江西红色旅游文化品牌

品牌是产品竞争力的表现形式，因此品牌对产业集群的竞争力建立和发展具有重

要推动作用。作为全国著名的革命老区，江西红色旅游文化资源丰富，在全国享有很强的影响力，这也为塑造江西红色旅游文化品牌奠定了坚实的基础。结合江西省内各区域红色旅游文化资源的特点，江西可以塑造和强化区域性红色旅游文化品牌，再将这些区域性红色旅游文化品牌逐步融合成江西省级层面的红色旅游文化品牌。例如，江西省的旅游口号"江西风景独好"，南昌的"天下英雄城"，抚州的"一个有梦有戏的地方"，流坑村的"千古第一村"等，都能够使旅游者接收到最直观、最清晰的文化信号。以井冈山为例，可以依托入选全国红色旅游经典景区的井冈山红色旅游系列景区、大型实景演出《井冈山》等特有的红色旅游文化资源，塑造和强化井冈山红色旅游文化品牌。江西应当做好对特色文化的挖掘工作，将绿色文化、古色文化和红色文化固化、物化、活化，才能打造出富有江西特色的乡村旅游品牌，助推乡村旅游高质量发展。

### （三）加强红色文化产品创新与文化市场拓展相结合

江西红色文化产品众多，但多数为粗加工产品。江西有关部门应当进一步提升红色文化中物质类产品的附加值，通过对产品的包装将红色文化产品打造成为有内涵并且实用的商品，以满足消费者需求。对于红色文化中的精神类产品，江西有关部门应当进一步融入现代元素，通过缩小其与消费者之间的距离，把其打造成为大众认可的文化产品，也可引领少数此类产品走高端路线，提升其意义，将其打造成精英文化群体消费的文化产品。针对国内外消费群体对红色文化产品的态度差异，江西应当采取有所区别的方式进行创新，以满足多样性的文化需求。在加强红色文化产品创新的基础之上，江西应当注重文化市场的拓展，不但要在国内市场上站稳脚跟，也应当进军国际市场。

## 四、结论与展望

红色文化旅游作为一个系统性工程，其发展涉及宣传推介、项目建设、资本吸纳、旅游培训、旅游秩序、旅游安全等多方面要素，要在文旅融合契机下有机整合这些要素。面对红色文化旅游市场的新需求、新变化、新竞争，我国红色文化旅游要以资源为基础、以市场为导向、以项目为抓手、以内容创新为核心，坚持"内容、质量为首"的原则，进一步拓展红色旅游发展空间，优化红色文化和旅游资源，促进文化遗产发掘和保护，提高资源的开发、整合与利用效率。打破各地分散独立发展的格局，加强区域间、不同景区间的互联互通，形成全域旅游合力，着力打造红色文化旅游精品区，实现区域间、景区间、特色旅游资源间的有效整合，为相对较为传统的红色文化旅游产业注入旅游发展动力和市场潜能，释放文化制度改革的红利，形成更加有利于红色文化旅游城市建设的良好制度氛围，不断推进我国红色文化旅游高质量发展。

**参考文献：**

[1] 沈成飞，连文妹．论红色文化的内涵、特征及其当代价值 [J].教学与研究，2018（1）：97-104.

[2] 陈瑾．文化产业与旅游业融合发展机理及政策选择——以江西省为例 [J].企业经济，2014（5）：122-126.

[3] 毛日清．老区建设与"红色旅游"事业的发展 [J].求实，2002（12）：49-50.

[4] 谢珈，刘蓉玲．打造江西乡村旅游文化特色品牌 [J].老区建设，2019（22）：42-47.

[5] 王雄青．江西红色文化旅游发展对策研究 [J].文化产业，2020（32）：21-22.

[6] 梅宏．提升江西红色旅游业的新视点 [J].当代江西，2010（11）：16-17.

[7] 江梅玲．江西赣州市红色文化传播策略分析 [J].品位经典，2019（11）：22-23，26.

[8] 王雄青，胡长生．文旅融合背景下红色文化旅游高质量发展路径研究——基于江西的视角 [J].企业经济，2020，39（11）：100-107.

[9] 严景宁，薛奕珂．新常态下江西红色旅游文化产业集群演化机理及发展对策 [J].价值工程，2018，37（33）：30-32.

[10] 庞振宇．论江西红色文化资源产业化开发 [J].红色文化资源研究，2015，1（1）：101-107.

［11］陈志军，黄志繁．江西红色文化产业化发展对策研究［J］．老区建设，2013（20）：26-27.

［12］饶志华，彭恩仁．江西红色文化资源开发的问题及对策［J］．开放导报，2013（1）：101-104.

［13］刘文阁．大力发展红色旅游［N］．贵州日报，2021-09-01（007）．

# 新时代乡村振兴下苏区乡风文明实践探索

杨丽萍①

**摘要**：2021年指导"三农"工作的中央一号文件强调要"加强新时代农村精神文明建设"，推动形成文明乡风、良好家风、淳朴民风，要深入挖掘、继承创新优秀传统乡土文化，把保护传承和开发利用结合起来，赋予中华农耕文明新的时代内涵。本文介绍了乡风文明建设的内涵、重要性、存在的问题、经验措施，认识到新时代乡风文明建设的重要意义。实现中华民族伟大复兴必须推进乡村振兴，而乡风文明是乡村振兴的灵魂和保障，抓乡风文明建设就牵住了乡村振兴的"牛鼻子"。赣南作为苏区的主要阵地，苏区振兴发展是实现中华民族伟大复兴的剪影，所以我们必须把苏区的乡风文明培育好、建设好、发展好。

**关键词**：新时代；乡村振兴；乡风文明；苏区

## 一、引言

农村美起来、农民富起来、农业强起来是建设社会主义现代化强国的必然要求。从古至今我们对乡村都有一种特殊的情怀，乡村是乡风文明建设的联系纽带。赣南等地作为原中央苏区的主要阵地，苏区的乡风建设一直是其发展的重要支撑，是实施乡村振兴战略中一项非常重要的工作，也是我国农村建设的一项重要内容。为深入贯彻

---

① 作者简介：杨丽萍，江西瑞金人，江西师范大学马克思主义学院、苏区振兴研究院硕士研究生，主要研究方向为马克思主义与当代中国经济社会发展。

习近平总书记的重要讲话精神，加快推进苏区高质量发展，培育苏区文明乡风，建设新时代文明乡村，我们要进一步加强乡风文明建设，必须将其摆在农村社会发展的重要位置。

## 二、乡风文明的内涵

乡风文明是指农民群众的思想、文化、道德水平不断提高，在农村形成崇尚文明、崇尚科学的社会风气，农村的教育、文化、卫生、体育等事业发展逐步适应农民生活水平不断提高的需求。新时代的乡风文明与传统的乡风文明是互补的，在实践中形成了具有中国特色的时代特征，推进乡风文明建设的实质是推进精神文明建设，促进乡村发展。

## 三、新时代的乡风建设在乡村振兴中的重要作用

农村建设历来是党的工作重点，改革开放以来，经历了从新农村建设到新时代的乡村振兴的转变，为实现农民的美好生活，提出"产业兴旺、生态宜居、乡风文明、治理有效、生活富裕"的总要求。而与新农村建设中"生产发展、生活宽裕、乡风文明、村容整洁、管理民主"的二十字方针对照，仅"乡风文明"没有变，可见在新农村建设中或是在乡村振兴中，自始至终都必须要坚持物质文明和精神文明一起抓，坚持农民精神风貌的提升，坚持文明乡风的培育。这不仅体现了乡风文明在乡村发展中的重要性，也体现了党对乡风文明的重视。

### （一）乡风建设是乡村振兴的重要元素，更是乡村振兴的精神支撑

乡风建设与乡村振兴密切相关，是"物的振兴"与"人的振兴"的有机统一。乡风建设重在大力推动精神文明建设，培育文明乡风，共同推动物质文明和精神文明的

发展。乡风建设是新时代乡风文明建设的重要内容，更是新时代文明发展的重要源泉。乡风文明建设的重要内容是发展农村地区文化、教育、卫生等各项社会事业，提高农民思想道德和文化水平，实现农村精神家园的重建。乡风建设的主要内容是引导树立良好风气、开展移风易俗、树立积极风尚。乡风建设的主要内容是乡风文明建设的重要组成部分，为乡风文明建设提供智力支撑。新时代文明的发展离不开新时代乡风文明的注入，而乡风建设的目标就是要实现乡风文明，因此，乡风建设也为新时代文明的发展提供能量。

### （二）乡风文明建设是进一步提高农民素质的重要法宝

2021年不仅迎来了党的百年华诞，也迎来第二个百年奋斗征程，脱贫攻坚的胜利是我国解决"三农"问题以及实现乡村发展的基础性与保障性工作的胜利，农村发展面貌发生了可喜的变化，人民的生活更富裕，温饱问题基本解决，标志着我国乡村发展进入新水平，站在两个一百年的历史交汇点，面对新征程、新时代，从我国经济社会发展和人民的生活水平来看，乡村发展仍然面临着许多问题，与实现中华民族伟大复兴的中国梦息息相关，而乡风文明问题就是其中一个典型而又紧迫的问题。在乡村建设发展过程中，由于一些地方没有足够重视乡风文明建设，出现了乡土文化的消失，邻里之间亲情的淡泊，矛盾的增加，以及村民素质的低下等一系列不和谐的乡风问题，因此为进一步促进乡村发展，推进乡村振兴，营造良好的社会发展氛围，必须把乡风问题摆在更加突出的位置。以社会主义核心价值观为引领，坚持物质文明和精神文明两手抓，大力发展乡村教育事业，采取符合农村发展特点的有效措施，培育良好家风、文明乡风、淳朴民风，进而提升农民精神风貌，从而促进乡风文明建设。

# 四、乡风文明建设过程中存在的问题

乡风文明建设是一项长期而又艰苦的任务，建设过程中也出现了一些不和谐的声音，各种不和谐的声音相互交织就形成了社会不稳定的因素。因此我们要尽量避免这些不和谐的声音出现，及时处理，从而加强社会精神文明建设。

### （一）要充分挖掘乡村文化的重要作用

乡村文化是乡村文明的根，是乡村发展的精神动力，任何文化的传承度都需要一定的载体，而乡村文化的重要载体包括乡村建筑、乡村风俗、乡村治理体系、民间信仰等，共同形成了乡间文化特有的乡风文明体系，充分反映了乡村的风土人情和乡土情怀。随着经济的发展以及科学技术的进步，我们感受到的却是乡土情怀没有那么浓厚了；另外，村落的改造、传统工艺的丢失使乡村文化的作用越来越被忽视。

### （二）要充分认识到教育乡风文明建设中的重要作用

农村教育问题一直是党和国家极为重视且摆在突出位置的问题。相比城镇地区，由于教育支出和经费的不足，农村的教育事业一直追不上城市教育的发展，农村的教育事业支出不到城市的一半，由于城乡教育资源的不均衡、师资力量的参差不平，一些优秀的年轻老师往往选择位置比较好且经济较发达的城镇地区，这严重影响了农村教育事业的发展，再加上农村一些传统风俗习惯的影响导致教育的重要作用没有得到充分重视。在乡风建设过程中，提高农民素质是一项非常重要的内容，建设乡风文明必须重视教育的作用。

### （三）加强农村公共文化设施建设

公共文化设施是建设乡风文明的重要载体，对丰富农民的文化生活具有重要的保障作用。随着我国社会主义新农村建设的扎实推进，农村各项基础设施已经显著改善，整体面貌焕然一新。但从城乡差距来看，还有一些乡村的公共基础设施，尤其是文化设施还相对落后。另外，虽然许多村庄已经建设了文化广场、乡村书屋等公共文化服务设施，但是其利用率不高、供需不匹配等问题不容忽视。例如，一些村庄虽然建设了文化服务中心，但这些文化服务中心基本上在闲置或被用作他途，较少举办有意义的乡村文化活动。由此可见，基础设施建设不足和利用率不高是制约乡村文化振兴的关键问题之一。

### （四）强化传统乡村道德建设

乡村封建思想依然存在并有盛行的趋势，依据血缘亲疏关系的宗族势力依然时刻影响农村的治理。部分农民在经济水平得到提高后，在寻求精神慰藉的过程中难以正确地辨别糟粕文化，导致宗教迷信和封建传统思想在乡村逐渐盛行。随着社会经济的发展，农民物质水平不断提高，但由于市场经济逐利思想的引导与城乡贫富差距扩大的影响，部分农民的精神观念却没有跟上农村经济发展的步伐，很多农民由于文化水平较低，难以正确辨别优秀文化和糟粕文化，一些价值观和是非观念发生了变化，出现了拜金主义和享乐主义，失去了乡村简朴节俭的传统美德。

## 五、推进乡风文明建设的主要措施

推动文明乡风建设，必须以社会主义核心价值观为引领，牢牢抓住以新时代的乡村振兴为主题，按照"乡风文明"的要求，大力提升农民幸福感和获得感，让农村不仅有新面貌，更有新风采。

### （一）充分挖掘乡村文化价值，推进文化保护传承

乡村文化是我国独特的民族文化遗产。随着我国人民生活水平的不断提高，人们的精神文化需求越发强烈。因此促进苏区发展，我们要充分挖掘苏区的乡土文化资源，要对这些优秀的民族文化遗产进行深入挖掘，在保护的同时进行创新性发展和创造性转化，使其与现代生活更加契合，充分发挥其凝聚人心、教化群众的重要作用。要统筹规划，集中资金对传统村落、乡村文物古迹、古树老院等重点项目进行严格保护和修缮。要鼓励乡村传统文化与乡村旅游深度融合，让更多的人欣赏体验乡村传统文化，让优秀传统民俗文化活起来。具体而言，一是要开发具有地域特色、民族特点的文化产品和服务，依托乡村丰富的历史文化资源、民族文化资源和生态文化资源，形成特色鲜明的文化品牌，依靠品牌效应带动乡村发展，增强乡村文化活力。二是要发展乡村体验经济，搭乘乡村旅游快车，展示具有浓郁乡土气息的文化服务。通过举办乡村特色民俗活动，全方位展现乡村生产、生活、休闲、娱乐等场景，将特色文化元素融入农业生产、农产品加工、农业观光和农事体验之中。

### （二）充分发挥农民主体的地位，加强农村基层队伍建设

首先，农民既是乡风文明建设的主体，也是乡村振兴发展战略的主体力量。农民

的综合素质水平决定着乡村文明建设发展快慢，对于乡村振兴战略的进程有着重要的影响。其次，应该提高农民的主人翁意识，调动农民的积极性与主动性，培养和挖掘一批当地的文化人才，可以让农民自发地融入农村乡风文明建设中，要统筹和协调多方面力量，构建以政府为主导、以农民为主体、全社会共同参与的乡村文化建设体系，激发农村文化发展的内生动力。同时要积极支持社会力量投入农村的乡风文明建设中，鼓励一批高素质、有情怀的乡贤及大学生等群体参与到农村文化建设中来，充分发挥新时代乡贤作用，使他们留在乡村发光发热，这样也会使优秀和与时俱进的先进文化资源回到乡村。

### （三）健全公共文化体系，夯实乡风文明基础

推进基本公共文化服务标准化、均等化，建设"结构合理、发展平衡、网络健全、运行有效、惠及全民、覆盖城乡"的现代公共文化服务体系。建好村史馆、档案室等，盘活文化广场职能，提升乡镇综合文化站的设施功能。开展形式多样的农民群众性文化体育、节日民俗等活动。支持农业农村农民题材文艺创作，编创群众喜闻乐见的文艺精品。利用广播电视、视听网络和书籍报刊，拓展乡村文化服务渠道，提供便利的公共文化服务，不断丰富城乡居民文化生活，提升群众的获得感、幸福感和满意度。

### （四）加强精神文明道德建设，提高农民的综合素质

强化农村精神文明道德建设，要以社会主义核心价值观为引领，结合时代发展与社会需要，将农耕文化蕴含的优秀内容在保护传承的基础上进行创造性转化、创新性发展，使之转化为乡村振兴的发展优势之一。日常生活中对农民进行教育，让农民树立正确的价值观和道德观，消除迷信思想和赌博风气，反对不劳而获以及拜金主义，大力宣扬传统乡村美德，在潜移默化中改善乡村文化氛围。此外，由村委会带头和村民代表大会一起修订完善乡规民约，为农村婚丧嫁娶建立标准，防止出现不合理的风气。要大力宣传道德模范典型，树立先进榜样，各级领导干部起好带头作用，党员要充分发挥其先进性，引领广大人民群众自觉地进行移风易俗，传承中华优良文化，共同建设好乡风文明。

# 六、结　语

乡风文明建设工程是一个长期的工程，不是一朝一夕可以完成的，在乡村振兴进行到关键时刻，更要深刻理解乡风文明建设对于乡村振兴的重大意义，站在全局的高度上全面分析把握乡风文明推进过程中现实难点，大力推进乡风文明建设。总之，乡村振兴的目的不仅是要振兴农村的"物"，更重要的是振兴农村的"人"。乡风建设的目标就是要实现风气"正"、风俗"好"、风尚"明"，实现文明乡风，助力乡村振兴，营造一种和谐美好、积极向上的乡村文化环境。

**参考文献：**

[1] 吕东霞. 新时代乡风文明建设路径选择——基于江西省 W 县的调查分析 [J]. 党政干部学刊，2019（6）：70-75.

[2] 李曜，卢俊. 建设秀美乡村共筑幸福家园——江西省推进乡风文明建设的实践与思考 [J]. 老区建设，2018（15）：47-58.

[3] 汪淑群，刘滨，朱毅，等. 乡风文明与农民生活富裕协同度研究 [J]. 当代农村财经，2020（2）：8-12.

[4] 中共中央宣传部. 习近平新时代中国特色社会主义思想三十讲 [M]. 北京：学习出版社，人民出版社，2016.

[5] 中共中央宣传部. 习近平总书记系列重要讲话读本 [M]. 北京：学习出版社，人民出版社，2016.

[6] 乡村振兴战略规划（2018-2022）[EB／OL]. [2018－09－26]. http：／／www. Xinhuanet. com／／2018－09／26／c_ 1123487123. htm.

[7] 杨璐璐，高金龙. 新时代乡村振兴背景下乡风建设研究 ——以江西为例 [J]. 农村经济与科技，2019，30（13）：225-227.

# 寻乌县红色文化与旅游融合发展对策研究

李　敏①

**摘　要：**习近平总书记在考察许多革命老区后，曾多次强调要把红色资源利用好，把红色传统发扬好，把红色基因传承好。寻乌县是中央苏区全红县，老一辈无产阶级革命家在这里从事过伟大的革命实践活动，这片红色故土积淀着浓厚的红色文化资源。在乡村振兴战略的时代背景下，红色旅游不断兴起，深挖乡村红色资源，将红色资源优势转化为经济发展优势，积极推进红色文化与旅游融合发展是实现乡村振兴的必然趋势。寻乌县拥有丰富的红色资源，红色文化旅游产业在不断推进，但是在发展过程中也存在一些突出问题，为了推进寻乌县红色文化旅游高质量发展，须以问题为导向，从资金投入、发展模式、人才培养、生态保护、宣传推广等多方面探究寻乌红色文化与旅游融合发展对策，助力寻乌县红色文化旅游产业的高质量创新发展。

**关键词：**红色文化；乡村旅游；乡村振兴；红色旅游

## 一、寻乌县红色文化与旅游融合发展现状

### （一）红色旅游资源数量多、价值大

寻乌县红色旅游资源丰富，红色革命标语近 2000 条，分布遍及全县各地。著名的

---

①　作者简介：李敏，江西南昌人，江西师范大学马克思主义学院、苏区振兴研究院硕士研究生，研究方向为马克思主义与当代中国经济社会发展。

有寻乌调查纪念馆、古柏烈士纪念碑、圳下战斗旧址、罗福嶂会议旧址等。

这些红色旅游资源承载着厚重的革命历史和宝贵的革命精神，是寻乌最优势的资源，具有鲜明的特色。例如，毛泽东同志的《寻乌调查》就是寻乌的重要文化品牌。寻乌调查纪念馆的建立就是纪念毛泽东同志来到寻乌进行的一次大规模的社会调查，毛泽东同志提出了"没有调查，没有发言权"的著名论断，这对于党实事求是思想路线和群众路线的形成和发展具有重要的意义。

## （二）红色旅游资源的教育功能得到充分发挥

寻乌县积极依托革命旧址和烈士纪念馆等红色资源打造爱国主义教育基地，举办红色文化专题展，组织瞻仰革命遗址、祭扫烈士墓等活动，与社会旅游机构合作启动红色教育培训工作。在 2015 年，寻乌调查纪念馆被中国共产党中央委员会宣传部命名为全国爱国主义教育示范基地，被中共江西省委统战部命名为江西省同心教育基地，还被中国井冈山干部学院列为现场教学点，其也是赣州市党政干部教育基地、赣州市团员干部锻炼党性教育基地。此后，前来纪念馆参观学习的各地游客逐年增多，每年都达 15 万以上人次，特别是暑假期间，全国各地在校中小学生和大学生红色研学团队来此学习寻乌革命历史，接受革命传统教育。

## （三）红色旅游景点服务水平不断得到提升

近几年，寻乌积极推进红色旅游景点的改造提升。寻乌调查纪念馆结合现代互联网技术手段，在支付宝页面上线。游客可以通过支付宝搜索"寻乌调查纪念馆"，提前查看寻乌调查历史背景、进行景点预约服务以及数字展馆线上浏览服务。此外，还重视提升展馆讲解员解说水平，开展讲解员技能培训活动，为游客提供优质的讲解服务。寻乌县项山乡福中村围绕罗福嶂会议旧址，依托红色历史遗迹，打造集展示、培训、办公、饮食、住宿于一体的红色旅游打卡地，为游客提供综合性旅游服务。

# 二、寻乌县红色文化与旅游融合发展的优势与存在的问题

## （一）发展优势

1. 地理位置优势

寻乌县是江西省赣州市辖县，位于江西省东南端，居于赣、闽、粤三省交接处，东邻福建省武平县、广东省平远县，南接广东省兴宁市、龙川县，距广东、福建较近，利用此独特的地理位置优势，寻乌县发展红色文化旅游可以重点面向广东和福建，吸引这两个省份的红色旅游群体，打造服务赣闽粤的重要旅游目的地。

2. 政策支持优势

土地革命战争时期，包括寻乌县在内的赣南等原中央苏区人民为中国革命做出了重大贡献和巨大牺牲。2012 年 6 月 28 日，《国务院关于支持赣南等原中央苏区振兴发展的若干意见》（以下简称《意见》）出台，赣南等原中央苏区的振兴发展上升为国家发展战略。《意见》指出要高度重视革命遗址和革命文物的保护和开放，注重红色文化的传承。近年来，在乡村振兴战略背景下，江西省政府和赣州市政府大力促进赣南革命老区红色文化旅游高质量发展，出台多项相关优惠政策，积极开发建设红色旅游景区，打造红色旅游精品线路。

3. 与其他资源结合优势

寻乌县不仅有独特的红色文化资源，还有丰富的历史人文资源和自然地理资源。寻乌县有着源远流长的客家文化。寻乌县地形以山地丘陵为主，海拔为 500~1000 米，最高点为项山甑，是赣南第二高峰，有"一山览三省"之势。森林覆盖率达 82.37%，还有丰富的高山草甸资源和畜牧资源，此外自然流淌的地热资源多达 12 处。青龙岩旅游度假区、花开了生态景区、石崆寨旅游景区等一批景区已正式投入运营。结合这些资源优势，寻乌可以大力发展"红色+人文""红色+生态"特色旅游线路。

## （二）存在问题

### 1. 交通及配套设施存在短板

寻乌县海拔较高，交通基础设施还不完善，县内公共交通只有公交车和长途汽车，没有高铁、地铁、民用航空交通等现代交通工具。这使游客在各个旅游景点间舟车劳顿，旅游体验满意度不高，尤其对省外及其较远地区的游客缺乏吸引力。且各个红色旅游景点之间没有规模化的旅游路线规划，缺乏休闲配套设施，导致逗留景点时间短、消费少、体验感差等问题。这在一定程度上限制了红色旅游景区作为"增长极"拉动景区周边经济增长的能力。

### 2. 红色文化旅游产业模式单一

红色文化旅游景点大多以静态展示为主，革命遗址、烈士纪念馆和名人故居占很大比例。旅游项目大多是讲解员或导游口头或以简单视频形式讲述革命事件和红色故事，整个红色旅游观光过程缺乏新意，形式枯燥。缺乏游客体验性、参与性的项目，旅游产品开发较少，红色文创产品供给不精，没有突出寻乌革命历史特色，缺乏创新，对年轻游客没有吸引力。

### 3. 各红色旅游景点分散，有待形成资源链

寻乌县各地的红色文化旅游景点之间的距离较远，分布较为分散，大都各成一家、独立发展，有待形成资源链，红色文化旅游资源得不到整合，就无法形成旅游线路。加之公共交通不便，游客参观多个景点时，需要长时间驱车，耗时较多，弃游的可能性较大，导致游客往往只参观一两个热门景点，其他的红色旅游景点被忽视，而许多有意义的红色故事和革命精神，被人们遗忘，无法传承下去。

### 4. 宣传推广力度有待加大

随着旅游业竞争的加剧，乡村旅游要取得进一步发展，除了具备特色旅游资源外，还应该找到相应的宣传突破口。寻乌红色文化资源丰富，红色旅游产业有巨大的发展空间，但是宣传力度有待加大，知名度较低，缺乏借助主流的网络平台或者融媒体平台进行推广。地方官方平台发布的宣传内容有待针对不同群体突出重点和特色。

# 三、推进寻乌县红色文化与旅游融合发展对策

## （一）加大资金投入力度，完善基础设施

近年来，寻乌在中国共产党中央委员会宣传部和深圳对口支援单位的支持下，红色文化资源得到有效保护，交通基础设施建设不断改善。未来，寻乌县政府要加大对红色文旅资源的资金投入，并将红色文化与旅游融合发展所产生的经济效益进一步运用在红色资源的开发上，形成良性发展的局面。在基础设施方面，寻乌要补齐交通短板，提高路网联通水平，加快红色旅游公路项目建成通车，完善公共交通、景点接驳、停车等公共服务。寻乌要积极建设红色文化旅游区，打造高端民宿，并发展休闲度假、户外拓展、采摘体验等配套旅游项目。此外，还要建成乡级加油站以及乡村集中充电设施网点，以切实解决游客加油远、充电难等问题。

## （二）创新旅游发展模式，开发红色文创产品

寻乌应当创新红色文化旅游方式，打造数字化展馆，让革命遗址、纪念馆里的文物"活"起来，积极探索红军角色扮演体验、红色故事汇演等多样化形式的活动。推动虚拟现实技术和人工智能技术等与红色文化资源相融合，建立展厅，通过声、光、影技术还原寻乌革命年代的场景和故事，给游客带来一场视听盛宴，从历史现场感和体验震撼性来引起游客内心世界的精神共鸣，提升红色文化旅游体验感。此外，要加快开发寻乌特色红色文创旅游产品，不断挖掘寻乌调查精神的内涵，做好"寻乌调查——实事求是发源地"这一文旅品牌，设计一批集设计感、时尚感和科技感于一身的红色文创产品。

## （三）注重人才培养，推进红色旅游人才队伍建设

人才是红色文化旅游发展的核心要素和第一资源。关于人才队伍的建设，可以从以下两个方面开展。一方面，可以通过与省市高校合作，定向培养红色文化旅游专业

的学生。考虑到目前寻乌经济发展速度较慢，人才流失较严重，因此还要配套出台人才引进的激励政策，培养并留住既了解寻乌红色历史又对旅游市场有敏锐捕捉能力的优秀人才。另一方面，加大对导游和展馆讲解员的培训。开展基本素质、职业技能等方面的技术培训，积极举办讲座、旅游策划、旅游管理等方面的培训活动。提高寻乌县红色文化旅游从业者的技能，打造一支服务红色文化与旅游融合发展的专业队伍。

### （四）坚持深入挖掘，不断丰富红色文化精神内涵

红色文化是蕴含在中国革命发展历程中，并经时间积淀而留下的优秀文化。红色文化是发展红色旅游的重要内核，红色旅游是在传承红色文化的过程中逐渐兴起的。开展红色旅游必须有红色文化的存在，红色文化会随着新时代实践不断被赋予新的内涵。寻乌要积极结合当下中国社会现实情况，不断丰富发展寻乌调查精神，不断促进寻乌红色文化与乡村旅游的融合发展。只有坚持传承、与时俱发展研究红色文化内涵精神，红色文化旅游才能得到持续不断地开展。

### （五）保护生态环境，实现红色文化旅游的可持续发展

良好的生态环境是实现红色文化旅游可持续发展的最大优势和宝贵财富。红色文化旅游景区要积极贯彻绿色发展理念，努力营造良好的旅游环境。政府有关部门要加强红色景区污染防控，积极守护自然生态与保护环境生态，提升旅游品质。各红色景区可以结合当地特色生态资源，发展"红色+生态"旅游发展模式，利用良好的生态环境保护红色人文景观的原真性和完整性，传承特有的红色精神，形成游客独特的红色文化旅游体验。

### （六）进行多样化宣传推广，提高红色文化旅游知名度

发展寻乌红色文化旅游产业必须加大宣传推广，且宣传要有针对性，立足不同游客群体的旅游需求，开展不同方式和内容的宣传。首先，面向老年客群，要充分利用纸媒、电视、广播、户外广告等传统媒介，而面对年轻群体与网络群体，要广泛使用微信、微博、抖音等新媒体平台进行宣传，提高知名度。其次，要善于营造宣传氛围，扩大社会影响力。例如在中国共产党成立一百年的背景下，各红色文化旅游区要积极开展先烈缅怀、红歌联唱、诗歌朗诵、红色主题摄影、集体宣誓、研学教育等活动，

讲好寻乌红色故事，传承红色文化基因。再次，利用现代信息技术，整合寻乌红色文化资源，研发寻乌红色旅游 App，利用 App 可进行旅游直播，并推广特色旅游文创产品。最后，寻乌县还可以依托中国共产党中央委员会宣传部挂点寻乌县的历史性机遇，加强寻乌旅游品牌的强势宣传，发挥主流媒体和自媒体的宣传效应，精选寻乌典型的红色文化故事和革命人物定期推出红色旅游专题片和微视频，持续提升寻乌红色文化旅游人气。

# 四、结论

在中国共产党成立一百年的背景下，在乡村脱贫攻坚取得全面胜利的背景下，在振兴赣南等原中央苏区的政策支持下，寻乌红色文化旅游迎来前所未有的发展机遇。要改善寻乌长期以来经济发展缓慢的局面，必须抓住这个历史机遇，科学制订寻乌红色文化旅游发展规划，合理开发红色旅游资源，汇集多方主体力量，打造特色红色旅游名片，把寻乌的发展推上一个崭新的台阶。此外，持续推进寻乌县红色文化与旅游融合发展有助于寻乌巩固脱贫攻坚成果同乡村振兴有效衔接，同时也能为其他革命老区发展红色文化旅游与助推乡村振兴提供经验借鉴与实践示范。

**参考文献：**

[1] 王雄青，胡长生．文旅融合背景下红色文化旅游高质量发展路径研究——基于江西的视角 [J]．企业经济，2020，39（11）：100-107．

[2] 黄坚．滇黔桂边革命老区乡村旅游发展现状调查——红色文化传承与乡村旅游融合发展系列研究之一 [J]．西部旅游，2021（1）：41-42．

[3] 沈成飞，连文妹．论红色文化的内涵、特征及其当代价值 [J]．教学与研究，2018（1）：97-104．

[4] 傅才武．论文化和旅游融合的内在逻辑 [J]．武汉大学学报（哲学社会科学版），2020（2）：89-100．

[5] 邱小云．论中国红色文化百年发展史 [J]．红色文化学刊，2017（2）：29-

35，110.

　　[6] 谢珈，刘蓉玲. 打造江西乡村旅游文化特色品牌 [J]. 老区建设，2019（22）：42-47.

　　[7] 阮晓菁. 传承发展中华优秀传统文化视域下红色文化资源开发利用研究 [J]. 思想理论教育导刊，2017（6）：143-147.

　　[8] 张梦，韩奥，罗兰. 贵州省赤水市红色旅游业融合发展研究 [J]. 现代商贸工业，2021，42（27）：10-12.

　　[9] 尚子娟，任禹崀. 乡村红色文化与旅游发展模式探析 [J]. 学术交流，2021（4）：111-122.

# 乡村振兴背景下赣南苏区绿色生态和红色旅游融合发展路径研究

江映霖①

**摘　要:** 赣南苏区生态文明建设既是全面推进乡村振兴的重要内容，也是加强生态文明建设的题中应有之意，以习近平新时代中国特色社会主义思想为指导，全面贯彻党的十九大精神，贯彻新发展理念，巩固脱贫攻坚成果，加强农村生态文明建设，顺应红色旅游市场的发展。秉承新发展理念，本文讲述赣南苏区生态文明建设的必要性、红色旅游资源的重要性及其融合发展的路径，共同助力赣南苏区乡村振兴。

**关键词:** 赣南苏区；乡村振兴；生态文明；红色旅游；发展路径

## 一、引言

加快生态文明体制改革是党的十九大报告中明确提出的内容，乡村振兴战略的实施和美丽中国的建设必须把农业农村的发展放在首位，其不仅对红色旅游提出了新的要求，也赋予了红色旅游和绿色生态新的动能。依托丰富的红色文化资源和绿色生态资源发展乡村旅游，既搞活了农村经济，也是振兴乡村的好做法。进入新发展阶段，要全面贯彻新发展理念，深入实施乡村振兴战略，把生态文明建设和红色旅游资源的融合发展摆在优先的位置。

---

① 作者简介：江映霖，江西九江人，江西师范大学马克思主义学院、苏区振兴研究院硕士研究生，主要研究方向为马克思主义与当代中国经济社会发展。

## 二、乡村振兴背景下生态文明建设的必要性

在人与自然相互作用的过程中，形成的努力和取得的成果的总和即是生态文明理念，生态文明理念是人与自然之间相互关系的良好状态。新时代我国社会主要矛盾的转变证明，我国社会已经转变为高质量发展型的社会，对生态文明提出了更高的要求。2021 年中共中央下发了一号文件《中共中央　国务院关于全面推进乡村振兴加快农业农村现代化的意见》（以下简称《意见》）。民族若要复兴，乡村必须振兴，必须把"三农"问题作为全党工作的重中之重，实现中华民族伟大复兴就必须把全面推进乡村振兴作为重要任务。生态文明建设不仅是乡村振兴的组成部分，更是其衡量指标。生态文明建设的必要性体现在以下三个方面：

第一，生态文明建设筑起乡村振兴战略的基石。党的十九大以来，生态文明建设的思想早已扎根于人民的心里。乡村振兴战略不仅重视乡村经济的发展，同时还注重乡村文化和生态文明建设，是提升赣南苏区全方位、多角度、深层次持续发展的综合衡量体系。把生态文明建设贯穿于赣南苏区振兴发展的全部过程和各个方面，是不断提高现代化文明水平和绿色化发展程度的未来趋势，从而不断地促进生态文明建设与赣南苏区振兴发展战略在重点突破中实现整体上的推进。

第二，乡村振兴中有一项重要的任务是实现生态宜居的家园。乡村不仅是农民群众生存、生活的空间，更是具有多功能的综合空间布局和地域综合体，包含着社会、自然、经济以及文化、生产、生态等内容。乡村既是人民的果盘子、米袋子、菜篮子，也是每一代人民的根和牵挂。只有爱护赣南苏区的绿水青山，保护美丽的蓝天净土，浓浓的乡情才能被长久地留住，全面协调可持续发展的赣南苏区才能被建立。在乡村振兴战略中要兼顾环境的建设以及保护，努力实现产业兴旺、生态宜居的乡村。

第三，乡村振兴的发展要源源不断地从生态文明建设获得动力。党的十九大以来，我国进入了新时代，人民物质文化需求的提高促使大环境下的消费市场更加重视有机、绿色和生态等标准，也推动了乡村振兴发展战略的实现。我们应该充分利用赣南苏区得天独厚的红色文化资源和自然资源，将生态资源逐步转化为经济资源，将资源优势

转换为农村现代化发展的优势。要通过弘扬红色文化，进而推动自然资本的增值，在产出绿色农产品的同时，也让农民群众生活的绿色综合空间不断发展为居民旅游和消费的新领域，从而不断地提高农民群众生产、生活以及收入的整体水平，最终实现人与自然和谐发展的新局面。

## 三、红色旅游建设推动赣南苏区乡村振兴的重要性

2004 年以来，党和国家持续推进红色旅游业的发展，制订了长达三期的全国红色旅游发展规划纲要，从真正意义上促进了红色旅游业在我国的迅速发展，这充分体现了党和国家高度重视传承伟大的民族精神和文化传统。红色旅游作为一种新兴的旅游产品，不仅实现了中国旅游业旅游产品多元化的要求，也帮助中国旅游经济快速发展，达到一个新的增长点。2021 年，国务院印发了《关于新时代支持革命老区振兴发展的意见》。该文件提出革命老区振兴发展的主要目标，不仅要全面巩固拓展脱贫攻坚的成果，推动乡村振兴进一步得到发展，公共服务进一步得到改善，革命老区居民收入增幅高于全国的平均水平，增强红色文化的影响力，提高生态环境质量。文件指出要不断推动红色旅游与绿色生态的高质量发展，建立红色旅游与绿色生态融合发展的先进示范区。值此机遇，赣南苏区应结合相关政策，依托丰富的生态资源，找到一条本地红色旅游带动乡村振兴的融合发展路径。

革命老区的振兴发展要靠红色旅游。赣南苏区承载着丰富的红色旅游资源，红色旅游在赣南苏区振兴中不仅可以巩固脱贫攻坚的成果，还可以创新出"扶智"的新路径。大力发展红色旅游，充分利用赣南苏区的红色资源，充分发扬赣南苏区的红色传统，充分传承赣南苏区的红色基因，这是巩固脱贫成果、振兴乡村建设十分重要的课题。赣南苏区承载了原中央苏区革命的红色记忆，有充足的基础和条件推动乡村振兴与红色旅游的融合发展。

发展红色旅游是推动革命老区产业兴旺的有力抓手。产业兴旺是解决农村一切问题的前提。革命老区的红色文化内涵丰富、外延广阔，红色旅游契合转变发展方式、调优经济结构的要求，有很强的关联效应、乘数效应，能够形成乡村地区经济发展的

新增长点。发展红色旅游能够改变传统旅游同质化、单一化的状况，为乡村地区带来丰富的人流、物流、资金流和信息流，可有效整合、利用各方面资源，延长和拓展产业链，带动老区经济社会发展。发展红色旅游，能让人民群众在旅游体验中汲取思想和智慧的精神力量，把发扬红色传统、传承红色基因落到实处，实现社会效益与经济效益。将红色旅游资源优势转化为发展优势，使其在实现乡村产业兴旺、生态宜居、乡风文明、治理有效、生活富裕中发挥作用，这是推动乡村振兴的应有之义。

# 四、中央苏区绿色发展和红色旅游融合发展路径

党的十九大开启了中国特色社会主义的新征程，旅游业也进入了新的高质量发展阶段，但也面临人民日益增长的品质旅游需求和旅游供给不能满足这种需求的矛盾。作为实施乡村振兴战略重要抓手的红色旅游，必须贯彻新发展理念，推进旅游发展模式的创新，让红色旅游成为满足人民日益增长美好生活需要的幸福产业。

携程、途牛近年发布的红色旅游数据报告显示，随着爱国主义教育呈现大众化、常态化趋势，红色旅游逐渐走入大众视野，人们对红色旅游的喜好度显著提升；年轻群体参与红色旅游的比例逐渐提升；红色旅游产品需求呈现体验化、科技化的特点；红色研学旅行市场需求不断释放，旅游者对目的地的特色文化比较感兴趣。

结合赣南苏区振兴要求，顺应新时期红色旅游的发展趋势，充分利用各项扶持政策的叠加优势，深入挖掘红色文化资源，使其与生态文化、地域文化有机融合，创新发展模式，积极吸纳社会力量参与，引导革命老区群众协同合作，促进绿色生态与红色旅游产业经济效益和社会效益双提升，探索出生态富民、振兴老区的有效路径。

## （一）优化生态制度建设，科学规划红色旅游

一是建立严格的生态环境建设目标责任机制。要实行生态扶贫行政领导负责制，把权力和责任、权利和义务有机地结合在一起，明确地方主要行政领导在生态环境建设方面的权力、责任和义务。二是建立生态环境监测机制。制定监测规范，对生态系统进行监视性测定，并定期发布生态环境状况公报，提出防范与治理措施。三是建立

有效宣传机制。要广泛动员全社会的力量共同参与，深入持久地开展环境宣传教育，营造全社会关心、支持、参与环境保护的氛围，切实提高赣南苏区居民的生态环境建设意识，提高全社会对环境保护、资源节约重大意义的认识，增强紧迫感和责任感。通过规划把红色旅游资源的开发与生态环境建设联系在一起。发展红色旅游是红色资源富集地区乡村振兴的重要方式和有效途径。需精准识别发展红色旅游所具备的资源、区位、市场等条件和可行性，将乡村振兴战略的思想和原则融入红色旅游规划中。

### （二）优化基础设施建设，打造红色旅游融合发展示范区

一是做好生态环境功能区划定位。围绕加大森林植被保护力度、提高森林质量、大力发展生态农业和生态旅游业、综合治理工业污染、强化水土保持生态修复、防止形成新的水土流失等方面，研究生态环境功能区划定位。二是加强林业建设，保护森林资源。要建立多元化的生态公益林投资渠道，争取适当提高贫困地区集体和个人的生态公益林补偿标准，切实保证赣州市目前已有的生态公益林面积。三是加速推进绿色生态和红色旅游示范区的创建，努力建设生态文明。生态示范区建设可以乡、县为基本单位组织实施，合理组织、积极推进区域社会经济和环境保护的协调发展。

### （三）优化绿色品牌战略，提升生态产业发展的创新性

众所周知，生态产业具有保护生态环境、保障产品安全、维护生物多样性、节约资源等诸多优势。第一，大力推进绿色崛起的创新理念。对赣南苏区来说，绿色生态是最大的财富、最大的优势、最大的品牌，只有充分扬己之长，全力推进绿色崛起，才能后来居上，开创美好未来。第二，全力推进"生态+"行动的创新机制。把环境资源转化为发展资源，把生态优势转化为经济优势，形成更广泛的以绿色发展、循环发展和低碳发展为标志的生态产业发展新形态。第三，着力打造"互联网+"绿色生态发展的创新模式。严格按照《国务院关于积极推进"互联网+"行动的指导意见》的精神要求，全力推动赣南苏区"互联网+"绿色生态产业加快发展。以"互联网+"推动传统优势产业优化升级，提质增效，大力推进工业化与信息化深度融合，提高生产效率、产品品质和品牌效应，加快产品创新和服务创新，实现更快、更优发展。

### （四）采用"红色+绿色"综合开发、融合发展的模式

在新发展阶段，人们的旅游需求是复合型的，既有观光方面，也有休闲、度假、

康养、研学、会议等多方面的动机；既要美丽风景，也要美好生活，红色旅游要顺应大众化、年轻化的潮流，满足素质教育与精神教育的需求。

赣州市红色旅游资源与乡村旅游资源、避暑旅游资源、生态旅游资源、运动休闲资源、养生养老资源等不同类型层次的资源具有良好的组合性。在全域红色旅游资源开发过程中，通过资源融合、产业融合、科技融合等，提升公共基础配套和服务环境，创新红色旅游产品和业态体系，打造满足大众新需求的红色旅游目的地以适应游客综合性、个性化的旅游消费需求，全方位助推乡村振兴。

产业兴旺是解决农村一切问题的前提。要站在区域综合发展的高度，统筹推进红色旅游与自然生态等各类旅游资源的融合发展，让青山绿水、革命情怀、文化魅力相得益彰、相映生辉，满足多样性的旅游市场需求。打造"红色+生态农业""红色+休闲康养""红色+培训研学""红色+非物质文化遗产传承"等模式，带动乡村现代农业、茶产业、林果等产业发展，打造地标农产品和特色手工艺品等旅游衍生产品，与文化创意、红色教育、乡村民宿、观光农业等产业协同共进、融合发展，助推乡村产业兴旺，以红色旅游带动老区经济社会发展，促进农民增收，增强农民幸福感和获得感。

**参考文献：**

[1] 毛平，谷光路，张禧．乡村振兴战略背景下的农村生态文明建设路径探析 [J]．现代化业，2018，4（9）：52-55.

[2] 张强．乡村振兴背景下革命老区红色旅游的发展路径——以龙岩市为例 [J]．龙岩学院学报，2021，39（4）：85-91.

[3] 范鲁山．乡村振兴战略视域下美丽乡村建设对策研究 [J]．现代经济信息，2019，4（10）：9.

[4] 赵明霞，包景岭，常文韬．农村生态文明制度建设的效能、现实困境与对策探讨 [J]．理论导刊，2014，4（7）：61-64.

[5] 赵玮琪，乡村振兴战略下农村生态文明建设的意义、现状及对策研究 [J]．现代农业，2021（4）：97-99.

[6] 姚石，杨红娟．生态文明建设的关键因素识别 [J]．中国人口·资源与环境，2017，27（4）：119-127.

［7］张毓卿，周才云．精准扶贫视域下赣南生态扶贫困境与优化路径［J］.江西社会科学，2016，36（12）：53-58.

［8］倪珊，何佳，牛冬杰，等．生态文明建设中不同行为主体的目标指标体系构建［J］.环境污染与防治，2013，35（1）：100-105.

［9］张荣华，郭曰铎．论人民幸福的内涵、价值和实现路径——深刻理解习近平总书记关于人民幸福的重要论述［J］.江西师范大学学报（哲学社会科学版），2019，52（6）：3-10.

# 苏区振兴发展的经验研究

## ——以兴国县永丰镇凌源村为例

朱少媚[①]

**摘　要**：从2012年6月《国务院关于支持赣南等原中央苏区振兴发展的若干意见》（以下简称《若干意见》）的政策发布和实施以来，赣南苏区的经济和人民的生活发生了很大的变化，有了崭新的面貌，各方面建设不断加强，民生福祉不断完善，人们的生活满意度明显提高。因此，更好、更全面地了解和掌握苏区的发展成就并总结发展经验，有利于为其今后的发展提供参照。

**关键词**：苏区振兴发展；发展经验；党的建设；脱贫攻坚

# 一、引言

兴国是苏区干部好作风的重要发源地，全县广大党员以践行先进性为具体行动，牢固树立传承苏区干部好作风，一心一意让群众得实惠。自2012年《若干意见》国家支持政策出台以来，兴国借助并抓住发展的大好机遇，充分借鉴苏区干部做农村工作的经验，把党小组与农村建设结合起来，不仅明确了党员在工作中的"坐标"，并且围绕"五新一好"为党员设岗定责，发挥了党员的帮带和模范作用，还充分利用了群众在推进振兴发展过程中的主体作用，密切了党群、干群关系，从而使经济、政治、文

---

① 作者简介：朱少媚，甘肃平凉人，江西师范大学马克思主义学院、苏区振兴研究院硕士研究生，主要研究方向为马克思主义与当代中国经济社会发展。

化、民生等方面有了新气象、新面貌，顺利完成扶贫脱贫任务，带动村民共同致富。本文以兴国县永丰镇凌源村为例，对凌源村近几年来的发展变化作以梳理和说明，总结其发展路径，从中得到思考和领悟。

# 二、凌源村近年来振兴发展所取得的成就

## （一）党建工作和行政管理不断健全

凌源村历年来在党建工作方面取得不错的成绩，各项工作综合考核的结果在永丰镇名列前茅。凌源村支部委员会对本村发展做出的巨大贡献，主要表现在以下三个方面：

第一，党的建设与精准扶贫脱贫相互融合，既要发挥党员干部的引领作用，带动凌源村及村民走出贫困、脱离贫困，创造幸福生活，又能扎实巩固脱贫攻坚成果，助力凌源村支部委员会工作的有效推进，密切党员干部与群众的联系，真正为人民服务。

第二，根据凌源村现有的资源和优势，凌源村继续加深支部和党员的协调带头作用，助力凌源村形成"支部+成立+合作社+基地+贫困户"的产业发展模式，并成立特色的合作社，帮助本村和农民实现经济收入增加，同时建立了贫困户利益联结机制，加快脱贫致富的脚步。

第三，凌源村的治理与宣传工作始终紧紧围绕党的政策、党的建设等有序展开和落实，并且充分发挥党员的模范作用，组建先锋队伍，健全村级体制机制，不仅加强了本村的凝聚力和发展活力，也进一步体现了党建在社会治理中的重要作用。

## （二）基础设施建设与基本公共服务改变落后面貌

在凌源村党支部的推动下，2005年10月，一条总耗资150万元、4.5米宽的硬化公路横跨凌源村村中，彻底改变了凌源村交通落后的面貌，各村小组间也畅通无阻，直通县乡。同时，它也带动了生产生活、居住等方面的改善，人们生活的幸福感逐步提升。凌源村的教育发展逐渐走出以前的困境，教育资源、师资队伍及教育质量等方

面薄弱的现状发生了较大的变化，教育水平得到较大的提升，村民的受教育程度不断提高，凌源村培养出一批大学生，人们越来越意识到教育的重要性。凌源村在住房保障、教育、健康等方面，通过"两不愁三保障"项目进行了一系列改造，全面落实学生资助管理的制度和政策，解决"上学难"的问题；严格落实医疗扶贫政策，村民参加新农合保险和重大疾病商业保险，部分村民享受残疾人补助，部分村民享受高龄补助。

### （三）脱贫攻坚工作取得显著成效

凌源村通过"产业+就业"实现全覆盖，发展生产和积极就业及结合其他针对性扶贫工作，包括扶贫项目的建成实施、扶贫政策的落实、就业脱贫等，增加了村民收入，改善了村民居住环境，解决了村民行路难、农田灌溉、维护河堤公路安全等问题。同时，凌源村因地制宜地打造精准扶贫产业示范基地，按照"选准一个产业、打造一个龙头、建立一套利益联结机制、扶持一笔资金、培育一套服务体系"的"五个一"模式，着力发展以种养殖为主的农业产业，打造以丰源家庭农场为龙头，培育"合作社+贫困户""企业+基地+贫困户"等一套服务体系，努力加快脱贫致富步伐。部分村民通过外出务工来增加家庭收入，同时也有一部分外出务工村民的思想发生转变，视野逐渐开阔，通过经商发展产业，进而获取收入。

除此以外，凌源村建立了回馈乡亲利益联结机制，包括入股分红、务工就业、定向收购、土地返租倒包等；还通过产业扶贫信贷通等金融扶持方式、"合作社+农户、农场+农户"等利益联结模式努力解决产业发展资金，设置开发公益性岗位让贫困户就业，通过"雨露计划"积极主动对贫困户进行职业技能培训，实现一人就业、全家脱贫，大大拓宽了贫困户的增收渠道。为了更好、更高质量推进脱贫攻坚的工作，确保如期完成脱贫目标，凌源村严格贯彻执行中央脱贫攻坚专项巡视反馈意见、江西省委脱贫攻坚专项巡视反馈意见，坚决杜绝在脱贫攻坚中出现的形式主义、官僚主义等现象。

# 三、凌源村实现发展的成功经验

## （一）充分发挥党的建设和党的领导核心作用

首先，凌源村党的组织体系建设的健全、完善，体系运行的高效，组织架构的不断改革和完善，使党的建设能深深嵌入各类村级治理工作，相互融合协调，真正做到和体现了"哪里有群众哪里就有党的工作，哪里有党员哪里就有党的组织，哪里有党的组织哪里就有党组织"。

其次，党之所以能够永葆旺盛的生命力和强大的战斗力，就在于始终植根于人民群众之中，而且有着一套行之有效的组织、动员群众的工作方法。凌源村支部委员会历年来从实践工作中不断发现和总结联系群众的规律，创新性加强体制机制的建设和完善以及有效地开展组织和动员群众的工作，使党的群众组织力落实和反映到本村治理的方方面面，真正实践了"在思想上尊重群众、感情上贴近群众、工作上凝聚群众、行动上服务群众"的工作原则，从而能够把党的领导核心作用充分发挥出来。

最后，在本村振兴发展过程中，共产党员既担当起了该担当的责任，秉持"事不避难、义不逃责、尽职奉献，大胆地干、坚决地干"的工作要求，发挥了先锋模范作用，也以自身的行动力、感召力为群众树立了榜样，起到了重要的带动作用，切实做到了"平常时候看得出来、关键时刻站得出来、危难关头豁得出来"，进一步体现了党强大的号召力、影响力、凝聚力。

## （二）依靠国家政策扶持，抓住发展大好机遇

关于原中央苏区的振兴发展，党中央与国务院十分重视并多次做出重要批示，都是为了让苏区的老百姓过上富裕、幸福的生活。《若干意见》的出台为赣南等原中央苏区的高质量发展提供了前所未有的重要机遇。在 2014 年 3 月，国务院又批复了《赣闽粤原中央苏区振兴发展规划》，赣州全域被纳入了规划的范围。除此以外，国务院先后印发的多项配套文件与多个国家部委出台的配套性政策文件涉及和包含多方面、系统

化的内容体系，江西省委、省政府就这一重大工作的落实出台了多项具体贯彻的方案和指导、实施意见，以及由国家发展和改革委员会牵头建立的联席会议制度，多次就赣南等原中央苏区振兴发展召开重要会议，协调了多件重大事项的推进，不断加强在苏区振兴发展这一方面的指导。

可见，兴国县永丰镇凌源村近几年的发展首先要得益于《若干意见》等国家扶持政策的发布与推动，再加上省市的协调联动，这就为集中力量解决抓住其当下存在的突出问题和薄弱环节以及为未来作长远发展规划提供了重要保障，从而制定出有高度针对性、可行性的配套政策，正所谓"对症下药，方能药到病除"。

### （三）抓住痛点精准施策，放大优势增强自身"造血"功能

凌源村农业生产条件较为优越，但是随着改革的开放性越来越高、范围越来越广，人们生活的价值观念和经济成本也同样得以不断变化和提高，使村民们更愿意外出奔赴经济发展水平发达的地区通过自身劳动而赚取更高的收入。

在扶贫攻坚工作的实施推进中，凌源村认真落实科学发展观，坚持粮食生产主攻单产提高效益，大力发展林果业加强管理提高效益，兼顾发展养殖业、设施农业和劳动力转移；而且根据自身已有的优势和资源成立了3个合作社和2个产业基地，并以入股分红、土地流转、定向收购等方式，为村民带去更多的收益，再结合"围绕生产发展，推进现代农业建设；大力发展第二、第三产业和劳动力转移；培育新型农民"的发展方向和重点，推动本村经济实现较快发展，不再仅依赖于国家补助补贴等"输血式"扶持，这些做法有利于增强凌源村未来的发展后劲和动力。同时，在这一过程中，党员干部始终牢记习近平总书记"传承红色基因，弘扬苏区干部好作风"的嘱咐，贯彻落实"抓铁有痕、踏石留印"的精神，让群众了解党的政策、感受到扶贫干部的温暖、得到真真切切的服务。

### （四）突出解决民生问题，不断增强人民群众的获得感和安全感，打造和谐幸福村

思想的伟力与真理的魅力就在于为人民立论、为人民谋福。当今社会无时无刻不在发生深刻转变，人民也对美好生活、幸福生活有了不同的理解和认定，提出了更多

的新需要、更高的新期待。在"坚持以人民为中心的发展思想""推动共同富裕取得更为明显的实质性进展""解决群众急难愁盼问题"等科学思想理念的引领下，民生建设有条不紊地展开和推进。为了教育、卫生医疗、公共服务、基础设施建设等方面的条件和水平能有明显改善和显著提高，凌源村投入大量人力、财力、物力加快解决重点民生领域的问题，使基本的生产生活状况得以较大改善，随之而来的还有收入的增加、特色优势产业的发掘、薄弱办学条件的改善、文化服务体系的建立健全、医疗供给水平的提高、社会保障的基本覆盖，等等，让村民不再有"住房难、喝水难、用电难、行路难"等方面的困扰，真正做到"为民""惠民"，增强人民的幸福指数，逐步打造经济发展好、乡风民风向上向善、生态环境优美的美丽凌源村。

# 四、结 论

在革命战争年代和社会主义建设时期，赣南苏区人民为中国的革命和建设发展牺牲巨大，生产生活条件、人力资本、产业资源、生态屏障等方面受到严重损伤，缺乏内外发展动力，特别是内在的驱动力不足；又由于落后经济水平等的制约，外部吸引力和竞争优势大大降低。而凌源村作为赣南苏区的一部分，近年来在党的领导下通过依靠国家政策倾斜扶持、党员的先锋模范作用、体制机制的创建创新、人民的主动性和创造性及主人翁责任感等牵住了阻碍本村发展的"牛鼻子"，厘清发展思路，明确发展目标，制订行之有效的发展规划，发展新产业、建立健全工作机制，解决了一个又一个实际困难和重大问题，村民及村集体经济收入大幅提升，人们有了新生活；同时，在接受"经济输血"的过程中，根据自身条件优势具备了"造血"的功能，催生了人们愿意为了幸福生活、幸福村居的实现而去积极努力的内生动力，从而完成了由被动的受益者、接收者转变为长久的参与者、建设者。

**参考文献：**

[1] 王景新，郭海霞，张羽."苏区模范乡"建设初心与振兴之路——毛泽东《才溪乡调查》中的8村回访 [J].西北农林科技大学学报（社会科学版），2019，19

（4）：16-27.

［2］林凌，刘世庆，巨栋，邵平桢，胡洹．赣闽粤原中央苏区赣州调研及思考［J］．成都行政学院学报，2015（3）：71-74.

［3］课题调研组，吴永明，胡雪梅，桂榕，汤水清．习习春风暖人心——赣南苏区振兴发展调研报告［J］．苏区研究，2019（3）：109-128.

［4］谌洁，翁贞林．2020年后赣南等原中央苏区乡村振兴发展对策研究［J］．老区建设，2020（16）：24-31.

［5］盛海辉，李志光．让原苏区人民早日过上富裕幸福生活——广东省原中央苏区县创建幸福村居全面启动［J］．源流，2014（5）：12-13.

［6］刘善庆，石小茹，等．苏区振兴发展的赣南模式研究［J］．苏区研究，2018（6）：117-125.

［7］邱小云，彭迪云．原中央苏区振兴发展定位对产业转移意愿的影响研究——以赣南为例［J］．学术论坛，2014，37（4）：48-53.

［8］汤文华．乡村振兴战略下政府政策对农户人力资本投资行为的研究——以江西赣南原中央苏区为例［J］．生产力研究，2019（4）：47-53.

［9］梁奕章．新形势下如何加快原中央苏区县发展［J］．红旗文稿，2012（14）：20-22.

# 苏区乡村振兴评价体系指标研究

## ——以兴国县长冈乡泗望村为例

刘　烨[①]

**摘　要：** 2021 年是中国共产党成立 100 周年，在这漫长的百年岁月中，我国发生了翻天覆地的变化。农业农村农民问题是关系国计民生的根本性问题，必须始终把解决好"三农"问题作为全党工作的重中之重，要实施乡村振兴战略。本文以此为背景展开研究，对红色名村有关乡村振兴指标进行深入剖析。

**关键词：** 乡村振兴指标；百年变迁；赣苏区

# 一、引　言

本文以赣州市兴国县的一个具有代表性的乡镇——长冈乡作为切入口，重点了解当地乡村振兴实施的相应的政策措施，以及该红色名村的百年变迁指标，了解当地的各方面变化，从当地村民的视角，更加直观地看待长冈乡的变化，以此分析乡村振兴评价指标。通过分析提出了对长冈乡乡村振兴战略的一些建议，希望对乡村振兴发展有一定的帮助。

---

① 作者简介：刘烨，江西兴国人，江西师范大学马克思主义学院、苏区振兴研究院硕士研究生，研究方向为马克思主义与当代中国经济社会发展。

# 二、泗望村乡村振兴指标研究

## （一）村情概况

中华人民共和国成立后，泗望村整体发展虽有所进步，但总体速度相对较慢。20世纪五六十年代，泗望村村内的道路就已经形成了，但多为狭窄的泥泞小路。1949年后，泗望村的教育事业不断发展，但1978年以前，泗望村的文化教育状况仍比较落后，学校少、教师缺乏、校舍窄小破烂、设备奇缺，许多适龄儿童因家境贫困而不能上学或中途被迫辍学。改革开放前，全村卫生条件较差，药品缺乏、医疗器械短缺、设备落后。这个阶段的泗望村各方面发展都较为缓慢，人民生活水平较差。

改革开放后，长冈乡人民在党的正确方针政策指引下，在各级领导和政府的关心、支持下，发扬苏区精神，长冈乡发生了很大的变化。在市场经济体制建立之后，长冈乡出现了养猪、养鸭的专业户；同时，还发展了柑橘生产。在党的十一届三中全会后，长冈乡泗望村各方面不断发展，人民生活水平得到了极大的改善和提升。

## （二）务工与务农人口结构情况

在改革开放前，泗望村村民大部分从事农田耕种。1978年，我国开始实行家庭联产承包责任制，后来泗望村开始落实分田到户。当时村里开始出现两种分流：一是继续在家里耕种分田到户所分到的田，一部分放在家里作为粮食补给留存，一部分放到市场上去交易；二是部分人选择外出打工，这部分人文化水平不高，从事的劳动主要为体力劳动。

2012年前，泗望村外出务工的村民总体人数不多，主要务工地是深圳、东莞和上海，从事的行业多为劳动密集型产业，如服装厂、家具厂等，也有部分村民会选择在家里种田，或是在本村经营副食品店等。2012年后，泗望村依靠种田为生的村民较少，大部分人外出务工，另一部分村民会选择在兴国县城的工业园以及赣州市南康区进行务工，从事的还是劳动密集型产业，如制衣厂、电子厂等。

## （三）农作物生产情况

泗望村土壤条件主要以潴育型、淹育型水稻土为主，其中潴育型水稻土以潮泥沙田居多，淹育型水稻土则以沙泥田和红土沙田为主。中华人民共和国成立到改革开放前，泗望村的耕地主要种植水稻、花生、芋头、玉米、豆子以及红薯等，有时也会种甘蔗、西瓜。2012 年后，耕地主要种植杂交水稻，一个家庭通常种 1.5 亩，每亩的产量约为 1100 斤，每年种植的水稻大概支出为 500 元，种植土地的村民较少，种植水稻并不以生产为目的。现在的亩产量与过去相比明显提高。

## （四）村集体收入的用途

泗望村自脱贫攻坚以来，依托扶贫资金，建立了村级 100 千瓦光伏电站，2020 年 1~12 月，已产生效益 2.2 万元（不含光伏扶贫国家补贴），现村集体经济收入可达 6 万元/年以上。村集体经济收入的提升，让村里有能力解决更多的实际问题。这些收入主要用途是建立文明实践站、推进教育扶贫、推进健康扶贫、道路交通、水利设施、公共服务等项目建设。泗望村将进一步巩固脱贫攻坚成果，实现与乡村振兴无缝对接。特别是在项目建设方面，利用好脱贫攻坚项目库，在基础设施、村庄建设、产业基地等方面提前谋划、科学实施，确保通过与乡村振兴政策无缝对接，加快发展脚步，向先进发达地区看齐。

## （五）公共服务情况

在乡村治理方面，集体讨论、民主决策、村务公开、村务监督方面工作进行较好，村民代表大会参与率较高。在教育方面，改革开放前，农村设立了列宁小学。目前教育事业都发展比较好，村民文化程度显著提高，2012 年后，村民的受教育观念逐渐变强，鼓励孩子上大学的人也增多了起来，对于幼儿的教育也重视起来了，能考进兴国县城上高中的学生越来越多，甚至有部分学生可以考上国内知名大学。

# 三、结语

通过以上指标的前后考察，本文得出以下结论：

（1）经济发展促进教育水平提升。在改革开放之后，泗望村的经济逐渐发展，村民的教育水平也逐渐提升，泗望村经济的发展推动了当地教育水平的提升。

（2）村民团结促进村落发展。泗望村总人口较少，包含很多外来迁入人口，但是当地村民非常团结，互帮互肋的精神促进了村子经济的发展。

（3）泗望村目前的任务主要是巩固脱贫攻坚成果和乡村振兴的有效衔接，全面扶持产业振兴，通过国家政策方针、农村金融机构支持，依托当地特色资源和特色产业，努力推动产业升级转型，实现乡村振兴。

**参与文献：**

[1] 王习明，王子愿．毛泽东时期农村医疗卫生政策成功的原因及其启示 [J]．毛泽东研究，2014（2）：61-65.

[2] 彭非，袁卫，吴翌琳．中国发展报告 [M]．北京：中国人民大学出版社，2020.

[3] 胡美．从历史上走进现实 [M]．杭州：浙江工商大学出版社，2020.

# 产业扶持政策对农户收入影响的研究[①]
## ——基于瑞金市沙洲坝镇的调查数据

刘震海　李静怡　王秀芝[②]

**摘　要**：基于瑞金市沙洲坝镇调研数据，本文研究了产业扶持政策对农户收入的影响。基准回归结果表明，产业扶持政策对农户收入没有显著性影响，因而判断其存在内生性问题。在创造性使用农户所在村居"是否曾为贫困村"这一工具变量后发现，产业扶持政策对农户收入有显著促进作用；分位数回归发现产业扶持政策对农户的影响存在异质性，其中对于高收入的农户影响最为显著。进一步调查发现，农民合作社是当地产业扶持政策最主要的载体，合作社的绩效在很大程度上会决定产业扶持政策的绩效。

**关键词**：农民增收；产业扶持；比较优势；农民合作社

# 一、引言

2018年《中共中央　国务院关于实施乡村振兴战略的意见》明确指出"乡村振

① 基金项目：广西研究生教育创新计划厅级项目"后扶贫时代广西城市精准减贫的路径创新研究"（项目号：YCSW2021074）；2020年广西哲学社会科学规划研究课题"西南民族地区农村扶贫干部接点治理失效及优化机制研究"（项目号：20CSH001）；南昌航空大学大学生创新创业训练项目"原中央苏区两县市的发展历程与振兴发展研究——新结构经济学视角"（项目号：2021JG050）。
② 作者简介：刘震海，江西瑞金人，南昌航空大学经济管理学院经济学系，研究方向为新结构经济学；李静怡，广东韶关人，广西师范大学政治与公共管理学院社会保障专业硕士研究生，研究方向为城乡贫困治理；王秀芝，河北蠡县人，南昌航空大学经济管理学院经济学系教授，博士，研究方向为劳动经济学。

兴，摆脱贫困是前提"。当前，在巩固拓展脱贫攻坚成果的基础上，解决好农民的增收问题、消除发展的不平衡问题，实现普惠式增长，是消除贫困、走向共同富裕的必经之路，谱写好乡村振兴的新蓝图，推进脱贫人口生活持续改善业已成为重要命题。在扶贫开发与精准减贫的有力推动下，数亿农民在国家政策扶持下实现了增收脱贫。然而农村居民人均可支配收入与全国人均水平间还存在较为明显的差距，且农村居民收入增长率整体呈下降趋势，破除农村贫困的脆弱性与实现农民增收的稳定性仍然任重道远。中国的经验深刻表明，产业扶贫是扶贫开发工作的核心和关键，是乡村振兴战略五大模块中解决贫困地区和贫困人口生存发展的根本手段，实现农村稳定脱贫的必由之路和根本之策。在脱贫攻坚战中，产业扶贫"扶上马"的工作已经圆满完成，但是后续的"送一程"还需要相应的产业扶持政策予以配套。因此，在乡村振兴与共同富裕的背景下研究产业扶持政策对于农户收入的影响具有重要的现实意义。

# 二、文献综述

国内对于农户收入增长的系统研究基本始于改革开放后，随着经济结构与农业发展模式的改革调整，农户收入增长格局也发生了来源多元化、市场化与非农化的根本性改变。受我国农户所拥有资源的特征和农业比较效益长期下降特性的局限，农民收入很难从农业生产和农业政策中找到大幅度增长的出路和突破口，长期以来国内"农"与"非农"的差距明显。统筹城乡发展的目标要求政府承担促进农业农村发展的责任，以国家干预、政府主导为特征的农业农村政策为农民增收与城乡协调发展注入了强大动力，我国扶贫开发工作中的产业扶贫政策便是其中的代表。以发展贫困地区特色产业为手段的扶贫方式也被称为产业扶贫，是我国开发式扶贫中的重要组成部分，其目标是通过发展地方产业以提升贫困群体自身发展能力，帮助贫困地区人口实现脱贫致富。然而即便产业扶贫期望为农民提供就业、实现增收与"造血"的政策目标由一开始已十分明确，但由于受到参与者、政策结构、技术和环境等主客观因素的影响，其实施效果具有很大的不确定性，由此引发了学界对于政策绩效的评估与讨论。

在研究农户收入增长的问题时，国内已有研究大多聚焦在人力资本、农村金融环境等某一具体的影响因素上，对于多因素综合以及根本因素的考量存在完善空间。此外，由于我国区域经济发展水平差异大，产业扶持政策对于农户收入增长的影响都具有不同程度的地区异质性，农业发展与农民增收很大程度上受到当地禀赋水平的制约。遵循当地比较优势建立起来的产业才能够具备自生能力，对于欠发达地区而言，符合比较优势的产业往往是劳动密集型的。因此，在欠发达地区按照比较优势建立起来的产业才能吸纳足够多的劳动力，从而促进参与到产业扶持政策中来的部分农户实现收入增长。

通过相关文献的梳理，本文可能存在以下三个方面创新：一是在研究内容方面，当前产业扶持政策与农户收入之间的研究大多是绩效评估或案例分析，缺乏对产业扶贫与农民增收之间的相关关系进行实证分析；二是对产业扶持政策进行内生性讨论；三是基于新结构经济学的理论基础"产业结构内生于要素禀赋结构，其他结构安排内生于产业结构"，提出对应的政策建议。

# 三、模型设定、变量与数据

通过问卷和访谈，询问农户对于自己家庭在 2020 年中受到产业扶持政策（IS）帮扶的主观感受。在该问题中，农户的主观感受分成三档：0 代表没有得到产业扶持政策的帮助，1 代表得到较少的产业扶持政策的帮助，2 代表得到了较多的产业扶持政策的帮助，并用该变量作为产业扶持政策强度的代理变量。

产业扶持政策与农户收入之间存在相关关系，本文构建如下模型：$y_i = \gamma_0 + \gamma_1 IS_i + \delta X_i + \varepsilon_i$。

其中，$y_i$ 表示 i 农户家庭人均收入水平，$\gamma_0$ 为常数项，$\gamma_1$ 为本文关注的核心解释变量 IS 的估计系数，$\varepsilon_i$ 表示随机扰动项。X 为一组表示控制变量的向量，$\delta$ 为它们的估计系数向量。

本文的被解释变量是农户的家庭人均收入水平（Y）[①]，核心解释变量是产业扶持

---

① 这里取人均收入水平的对数。

政策强度（IS）。本文使用在瑞金市沙洲坝镇调研所得的 2020 年截面数据进行实证检验，为尽量获得产业扶持政策强度对农户收入影响的净效应，本文选取的控制变量既影响被解释变量，且同时又影响核心解释变量。因此，本文选择的控制变量如下①：家庭人口数（fpop）、户主性别（gender）、家庭人均受教育程度（avedu）、家庭在读学生数（stunum）、家庭劳动力占比（labor）、家庭抚养比（dep）、家庭健康人口比例（health）、是否进行过农村金融贷款（loan）、上一年家庭人均收入（incl）②、就业扶持政策强度（ES）、人均土地/林地面积（area）、村居人口数（pop）、各变量的描述性统计如表 1 所示。

#### 表 1　各变量的描述性统计

| 变量名 | 变量单位 | 观测值 | 平均值 | 标准误 | 最小值 | 最大值 |
|---|---|---|---|---|---|---|
| y | 元/人 | 374 | 9.580391 | 0.5093754 | 7.003066 | 11.16451 |
| IS | — | 374 | 0.2272727 | 0.462195 | 0 | 2 |
| fpop | 人 | 374 | 3.991979 | 1.905949 | 1 | 11 |
| gender | — | 374 | 0.7673797 | 0.4230682 | 0 | 1 |
| avedu | — | 374 | 1.572082 | 0.7025028 | 0 | 4 |
| stunum | 人 | 374 | 0.7112299 | 0.9558804 | 0 | 4 |
| labor | % | 374 | 0.5293851 | 0.2724138 | 0 | 1 |
| dep | % | 374 | 0.9819089 | 1.05217 | 0 | 6 |
| health | % | 374 | 0.6731632 | 0.3106987 | 0 | 2 |
| loan | — | 374 | 0.144385 | 0.3519506 | 0 | 1 |
| incl | 元/人 | 374 | 9.379326 | 0.3911383 | 8.317425 | 11.1475 |
| ES | — | 374 | 0.9812834 | 0.50961 | 0 | 3 |
| area | 亩/人 | 374 | 3.647406 | 5.728075 | 0 | 48.07 |
| pop | 人 | 374 | 7.603431 | 0.3849482 | 6.656726 | 8.325548 |

资料来源：笔者根据瑞金市沙洲坝镇调研所得的 2020 年截面数据进行检验所得。

---

① 受限于篇幅，不说明变量选取依据。
② 取上一年度该家庭人均收入的对数。

# 四、实证结果与分析

表 2 为本文的回归结果。在初步回归结果中，本文考察了控制变量和模型设定对回归结果的影响，模型使用普通最小二乘法（OLS）估计，结果不显著。这表明遗漏变量会对本文的估计结果产生关键性影响。在现有的文献中，本文没有发现产业扶持政策强度的工具变量。因此，本文创新性地提出"是否曾是贫困村"作为工具变量，且该工具变量从理论上和工具变量检验上均可通过[①]。模型 2 的回归结果表明产业扶持政策确实会增加农户的人均收入。为了增强实证结果的稳健性并观测其异质性，把样本按照家庭人均收入水平，分成低收入组、中等收入组和高收入组三部分，并在 25%、50% 和 75% 这三个分位点上进行回归，回归结果表明：产业扶持政策对于不同群体的农户的收入均产生一定的正向影响，但是对低收入群体中的影响不显著，对中高收入群体的影响更显著，且对高收入群体的影响显著大于中等收入群体。

表 2　回归结果

| | 模型 1 | 模型 2 | 模型 3 | 模型 4 | 模型 5 |
| --- | --- | --- | --- | --- | --- |
| | 初步回归 | 2SLS | 0.25 分位数 | 0.5 分位数 | 0.75 分位数 |
| IS | 0.0403 | 0.293 *** | 0.0203 | 0.0534 * | 0.107 ** |
| | (−0.0486) | (−0.0842) | (0.0500) | (0.0297) | (0.0509) |
| ES | 0.0468 | 0.0173 | 0.0681 | 0.0458 | −0.000279 |
| | (−0.0493) | (−0.0516) | (0.0483) | (0.0286) | (0.0491) |
| fpop | −0.0518 *** | −0.0564 *** | −0.0357 ** | −0.0377 *** | −0.0629 *** |
| | (−0.0193) | (−0.0207) | (0.0160) | (0.00951) | (0.0163) |
| gender | −0.0163 | 0.00813 | −0.0244 | 0.0126 | 0.00153 |
| | (−0.041) | (−0.0412) | (0.0516) | (0.0306) | (0.0525) |
| avedu | 0.0783 ** | 0.0790 ** | 0.0410 | 0.0326 | 0.0520 |
| | (−0.036) | (−0.0355) | (0.0362) | (0.0215) | (0.0368) |
| stunum | −0.0421 | −0.0229 | −0.0458 | 0.00967 | 0.0157 |
| | (−0.0298) | (−0.0311) | (0.0293) | (0.0174) | (0.0298) |

---

① 受限于篇幅无法列出。如若需要，可联系作者索要。

续表

| | 模型 1 | 模型 2 | 模型 3 | 模型 4 | 模型 5 |
| --- | --- | --- | --- | --- | --- |
| | 初步回归 | 2SLS | 0.25 分位数 | 0.5 分位数 | 0.75 分位数 |
| labor | −0.256 ** | −0.279 ** | −0.120 | −0.179 *** | −0.364 *** |
| | (−0.13) | (−0.125) | (0.114) | (0.0676) | (0.116) |
| dep | −0.0275 | −0.0307 | −0.0321 | 0.000383 | −0.0257 |
| | (−0.0212) | (−0.0212) | (0.0246) | (0.0146) | (0.0250) |
| health | −0.113 | −0.0988 | −0.113 | −0.176 *** | −0.132 |
| | (−0.0839) | (−0.0805) | (0.0827) | (0.0490) | (0.0840) |
| loan | 0.111 * | 0.0131 | −0.0392 | −0.0510 | 0.0936 |
| | (−0.0672) | (−0.0713) | (0.0675) | (0.0401) | (0.0687) |
| incl | 0.749 *** | 0.766 *** | 0.825 *** | 0.872 *** | 0.772 *** |
| | (−0.0756) | (−0.0789) | (0.0607) | (0.0360) | (0.0618) |
| area | −0.00493 | −0.00691 | −0.00439 | −0.00214 | 0.000455 |
| | (−0.00444) | (−0.00449) | (0.00494) | (0.00293) | (0.00503) |
| pop | −0.0596 | −0.123 | −0.0374 | −0.0261 | 0.0536 |
| | (−0.0834) | (−0.0828) | (0.0756) | (0.0448) | (0.0769) |
| 常数项 | 3.319 *** | 3.629 *** | 2.232 *** | 1.860 *** | 2.509 *** |
| | (−0.744) | (−0.798) | (0.737) | (0.437) | (0.749) |
| N | 374 | 374 | 374 | 374 | 374 |
| $R^2$ | 0.498 | 0.453 | | | |

注：括号内为稳健标准误，其中面板模型的标准误聚类至个体层面；*、**、*** 分别表示在 10%、5%、1% 的水平上显著。

资料来源：笔者根据瑞金市沙洲坝镇调研的 2020 年截面数据进行检验所得。

# 五、研究结论与建议

本文基于 2021 年在沙洲坝镇调研所获 374 户农户的数据，首先使用普通最小二乘法回归（OLS）对产业扶持政策与农户收入进行检验，随后对产业扶贫进行了内生性讨论，并选择外生的工具变量该农户所在村"是否曾是贫困村"作为产业扶持政策强度的工具进行 2SLS 回归，最后对研究结论进行了稳健性检验与异质性检验。

基于此，本文提出如下建议：

第一，遵循地方比较优势的产业扶持政策是实现农民增收的前提。政府应依据地方优势或独有的资源禀赋，支持具有比较优势的农业产业发展，实施符合比较优势的产业选择与扶持政策在"十四五"时期依旧对农户收入的稳定增长及农业经济的健康发展十分有利。

第二，提升农民自生能力是有效发挥农民合作社作用的重要切口。专业性的公司、公司领办型合作社、农业大户或者家庭农场都是农村产业发展最有竞争力的群体，探索以上核心群体对于普通农户的带动引领与互助合作机制，是未来农村产业扶持中要解决的首要问题。

第三，优化农村产业发展的软硬件配套安排与不断创新产业扶持政策相结合，发挥"有为政府"的积极作用。随着互联网技术、金融产业的蓬勃发展以及人民对美好生活的需求升级。在此背景下，地方政府一方面需要对现有的硬件基础设施进行完善，将传统的基础配套升级至符合新型产业发展需求的水平，尤其是需要增强基建设施的防灾抗灾能力；另一方面则需要为产业扶持的推进创造有利的政策环境，在完善农村金融生态、增强农民技能水平、优化合作社内部治理结构、明确产业扶持的利益分配与运行机制等方面做出更大的努力。

第四，牢牢把握五年过渡期的产业发展试错机会。为实现巩固拓展脱贫攻坚成果同乡村振兴有效衔接，地方应利用好过渡期对产业选择、技术改进及转型发展进行努力探索。本文认为政府在进行因势利导的过程中，不需要一步到位地落实好所有的"软"的制度安排与"硬"的基础设施，而应结合本地区的具体情况逐渐安排到位。

**参考文献：**

[1] 杜向民，吴嫚，程小芬. 脱贫攻坚与乡村振兴战略一体化推进研究 [J]. 长白学刊，2020（4）：120-126.

[2] 盛来运. 农民收入增长格局的变动趋势分析 [J]. 中国农村经济，2005（5）：21-25.

[3] 黄季焜. 对农民收入增长问题的一些思考 [J]. 经济理论与经济管理，2000（1）56-61.

[4] 郁建兴，高翔. 农业农村发展中的政府与市场、社会：一个分析框架 [J]. 中国社会科学，2009（6）：89-103，206-207.

［5］梁晨．产业扶贫项目的运作机制与地方政府的角色［J］．北京工业大学学报（社会科学版），2015（5）7-15．

［6］尹利民，赵珂．产业扶贫的确定性与不确定性——基于产业扶贫政策的一项效果分析［J］．南昌大学学报（人文社会科学版），2017（2）：62-68．

［7］白菊红，袁飞．农民收入水平与农村人力资本关系分析［J］．农业技术经济，2003（10）：16-18．

［8］王引，尹志超．健康人力资本积累与农民收入增长［J］．中国农村经济，2009（12）：24-31，66．

［9］徐辉，黎东升．教育型人力资本对农民收入影响的典型相关分析［J］．农业技术经济，2011（8）：44-49．

［10］张杰飞．农村劳动力转移的农户增收效应——基于区域异质性的视角［J］．社会科学家，2020（4）：34-42．

［11］温涛，王煜宇．农业贷款、财政支农投入对农民收入增长有效性研究［J］．财经问题研究，2005（2）：78-83．

［12］孙若梅．小额信贷对农民收入影响的实证分析［J］．贵州社会科学，2008（9）：65-72．

［13］张小东，孙蓉．农业保险对农民收入影响的区域差异分析——基于面板数据聚类分析［J］．保险研究，2015（6）：62-71．

［14］杨雪．农村扶贫的核心是产业扶贫——专访中国人民大学反贫困问题研究中心主任汪三贵［J］．农经，2016（7）：32-35．

# 新媒体视角下的赣南苏区红色文化旅游发展浅析

王绍龙[①]

**摘　要：** 赣南是江西省南部区域的地理简称，也是我国著名的革命老区，拥有光辉灿烂的红色历史和非常丰富的红色文化资源，具备了发展红色文化旅游的优秀资源禀赋。新媒体营销作为现代营销主流，能够迅速地将内容呈现给消费者，具有可以打破时空界限、精准定位，进行群体分析、增加客户黏度，降低宣传成本、快速提升口碑的特点。本文基于赣南苏区进行 SWOT 分析，并提出相应策略，以期帮助赣南苏区更好地开展新媒体营销并更好地推动革命老区红色旅游产业地发展。

**关键词：** 赣南苏区红色文化旅游；新媒体营销；SWOT 分析

# 一、引言

赣南是我国著名的革命老区，赣南光荣的革命历史积淀了深厚的红色文化，形成了丰富的红色文化旅游资源。新媒体时代下赣南苏区红色旅游开展多渠道的营销策略并取得较好成果，本文采用 SWOT 分析法对赣南苏区红色文化旅游现状进行浅析，并提出相应策略，以期帮助赣南苏区更好地开展新媒体营销并更好地推动革命老区红色旅游产业地发展，同时通过新媒体媒介给红色旅游的宣传带来更大的推广效果，并加

---

① 作者简介：王绍龙，汉族，江西上饶人，江西师范大学商学院 2018 级本科生。

强红色文化以及红色事迹的传承，让更多的人能有机会了解当地红色文化及红色旅游景点，这既扩大了文化宣传覆盖面，又能为当地红色旅游产业带来更大的经济效益。

## 二、新媒体时代赣南苏区红色旅游的发展潜力

首先，从旅游景区本身来看，赣南苏区作为闻名于全国的革命老区，其红色旅游资源十分丰富，长征第一桥、云石山毛泽东故居、中央革命根据地历史博物馆、沙洲坝革命旧址群、红井等都是赣南苏区非常著名的红色旅游景点，很多人一提到红色旅游，就会立即想到赣南苏区，这是很多红色旅游景区所不具备的，同时也为赣南苏区的红色旅游的发展奠定了基础。

其次，现代社会人们的生活水平有了很大的提升，其对于景点、景区的要求也变得更高，而赣南苏区的各大旅游景区不仅具有独特的红色旅游资源，同时也拥有着很多自然生态景观，二者相辅相成，使赣南苏区的旅游资源呈现出了多样性的特点，对于游客来说也更具有吸引力。赣州地区本身的区位优势也是十分明显的，赣州市是江西省的第二大城市，与湖南、广东、福建等省份相邻，同时还是京九线、昆厦高铁等多个铁路以及高速公路的交汇地，水路航运也十分发达，与广州、厦门、南昌、长沙等大型城市仅有数个小时的车程，这对于赣州地区红色旅游的发展同样是非常有利的。

最后，赣南苏区红色旅游巨大的发展潜力还离不开时代的发展与国家政策的支持，党中央、国务院做出了大力发展红色旅游的决定，同时陆续出台相关文件，对全国红色旅游的发展做出了总体规划并提出了相关指导意见，这为红色旅游的发展提供了很大的帮助，而赣南苏区作为我国最为著名的红色旅游景区之一，自然也在很大程度上受益于此。例如，《国务院关于促进旅游业改革的若干意见》中，就提出了"积极开展研学旅行""按照全面实施素质教育的要求，将研学旅行、夏令营、冬令营等作为青少年爱国主义和革命传统教育、国情教育的重要载体"的建议。

# 三、赣南苏区红色文化资源保护开发现状 SWOT 分析

## （一）优势分析

（1）赣南苏区具有厚重的红色文化底蕴。在历史的长河中，中国共产党在赣南这块土地上进行了政权建设、文化建设、法制建设、军队建设的伟大尝试，留下了丰厚的革命文化遗产。赣南苏区的瑞金是全国著名的革命老区，瑞金市的著名国家 AAAAA 级景点"瑞金共和国摇篮景区"包含了叶坪、红井、二苏大、苏维埃纪念园等。兴国是闻名于世的将军县，有以潋江书院、兴国将军馆、兴国革命纪念馆等为代表的红色景点。

（2）赣南苏区独具地域特色的旅游资源。章江、贡江、赣江三江环抱着赣州，古城被赋予"千里赣江第一城"的美誉。武夷南岭、罗霄三大山脉在赣州城郊汇聚，赣州被赋予山川秀丽的江山之城的称号。赣州也是客家人的主要集散地和聚居地之一，其中围屋就是客家人最具特色的代表。围屋产生于明末清初，集祠、家、堡于一体，具有防卫功能，目前尚存 500 余座。占地面积从万余平方米到几十平方米不等，多为方形，外墙厚 1 米，高三四层，四角构筑有碉堡，门墙、门框、板门都特别加厚，门顶还设漏以防火攻，顶屋多为战备用。屋内砌有水井，多辟有粮草贮藏间，水井、排污道等一应俱全。另外，美妙的客家山歌，融山歌、灯彩、舞蹈为一体的采茶戏，以及吃擂茶、吃满碗等古朴民俗，洋溢着浓郁的客家风情，都具有深层次开发的价值。

## （二）劣势分析

（1）思想认识不够到位。部分地方政府缺乏从筑牢意识形态阵地的战略高度来认识红色文化保护的责任感和紧迫感，对红色文化定位不清，品牌战略意识不强，没有像延安、赣南等地始终如一地将红色文化保护作为本地区的主流文化加以重视，对红

色文化内涵缺乏深入挖掘。一些地方未深入挖掘革命史料，只注重形式宣传，长期以来对革命文物这一重要载体所进行的保护修缮工作重视度不足，造成部分革命旧址受到人为拆除、自然损毁。

（2）资源缺乏系统性开发。虽然赣南苏区已推出红色旅游线路，但各个红色旅游景点之间尚未形成有效联动，许多红色旅游景点设计缺乏系统性，旅游项目单一，趋同化倾向严重。

### （三）机遇分析

党的十九届五中全会提出，要推动文化和旅游融合发展，发展红色旅游和乡村旅游，以发展红色旅游助推文化强国建设。红色旅游通过红色文化赋能推动文旅融合转型升级，正逐渐成为文旅经济的热点，红色旅游的消费属性也呈现着多元化和精细化的发展趋势。目前，旅游者对传统的旅游方式已经感到疲倦了。单一的、传统的旅行方式已经满足不了游客社会精神文化方面更高的要求，他们对休闲体育旅游的需求逐渐向体验式、学习型、探索型转变。近年来，赣州围绕宋城文化旅游核心区、红色旅游区、客家文化旅游区、生态休闲度假区"一核三区"旅游发展布局，加速推进全域旅游，把红色文化旅游业作为现代服务业的重点攻坚任务推进，旅游产业发展呈现出蒸蒸日上的良好发展态势。

### （四）挑战分析

红色旅游市场竞争激烈，如何发挥赣南苏区具有厚重的红色文化底蕴，打造特色旅游精品路线，不断提升"红色故都"的品牌形象，加大红色历史文化资源的挖掘保护和开发利用力度，突出打造"红色故都"这块赣州红色文化大品牌都是赣南苏区面临的挑战。

# 四、赣南苏区红色旅游营销模式现存问题分析

## （一）宣传面不够广

赣南苏区现有旅游营销推广方式主要有杂志宣传推广、跨地区活动推广、电视广告推广、网站推广、微信公众号推广等。其中主要的新媒体营销推广手段主要为网站推广和微信公众号推广，但普遍存在推广力度不够、流量不高以及更新时间间隔较长等问题，致使宣传面较窄，推广群体大部分为梅州本地游客以及临近梅州地区游客等。而红色旅游方面，在总的旅游宣传推广方面的占比也较小，更加显示出其宣传推广力度的可提升空间之大。

## （二）营销内容形式受限

现有红色旅游新媒体营销推广方式主要有微信公众号以及网站两大主营方式，而这两种营销手段的宣传效果主要以非交互式展示为主，缺乏为受众提供交流、互动以及沟通的渠道，并且这两种营销手段的营销模式较为单一，形式较为枯燥，并且很难吸引青年受众的关注，不能很好地贴近信息化时代的营销模式主流。因此，在现有营销模式的基础上，需要不断开拓符合时代潮流的新媒体营销手段，不断创新新媒体营销模式，这样才能更好地得到关注，吸引来更多的客源。

## （三）营销方式不够多元化

根据已有微信公众号以及网站的推广效果分析，关于红色旅游的微信公众号及网站宣传推广并没有被单独开设，展示内容及排版等方式也较为单一，大部分仅于旅游微信公众号以及旅游网站中设立较小的一个板块，而且这两种新媒体营销方式的使用也大多处于展示状态，缺乏媒体与受众、受众与受众间的沟通与互动，并没有把新媒体营销效果发挥至最大化。新媒体营销方式的选择上也可以尝试进行创新。微信公众

号以及网站的宣传推广能够发挥一定的作用，但在多元新媒体营销方式并存的时代，仍有更多新颖且有用的方式可以应用到其中。例如，短视频 App 营销、搜索引擎营销、综艺节目营销、互联网电视营销等。

## 五、基于 SWOT 对新媒体时代赣南苏区红色旅游的营销策略建议

### （一）加大已有新媒体营销的宣传广度

（1）加强微信公众号营销建设。微信公众号营销属于内容型营销形式，其基本组成元素主要有文字、图片、音频、视频等。加强微信公众号的营销投入及管理能为参与红色旅游的旅客带来更加精准的旅游信息推送。旅客能通过一个微信公众号的服务窗口，完成红色旅游的景点咨询、出行路线规划、租车、特产预订、酒店预订等内容，大大提高了服务效率，同时也为旅客的旅行带来更加具有便捷性、时效性以及计划性的全方面服务。与此同时，公众号中设立客户服务人员实时与旅客保持联系，增加与旅客的互动，更是能让远在异地的旅客感受到景区人民的朴实好客。

（2）加强红色旅游门户网站建设。现有关于赣南苏区红色旅游的宣传推广大多蕴含于大型旅游网站之中，或是景点介绍，或是设有赣南苏区红色旅游小版块，如客都红色之旅、赣南苏区红色旅游路线等形式，加强现有这些景点介绍以及小板块的建设并做好推广工作是建设的第一步。在这个基础上，重视红色旅游板块，甚至打造专业的赣南苏区红色文化旅游门户网站，并做好网站的维护与建设推广工作，这样才能为赣南苏区红色文化旅游产业在门户网站这一新媒体营销的发展带来新的活力。

### （二）尝试拓展多元的新媒体营销方式

（1）短视频 App 营销。随着移动智能手机、WiFi、较低成本流量的普及，短视频 App 越来越受青睐，短视频 App 营销也充满巨大的市场，在生活水平不断提升的同时，

中国旅游人数也呈逐年增长，在已有旅游 App 上加入短视频分享板块或开设旅游短视频 App 将能通过区分旅游者的爱好以及对不同旅游项目的分类分享，从而更好地推动国内旅游产业的发展，推动红色旅游产业的发展。

（2）搜索引擎营销。搜索引擎营销是互联网开展营销活动的重要形式，其通过利用用户检索信息的机会将营销信息传递给目标客户，除了以竞价排名的方式提升同一关键词的网站排名，还可以通过搜索引擎优化的方式，采取易于被搜索引擎索引的合理手段，从而提升网站在搜索引擎收录中的排名。

（3）跨媒介综艺节目营销。新媒体时代的到来为跨媒介营销带来了无限可能，综艺节目可通过与互联网视频同步或异步播放，以人气明星参与为亮点，借助名人效应为基础，满足受众多方位需求，并通过利用弹幕、微信、微博、知乎等工具与平台发挥口碑营销作用，提升节目人气。通过多个平台对同一话题、对象的聚焦，吸引不同受众群体的探讨与关注，推动节目的传播。当然针对红色旅游方面，在制作设计前期仍需做好节目定位，做到文化传承与红色旅游营销相辅相成，以当地人文情怀、节目情节设计为红色旅游营销带来无限可能。

# 六、结　语

抓住新媒体营销大趋势与推动红色旅游产业的营销对于赣南苏区的发展以及苏区人民的生活水平来说固然重要，但红色文化的传承更为重要。在推动红色文化旅游产业发展的同时，我们应注重红色文化的传承，并通过新媒体媒介对红色文化进行活化，让更多的受众了解赣南苏区红色历史，学习红色精神，从文旅融合视角出发，深入挖掘红色文化思想内涵和时代价值，整合红色旅游资源，打造红色文化宣传品牌，从而实现社会价值与经济价值双赢。因此，利用好新媒体并做好文化与旅游融合发展也是发展形式的一种，更是赣南苏区发展的正确打开方式之一。

**参考文献：**

[1] 朱奕南. 赣南苏区红色文化与体育旅游融合发展的途径探讨 [J]. 现代营销（经营版），2021（2）：105-106.

[2] 黄敏. 文旅融合视角下的三明红色文化资源保护开发 SWOT 分析及发展策略研究 [J]. 自然与文化遗产研究，2019，4（9）：16-19.

[3] 陈斌. 赣南红色文化旅游品牌形象设计与应用 [D]. 湖北工业大学硕士学位论文，2020.

[4] 周晨. 苏区精神放光芒  红色旅游别样红 [J]. 中外文化交流，2021（9）：85-87.

# 后 记

在中国共产党成立 100 周年之际，由中国社会科学院农村发展研究所、江西师范大学、江西省社会科学界联合会共同主办的第五届全国原苏区振兴高峰论坛于 2021 年 10 月 23 日至 24 日在瑞金市召开。论坛围绕贯彻落实《国务院关于新时代支持革命老区振兴发展的意见》，交流全国原苏区和其他革命老区振兴发展的创新经验、典型做法，探索思考新时代革命老区高质量发展的新举措、新办法。来自中国社会科学院、中国浦东干部学院、中国人民大学、东北师范大学等多个研究机构、高校的专家学者共计 200 余人参会。

本届论坛邀请了 2 位专家作主旨报告，分别是中国社会科学院农村发展研究所党委书记杜志雄、中国井冈山干部学院副院长匡胜。主旨报告思想站位高、立意新颖，分析问题客观深入，提出解决问题的思路清晰，具有很强的科学性、针对性和指导性。论坛共收到论文 100 多篇，组委会从来稿中选择了部分优秀论文，编辑成《全国原苏区振兴理论与实践（第五辑）》。排名不分先后，嘉宾致辞、学术论文根据经济管理出版社要求对相关的内容进行了若干删减。编委会在此一并向各位作者致谢，不足之处敬请批评指正。

第五届"全国原苏区振兴高峰论坛"论文集编委会
2021 年 12 月